W0189702

Isabela Figueiredo

Die Dicke Roman

Aus dem Portugiesischen von Marianne Gareis

Weidle Verlag

Meiner Mutter

Ich danke Ana Bela Almeida, Burghard Baltrusch und Paulo de Sousa für die unermüdliche Lektüre der Manuskripte zu diesem Buch. Letzterem danke ich auch für das Engagement, mit dem er sie in den Computer eingegeben hat.

Glaube mir, Frankenstein, ich war anfangs nicht böse, in meiner Seele wohnten Güte und Liebe; aber ich bin allein, so furchtbar allein. Du, mein Schöpfer, verabscheust mich, und was habe ich von deinen Mitmenschen zu erwarten, die mir so gar nicht nahestehen? Sie hassen und verfolgen mich. [...] Du hast es in der Gewalt, mich versöhnlich zu stimmen [...]. Habe Mitleid mit mir und verachte meine Bitten nicht. Höre, was ich dir erzähle, und dann überlaß mich meinem Schicksal oder habe Mitleid mit mir; wie du meinst, daß ich es verdiene. Aber höre mich zuerst an.

    Mary Shelley, *Frankenstein oder Der moderne Prometheus*
    (in der Übersetzung von Heinz Widtmann)

»Die Vergangenheit ist nicht tot«, schrieb Faulkner in »Requiem für eine Nonne«; und er fügte noch hinzu: »Sie ist nicht einmal vergangen.« Besser kann man es nicht ausdrücken: Die Vergangenheit hört nie auf zu vergehen, ist stets präsent und wirkt sich auf die Gegenwart aus, wird Teil von ihr, lebt in uns weiter. Eine Gegenwart ohne Vergangenheit zu leben heißt eine verstümmelte Gegenwart zu leben, also ein verstümmeltes Leben.

    Javier Cercas, »La dictadura del presente«,
    In *El País Semanal,* 22. 6. 2014

In einem Lyceum merkte ich unlängst, daß der Vortragende ein Thema gewählt hatte, das ihm selbst zu fern lag, und so weckte er mein Interesse nicht in dem Maße, wie er es hätte tun können. Er beschrieb Dinge, die nicht in seinem Herzen waren oder ihm nahe, sondern in seinen Extremitäten, an seiner Oberfläche. [...] Mir wäre es lieber gewesen, er hätte sich mit seinen geheimsten Erfahrungen befaßt, wie es der Dichter tut.

    [...] also nehme ich mir vor, ihnen eine starke Dosis meiner selbst zu verabreichen. Sie haben nach mir geschickt und sich verpflichtet, mich zu bezahlen, und ich bin entschlossen, daß sie mich bekommen sollen, auch wenn ich sie langweile wie niemand zuvor.

    Henry David Thoreau, *Leben ohne Grundsätze*
    (in der Übersetzung von Peter Kleinhempel)

Musikalische Inschrift

Nina Simone – *I put a Spell on You* (1965)
The Doors – *The Crystal Ship* (1967)
Janis Joplin – *Maybe* (1969)
Abba – *Dancing Queen* (1976)
António Variações – *Estou Além* (1982)
Patti Smith – *Because the Night* (1983)
Stevie Nicks – *Has Anyone Ever Written Anything for You* (1985)
Laurie Anderson – *Language is a Virus* (1986)
Prince – *Sometimes it Snows in April* (1986)
Xutos e Pontapés – *À Minha Maneira* (1988)
Rádio Macau – *Amanhã É Sempre Longe Demais* (1989)
The Cure – *Love Song* (1989)
Nirvana – *Come as You Are* (1991)
U2 – *One* (1991)
Annie Lennox – *Why* (1992)
Ornatos Violeta – *Ouvi Dizer* (1999)
Lou Reed – *Turning Time Around* (2000)
Amy Winehouse – *Back to Black* (2006)
Amor Electro – *A Máquina* (2011)
Jorge Palma – *Imperdoável* (2011)
Lana del Rey – *Born to Die* (2012)

Eingangstür

Vierzig Kilo sind ein respektables Gewicht. Die habe ich nach meiner Magenverkleinerung verloren: Es war eine Art zweiter Körper, den ich da mit mir herumtrug. Mit mir herumschleppte, besser gesagt. Es war, als hätten die Ärzte mich von einem siamesischen Zwilling getrennt, der vor lauter Kummer Selbstmord begangen hatte, und mir dann gesagt: »Wir haben unsere Arbeit getan, tun Sie jetzt die Ihre, und kommen Sie klar damit. Lernen Sie, allein zu leben.«

Nach der Operation konnte ich nicht mehr essen. Ich trank Brühe, Milch, Säfte. Mein Körper und meine Seele taten weh. Ich verspürte einen großen Hunger, doch die Hälfte meines Magens war weggeschnitten, und das, was übrigblieb, war eine einzige Wunde. In den ersten Monaten verlor ich meine Kraft und meine Haare, ich ging ganz langsam, gewöhnte mich um. Mein Körper verringerte sich täglich um 250 Gramm, ich wurde allmählich leicht, begann fast zu schweben, so hatte ich mich seit meiner Kindheit nicht mehr gefühlt. Ich stieg ohne jedes Keuchen acht Stockwerke hoch und hätte auch noch acht weitere geschafft, so viele wie nötig, denn nichts konnte mich aufhalten. Mit solchen Übungen testete ich mich. »Mal sehen, ob ich zwanzig Kilometer wandern kann«, sagte ich, und ich schaffte es. Doch ich wurde nicht unbesiegbar. Mein Denken ist immer noch das einer Dicken. Ich werde immer die Dicke bleiben. Ich weiß, daß die Welt der normalen Menschen nicht für mich bestimmt ist. Ich habe immer noch diesen Makel, aber man sieht ihn nicht mehr so sehr; er ist weniger schlimm. Es gibt Augenblicke, da denke ich, ich hätte ein neues Leben gewonnen, wie Menschen, die eine Todeserfahrung gemacht haben, die den Tunnel ins Jenseits erblickten, mit dem verlockend weißen Licht am Ende, das sie rief, sie aber entschieden sich für die Rückkehr. Ich habe mich auch entschieden, und obwohl niemand mich mehr ausschließt, schließe ich mich selbst aus, von vornherein. Ich kenne meine Grenzen sehr gut. Kenne das, wozu ich Zugang habe, und das, was mir für immer verwehrt ist. Die Versehrten sind das, was man Diamanten nachsagt: ewig.

Letztes Jahr ist Mama gestorben, kurz nachdem Papst Benedikt XVI. abdankte und sofort ersetzt wurde durch Papst Franziskus, einen gütigen, verständnisvollen, bescheidenen Mann von gutem Charakter, der offensichtlich nicht nach materieller Macht strebt, sondern ganz Geist ist: die männliche Version von Mama. Es war das Jahr, in dem Edward Snowden der Welt enthüllte, daß *Big Brother* auch außerhalb der Fiktion existiert, und das Jahr, in dem die Portugiesen in Scharen an irgendwelche Orte in der Welt emigrierten, wo sie ein Gehalt bekamen, mit dem sie ihre Kinder ernähren und die Hypotheken für ihre Häuser abbezahlen konnten. Mir kam zugute, daß ich den richtigen Job hatte, im Staatsdienst nämlich, denn von mir hängt es ab, ob die zukünftigen Wähler weiterhin diese sanften Sitten erlernen, für die unser Volk bekannt ist. Ich bin Philosophielehrerin in einer Brennpunktschule, in der die Haltung vorherrscht, das Denken sei nicht interessant, wo nur das Handeln und die Ergebnisse zählen. Ich weiß genau, was Staat und Gesellschaft von mir erwarten, und ich gebe es oder auch nicht, ganz nach meinen eigenen Gesetzen. Ich habe es nie geschafft, den Idealismus meiner Jugendzeit abzulegen, der 1978 dem Schulleiter des Kollegs von Lourinhã so gegen den Strich ging, obwohl ich heute die pragmatische Klugheit dieses Mannes auch zu schätzen weiß. Man kann also wirklich nicht sagen, 2013 sei ein langweiliges Jahr gewesen. Mama hat immer schon ein gutes Gespür für den richtigen Zeitpunkt gehabt.

Als die *Troika* nach ihrem Tod Kürzungen bei der Rente und dem Invalidenzuschuß verlangte, atmete ich erleichtert auf, weil ich ihr nicht zu erklären brauchte, daß wir fortan mit noch weniger auskommen müßten, da unsere Regierung und die Europäische Union uns glaubhaft versicherten, wir hätten vorher über unsere Verhältnisse gelebt und sollten nun ausgelöscht werden. Zum Glück mußte Mama diesen Zusammenbruch unserer großartigen, ihr den Lebensunterhalt kürzenden Demokratie nicht mehr miterleben. Zwei Jahre lang hatte ich ihr bereits vorenthalten, daß ich dem Staat einen Teil ihrer bescheidenen Rente zurückzahlte, in Form von Steuern, die ich komplett aus meinem Urlaubsgeld finanzierte. Ich durfte ihr keinen Kummer bereiten, weil sich dadurch die Aortenstenose, an der sie litt, vielleicht verschlimmert hätte, aber länger hätte ich die Realität auch nicht mehr vor ihr geheimhalten können. Im Klartext heißt das, ich bezahlte schon so viele Steuern und so viele Rechnungen, daß mir meine Fähigkeit, stets irgendwo Geld aufzutreiben, abhandengekommen war. Mamas Tod war eine Erleichterung. Letztes Jahr ist sie gestorben, das heißt, sie hat noch miterlebt, daß ich diese vierzig Kilo verloren habe, ein Abenteuer, das zwei Jahre zuvor, als Passos Coelho an die Regierung kam, begann. Die Magenverkleinerung war nicht billig, aber sie macht sich durch das bezahlt, was ich nun an Essen spare. Mama war sehr stolz auf mich, und sie starb in dem Glauben, daß ich nun länger leben werde als Papa, und das war immer ihr großer Wunsch. Wie sie habe auch ich ein Gespür für den richtigen Zeitpunkt. Schließlich habe ich nicht nur ihre Blutgruppe geerbt.

Wir schreiben das Jahr 2014. Mama ist nicht mehr. Und irgendwann bin ich dran; das dauert zwar hoffentlich noch etwas, aber während ich jetzt zum Jahreszeitenwechsel die Schränke ausmiste, Pullover auseinanderfalte und betrachte, kann ich es kaum glauben, daß diese Kleidungsstücke vor ein paar Jahren noch mir gehört haben. Diese großen Unterhosen und alten BHs! Riesige Schlafanzüge, ganze Schubladen voll. Gigantische T-Shirts und Hosen! Alles ungeheuer weit, abgetragen, eine schlechte Erinnerung. Es fällt mir schwer, mich dieser Kleidergröße zu stellen. Ich will mir mich nicht in Klamotten vorstellen, die mich so viele Kilos und Leiden zurückwerfen, möchte auch nicht mehr der Frau ähneln, die sich nicht im Spiegel anschauen konnte; aber ich schaffe es nicht, die Kleider wegzuwerfen, die ich damals trug, die sich ohne Scham an meinen süßen, kaum berührten Körper schmiegten. Sie schämen sich nicht für das, was ich war. Ich glaube daran, daß Gegenstände eine Aura haben, eine Beziehung zu ihren menschlichen Gefährten, ein Eigenleben. Es fällt mir schwer, mich von dem zu lösen, was mit mir gelebt hat, und meine Dicken-Kleidung war eine geduldige Partnerin und Zeugin vieler Gefühle und Handlungen, vieler Erfolge und Mißerfolge. Vielleicht kann ich sie ja verschenken, dann würde sie ihre Karriere mit einer neuen Freundin fortsetzen, aber es ist grausam, auf jemanden zuzugehen und zu sagen: »Da Sie weiterhin dick sind und ich mich doch ziemlich verbessert habe, schauen Sie doch mal, ob Sie diese Hose brauchen können.« Das macht man nicht! Niemand möchte an seine Unförmigkeit erinnert werden. Das wäre, als würde man einem Beinamputierten eine Hose ohne Hosenbeine schenken. Eine Beleidigung. Vielleicht kann ich ja ein paar Kleidungsstücke recyceln, indem ich Wäschesäckchen oder Staubtücher daraus mache. Aber erst einmal behalte ich alles. Dadurch gewinne ich ein paar Monate, und in der Zeit entscheide ich, was ich mit diesen riesigen, an der Hüfte und am Busen abgewetzten Lappen anfange. Ich packe die alten Kleider der traurigen, doch stets lächelnden Dicken in Schachteln, verstaue sie im Schlafzimmerschrank und schiebe die Entscheidung auf. Eins nach dem anderen, so, wie man es eben schafft. Auf diese Weise gewinne ich Zeit, die ich für die Distanzierung und Ablösung brauche, denn was dem Auge fern ist, ist bald auch dem Herzen fern. Das passiert unweigerlich. Ist das Gesetz des Überlebens.

Nach der Magenverkleinerung sehe ich ganz passabel aus! Angekleidet verstecke ich nun meine Unvollkommenheiten. Ich werde nie einen Körper wie Tony haben, nie schlank genug sein, um David zu gefallen, doch ich muß gestehen, ich bin eitel geworden, und das ist die Wahrheit, denn die ist mir heilig.

Manchmal ist der Aufzug kaputt in dem Haus, in dem sich die Wohnung meiner Eltern befindet, die nun meine ist, und ich muß die Treppen bis zum sechsten Stock zu Fuß hochsteigen. Früher hat mich das gequält, doch jetzt liebe ich es. Ich steige sie hoch wie eine Schauspielerin, die lächelnd und den Fotografen zuwinkend die mit einem roten Teppich belegten Stufen zur Bühne erklimmt, und ich sage mir: »Was für ein Sieg, Maria Luísa, was für eine Heldentat! Wer hätte das gedacht!?«

Wenn im Haus ein Umzug stattfindet, geht im Aufzug regelmäßig der Spiegel kaputt. Das ärgert mich, denn dort male ich mir auf dem Weg zur Arbeit immer die Lippen an, in aller Eile. Als ich noch dick war, habe ich es vermieden, mein Spiegelbild zu betrachten, doch heute betrachte ich mich und erfreue mich an meiner reifen Schönheit. Manchmal denke ich, ich habe früher viel Zeit verloren, weil ich mich nicht mochte, aber dann formuliere ich den Gedanken um und komme zu dem Schluß, daß verlorene Zeit genauso wahrhaftig gelebt wird wie neu gewonnene, nur eben als Verlust. Das beruhigt mich dann wieder.

Wenn ich nach Hause komme und die Wohnungstür öffne, gelange ich in eine dunkle Diele ohne Licht. Ich durchquere sie, und sobald ich irgendein Zimmer betrete, erschlägt mich das unbarmherzige Licht, ganz gleich ob im vorderen Teil, der nach Osten geht, oder im hinteren, der nach Westen ausgerichtet ist. Das Licht schmerzt in den Augen. Ich kann es kaum ertragen, aber es macht den Raum weicher und die Tage freundlicher. Wenn ich traurig bin, rufe ich Leonel an, der mich mit seinen Plänen, doch noch ein Kind mit mir zu zeugen, zum Lachen bringt. Ich sage ihm: »Mann, ich bin doch schon in den Wechseljahren«, doch er entgegnet mir: »Das macht nichts, wir gehen einfach nach Kalifornien, da ist alles möglich.« Er und sein Partner wären gern Eltern. Geblieben ist ihnen die Erinnerung an unseren gescheiterten Versuch. Sie haben immer von einem Kind geträumt, das aber nie zur Welt kam. Ich erkläre ihm, daß es Dinge gibt, die einfach nicht sein sollen, auf die wir keinen Einfluß haben. Wir sind der Geschichte, die für uns bestimmt ist, hoffnungslos ausgeliefert.

Als meine Eltern aus Mosambik wiederkamen und wir 1985 diese zum Verkauf stehende Wohnung besichtigten, verliebten wir uns in das Licht und in die Aussicht im hinteren Teil. Es war eine luftige, schwebende Wohnung mit weitem Horizont. Mama sagte, in einem Haus voller Licht schimpft niemand und alle haben recht, aber ehrlich gesagt wurde bei uns zu Hause in all den Jahren immer wieder geschimpft, mit und ohne Grund, wie in anderen Häusern auch.

Als meine Eltern zurückkehrten, kamen sie nicht auf die Idee, in ihre Heimatorte zu ziehen, sie hatten zuviel von der Welt gesehen, als daß sie sich hätten in der Provinz ansiedeln können. Ausgesprochen wurde das zwar nie, aber man spürte es. Sie hatten mich 1975 nach Portugal geschickt, gleich nach der Unabhängigkeit Mosambiks, und da meine einsame Reise im Haus von Tante Maria da Luz in Cova da Piedade endete, blieben auch sie dort. Lissabons südliches Ufer war der rechte Arm der Hauptstadt, war entspannt und multikulturell wie dieses Lourenço Marques der Mittelschicht, aus dem sie kamen. Deshalb kauften sie diese Wohnung, in der nun ich lebe, und blieben dort bis an ihr Lebensende. Das war das Schicksal, dem niemand entkommt, nicht mal die Götter selbst.

Papa kam 1924 in Caldas da Rainha zur Welt. Dort lernte er auch Mama kennen, die aus Alcobaça stammte und im selben Jahr geboren war wie er; sie verbrachte gerade ihre Ferien in Caldas, bei ihrer Cousine Irene, die sie gebeten hatte, in ihrem Café auszuhelfen. 1952 wanderte Papa nach Mosambik aus, auf der Suche nach einem würdevollen Leben. Einige Jahre später machte er Mama einen Heiratsantrag per Post, und sie heirateten kraft Vollmacht, wie das in solchen Situationen üblich war. Als Mama es schließlich geschafft hatte, einen Platz auf dem Überseedampfer *Império* zu ergattern, zog sie zu ihm. Papa hatte seine Reise auf der *Pátria* gemacht.

Zwölf Jahre später kam ich zur Welt. Mama konnte keine Kinder im Bauch behalten. Sie wurden gezeugt und wieder abgestoßen, es war Gottes Wille, und deshalb war meine Geburt ein echtes Wunder. Das erste und letzte in unseren Leben. Eigentlich sollte ich Maria Josefa heißen wie Papas Mutter, oder Carla Maria wie meine mosambikanische Patentante, doch Mama widersetzte sich und nannte mich Maria Luísa, weil das ein fröhlicherer Name war und er sie an Louise Brooks erinnerte, eine Schauspielerin, die sie in den Sommernächten ihrer Jugend in den Stummfilmen des Freiluftkinos gesehen hatte.

Die Wohnung, die ich von meinen Eltern geerbt habe, liegt am anderen Ufer, das, wie allseits bekannt, ein weites, warmes Land des Südens ist. Und das andere Ufer nahm uns so freundlich auf, daß wir nie wieder von dort wegwollten. Hier ruhen unsere Körper, der meine noch im Fleisch, der ihre wird gerade zu Staub, obwohl ich mich täglich bemühe, sie lebendig zu halten, und an diese meine Fähigkeit glaube wie an das Wasser, das aus dem Wasserhahn kommt, solange es im Verteilernetz keinen Rohrbruch gibt.

Ich vergleiche unser Leben gern mit einer Durchquerung der südlichen Meere, die bevölkert sind von Piraten und einsamen Seeleuten, was manchmal auch ein und dasselbe ist.

Mädchenzimmer

*Es liegt im hinteren Teil des Gebäudes, ist nach Osten aus-
gerichtet, und seine Tür befindet sich links des Eingangs
an derselben Wand. Das Zimmer hat Zugang zu einem geschlossenen, in einen Wintergarten umgewandelten Balkon, von dem aus man den Tejo und das Mar da Palha, das
große Flußdelta sieht, an dem die Orte Lissabon, Barreiro,
Montijo und Alcochete liegen. Morgens hat es volle Sonne.
Vor der Tür zum Wintergarten hängen graue Shantung-
Vorhänge, die die Lichtfülle etwas dämpfen.*

David lernte ich Anfang 1985 kennen. Er war ein junger
Dichter, der gerade sein Debüt hinter sich hatte, und ich
schrieb ihm einen kurzen Brief, in dem ich ihm meine Bewunderung für seine Texte in der Zeitschrift *Ideia e Acção*
zum Ausdruck brachte, die ich inzwischen regelmäßig las.
Er antwortete mir und bedankte sich, schrieb aber, es gebe
keinen Grund, daß ich mich für einen Erben der Aufstän-
dischen im Alentejo interessierte. Er sei lediglich ein dilet-
tantischer Student, der es wegen der Klassenschranken
niemals zu etwas bringen würde. Er hatte keinerlei Selbst-
wertgefühl. »Ich bin nichts wert. Schreib mir nicht wieder.«
  Das genügte mir. Unsere Korrespondenz intensivierte
sich, wir begannen uns in Amora zu treffen, und er ver-
liebte sich in mich. Ich hatte eigentlich keine Ambitionen,
zumal der Junge höchstens siebzehn und ich gerade ein-
undzwanzig geworden war, doch im Jahr darauf kam alles anders. Ich wurde geblendet vom Licht und küßte ihn

in seinem nach Süden gehenden Zimmer der elterlichen Vorstadtwohnung in Arrentela, worauf wir unseren Lektürenachmittag unterbrachen. Ich hatte einfach Lust darauf und tat es. Er wünschte es sich auch, traute sich aber nicht. Wir saßen auf dem Boden, um uns herum Zeitungen, Bücher und Zeitschriften. Das war der Beginn unserer Reise.

Tony lernte ich viel früher kennen, lange bevor David in mein Leben trat.

1978 sahen Tonys Brüste aus wie kleine, im Wachstum begriffene Birnen, hart und symmetrisch, mit braunen Nippeln.

Wir waren Klassenkameradinnen und Zimmergenossinnen im Kolleg von Lourinhã, nach der Entkolonisierung, in den Jahren, in denen ich von meinen Eltern getrennt lebte.

Tony kam mitten im ersten Halbjahr dazu, an einem Novemberabend während des Abendessens. Daher wurden wir angewiesen, uns vom Tisch zu erheben, und der Herr Direktor rief mich in das kleine Besucherzimmer, dessen Wände mit lackiertem Holz verkleidet und mit den gerahmten Fotos der besten Schülerinnen behangen waren. Er stellte mir Tony vor.

»Das ist Antónia, sie ist aus Angola gekommen, und ihre Eltern sind noch dort geblieben, genau wie deine. Ihr habt das gleiche Schicksal, daher solltet ihr euch gegenseitig unterstützen und anfreunden.«

Der Herr Direktor vertraute mir. Wahrscheinlich verrieten ihm meine Augen eine Verletztheit, die sich nach

Frieden sehnte und daher ins Kolleg geflüchtet war, wo nach dem ganzen Chaos seit meiner Ankunft aus Mosambik, kurz nach der Unabhängigkeit, die klare institutionelle Ordnung das Paradies für mich war. Das Internat war damals, nach allem, was ich durchgemacht hatte, ein Luxus. Dort gab es ein Bett und anständige Mahlzeiten. Für alle galten die gleichen Gesetze. Ich war nicht mehr minderwertig, nicht mehr die andersartige »Zurückgekehrte«, sondern eine von vielen, die niemanden hatten, der sich um ihre Erziehung kümmern konnte, oder zur Strafe dort hinmußten, weil sie »verrückt nach Jungs waren«.

Wir selbst sahen uns nicht als problematisch. Ich kann mir vorstellen, daß auch Strafgefangene sich gegenseitig als ganz normal empfinden, als Menschen, die vorübergehend im Gefängnis sind, ohne Bleibe oder Halt. In ihrem Kern, in ihren Koordinaten, sind die Menschen doch alle gleich.

Antónia – Tony für die Freunde – und ich wurden bald unzertrennlich, und sie führte sich bei uns wie eine Königin ein, mit dem kühlen und distanzierten Äußeren einer verwirrten angolanischen Clarice Lispector. Weder sie noch ich waren dort zur Strafe. Unsere Eltern arbeiteten in Angola und Mosambik, versuchten das wiederaufzubauen, was sie durch die Entkolonisierung verloren hatten, und wir waren aus Sicherheitsgründen nach Portugal geschickt worden. Ich wußte nichts über Angola außer dem, was man in der Schule über seine Geographie und Kultur lernte, und die Namen der Misses aus den 70er Jahren, die alle viel häßlicher waren als die aus Mosambik. Ich wußte,

Angola lag in Afrika, doch Afrika war für mich der Süden des Kontinents.

Ich schrieb endlos lange Briefe an meine Eltern, in denen ich meine angolanische Freundin als Tochter bedeutender Leute beschrieb, denn so präsentierte sie sich. Meine Eltern sollten meine neue, für mich so wichtige Freundin unbedingt gutheißen, vielleicht auch, weil sie meine Freundinnen nie besonders geschätzt hatten, vor allem Mama.

Tony war schlank, ein Strich in der Landschaft, und trug sehr enge *Levi's,* die ihre Beine dünn machten und ihren Bauch flach. Ihre Brust war klein. Ich war dick, sehr kurzsichtig, hatte einen Bauch und ernstzunehmende Brüste. Ich war die Untergebene. Die gute und intelligente häßliche Bedienstete.

Tony fühlte sich wie die Königin der Rückkehrer, sie entwickelte einen starken Widerwillen gegen sämtliche Pflichten und ging sofort auf mein Angebot ein, mich am Samstagnachmittag über den Wassertank im Hof zu beugen und ihre Socken, BHs und Unterhosen zu schrubben, selbst die mit Blutflecken, als wäre es die Wäsche meines eigenen Körpers, nur daß ihrer heilig war. Tonys Körper war ein duftendes Etwas, war zum Anbeißen, und in meinen Träumen vergrub ich mich gänzlich darin, in einer Art körperlicher Verschmelzung, falls es so etwas gibt. Ich diente Tony, wie man einem geliebten Menschen dient, aus freien Stücken, ohne daß es eine Anstrengung oder Gefälligkeit war.

An den Samstagvormittagen nach dem Baden, wenn ihre Haut noch lauwarm war, trug ich Feuchtigkeitscreme auf ihrem ganzen Körper auf, außer an den Brüsten und im Intimbereich. Tony zog sich langsam aus, und ich beobachtete, wie ihre Muskeln sich unter der feuchten Haut spannten, eine gleichmütige Sphinx im strahlenden Morgenlicht, unerträglich grell für die Augen, doch gefiltert durch den bestickten Vorhang vor dem Schlafsaalfenster. Sie murmelte: »So ganz nackt ist mir ein bißchen kalt«, machte ein genervtes Gesicht, weil sie mir ja einen Gefallen tat, wenn ich sie umsorgen konnte, obwohl es ihr natürlich recht war, daß eine von uns freiwillig die Haut der afrikanischen Königin massierte und eincremte. Sie legte sich bäuchlings auf das schmale Bett, entspannte sich mit seitlich herabhängenden Armen und ließ sich einfach behandeln, solange sie die Massage als angenehm empfand. Sie hatte diese feste, etwas dunklere Haut einer nicht rein weißen Angolanerin, und ihr langes volles Haar fiel in dunkelbraunen, kupfern glänzenden Locken herab. Tony war die dunkle Version von Bo Derek.

Sie frisierte sich, indem sie seitliche Haarsträhnen über die Ohren zog und im Nacken straff zusammenband, damit ihre Augen japanisch wirkten. In Luanda war ihre Mutter eine Dame der besseren Gesellschaft, die in anderen Häusern Epilationen durchführte. Daher wußte Tony aus praktischer Erfahrung, wie man seine Körperhaare fast gänzlich entfernte, auch an Stellen, die ich mir nie hätte träumen lassen. Ungläubig hörte ich zu, wenn sie über die Begrifflichkeiten und Techniken sprach, die zur Auslöschung des über die menschliche Haut verteilten Flaums führten. Offensichtlich entfernten die Frauen nicht nur die Haare über der Oberlippe, an den Beinen und in den Achselhöhlen. In Luanda gab es Frauen, die auch den Intimbereich epilierten, und zwar komplett. Das konnte ich kaum glauben. Doch die Genetik hatte den Frauen in meiner Familie nicht viel zum Epilieren geschenkt.

»Die Schamhaare in der Leistengegend, wegen des Badeanzugs?« fragte ich.

»Nein. Mehr. Alles. Hier, und auch alles bis nach hinten zwischen die Pobacken«, erklärte sie, während sie ihre Beine spreizte und mir die betreffenden Stellen zeigte.

»Da hat man keine Haare«, argumentierte ich.

Sie antwortete mir, ihre Mutter sei Spezialistin, und das mache sie selbst auch zu einer, sie habe es schließlich oft genug gesehen, ja. Ich stellte mir das Ganze bildlich vor und konnte es nicht glauben, zumal Tony manchmal zwar klug wirkte, sich aber in Widersprüche verstrickte und eine Tendenz zum Phantasieren hatte.

Tonys Leben in Luanda war ein spannender amerikanischer Actionfilm gewesen. Ihr Vater war Mechaniker bei Kawasaki, doch den Worten der Tochter nach war er ein stinkreicher, charmanter Playboy, der sich mit der Mutter, wenn er nicht gerade als Mechaniker und sie als Epilateurin arbeitete, in den besten Kreisen bewegte, was Tony ein erwachsenes, unabhängiges Leben ermöglichte. Angolas Motorradwerkstätten gehörten praktisch alle ihm. In Luanda hatte Tony die unterschiedlichsten Modelle von Lederjeans und -jacken getragen und war auf PS-starken Motorrädern der Marken Honda, Yamaha oder Kawasaki unterwegs gewesen, damit sie auch auf die Insel und nach Mussulo gelangte, wo sie immer gegrillte Langusten mit Limette und Gindungo speiste, wo sie schwamm, surfte und Tennis spielte; sie war Motocross- und Formel-1-Champion und auf du und du mit Piloten aus aller Welt, gegen die sie angetreten war und die sie auch häufig besiegt hatte. Sie ging in den riesigen Luxusvillen von Emerson Fittipaldi und Björn Borg ein und aus. Alle bewunderten sie und konkurrierten beim Spitzenmotorsport und Tennis mit ihr. Sie war in allen sportlichen Disziplinen ein vielversprechendes Talent gewesen.

»Siehst du das hier auf dem Foto, dieses Brett?! Das bin ich bei einer Surfmeisterschaft in Mussulo; ich habe gewonnen.« Ich erkannte ein paar grellbunte Segel in der Ferne und ein paar unmöglich zu identifizierende Umrisse. Das war Tony, die gerade die Surfmeisterschaft gewann.

In Luanda hatte sie eine Band gehabt, in der sie sang und Leadgitarre spielte, zusammen mit den anderen Mitgliedern, die nicht in die Geschichte eingingen. Sowohl in der Musik als auch beim Tanzen war sie sehr erfolgreich. Sie besuchte Diskotheken, in denen grellbunte Lichter zum Sound der allerneuesten, aus leistungsstarken Lautsprechern erklingenden Musik blinkten. Diskotheken wie die von John Travolta, der in *Saturday Night Fever* getanzt hatte, ein Schauspieler, den sie persönlich kannte und der sie jedes Mal, wenn sie in die USA gereist war, mit Blumen und Essenseinladungen hatte verführen wollen, obwohl Tony ihn immer wieder abwies. Er war ihr zu alt.

Mit vierzehn reiste sie im Flugzeug, Auto oder auf dem Motorrad allein durch die Welt. Keine Grenze konnte sie aufhalten. Die Grenzpolizisten kannten sie oder ihre reichen, mächtigen Eltern oder wußten, daß sie mit Fittipaldi befreundet war, und ließen sie durch. Sie sahen sie ankommen, sie war die Tony, und man ließ sie passieren. Sie mußte nicht einmal den Paß vorzeigen. Alles easy. Sie lächelte schwach und bedankte sich distanziert. Wo immer sie auftauchte, öffneten sich Türen, blieben Menschen stehen, um sie zu betrachten und ihr zuzuhören, ihre Schönheit loste Streit aus, den sie aber gleich wieder schlichtete. Tony war Karatemeisterin; sie besaß den schwarzen Gürtel und so, wie sie mit ihrer Sinnlichkeit Duelle auslöste, setzte sie diesen mit treffsicheren Karateschlägen ein Ende. Hatte sie wieder für Gerechtigkeit und Ordnung gesorgt, betrat sie in enganliegender Glitzerkleidung Diskotheken und Bars, stolzierte mit ihren hohen Absätzen auf dem Laufsteg der Sinnlichkeit und Eleganz und warf zum Abschied erhobenen Hauptes einen Blick zurück.

In Tonys Adern strömte ein ungewöhnliches Blut, einzigartig auf der ganzen Welt. Das stellte sich noch vor der Entkolonisierung heraus, als man es für die Sportwettkämpfe untersuchte. Es war nicht Blutgruppe A und auch nicht B, und auch nicht AB oder 0, weder positiv noch negativ. Es war eine Blutgruppe, die beim Menschen unbekannt war.

Dies kam den Amerikanern zu Ohren. Irgendwann klopften sonnenbebrillte Männer vom Geheimdienst in hellgrauen Anzügen an der palastartigen Villa in Luanda an, nachdem sie die Wachhunde getäuscht hatten, die darauf getrimmt waren, die nach Unabhängigkeit strebenden bösen Schwarzen anzugreifen. Sie baten um Einlaß, wurden im größten Wohnzimmer empfangen und wollten von Tonys Eltern die Erlaubnis, sie in den großen Ferien mitnehmen zu dürfen in eine blasenförmige unterirdische Infrastruktur mitten in einer amerikanischen Wüste, die sie selbst nicht kannten, wo Tony in steriler Umgebung allen möglichen Tests unterzogen werden sollte. Die riesige Blase sei eigens dafür gebaut worden, um Tonys Blut zu untersuchen. Es war ein Mysterium, wie sie mit einer so merkwürdigen Blutgruppe auf Erden überleben konnte, doch diese Besonderheit erklärte ihre sportlichen Ausnahmeleistungen ebenso wie ihren Hochmut und ihre Eleganz. In dieser geheimen schneeweißen Blase trugen alle an dem wissenschaftlichen Experiment Beteiligten, Tony eingeschlossen, Schutzanzüge wie Astronauten, und täglich bekam sie intravenös Chemikalien verabreicht, wurden Untersuchungen und Transfusionen gemacht und sie in riesigen elektronischen Geräten wie in einem Science-Fiction-Film von Kopf bis Fuß gescannt. Sie wäre auch mitgenommen worden, wenn ihre Eltern die Tests nicht genehmigt hätten, denn von der Entschlüsselung dieses Blutphänomens hing die Rettung der Menschheit ab und ihr Eintritt in eine neue wissenschaftliche und gesellschaftliche Phase. Nachdem der amerikanische Geheimdienst die Genehmigung der Eltern erlangt hatte, wurde sie mit Auto und Flugzeug weggebracht, mit verbundenen Augen, damit sie den Weg und den Hochsicherheitstrakt, in dem sie getestet wurde, niemals wiederfände, und niemand auf der Welt wußte davon, nur die Amerikaner, Tony, ihre

Eltern und ich, aber ich durfte es nicht weitererzählen. Nein, natürlich würde ich es nicht weitererzählen, wem auch, und ein Geheimnis war schließlich ein Geheimnis.

Während sie von ihren internationalen Abenteuern berichtete, trug ich ganz langsam die Bodylotion auf Rücken, Arme und Beine dieses angolanischen Alien-Phänomens auf.

Die Präfektinnen und auch die Mitschülerinnen fanden diese Samstagsrituale leicht befremdlich, obwohl sie uns in »rechtlicher« Hinsicht nichts vorwerfen konnten. Alles spielte sich im Rahmen des unter Mädchen Üblichen ab, doch im Kolleg kamen gewisse Gerüchte über Tony und mich auf, die ihrem Ruf als weißer afrikanischer Schönheit, der Schönsten unter den Schönen, keineswegs abträglich waren. In meinem Fall war der Schaden größer. Ich war der Wal.

Im Jungs-Kolleg, wohin wir täglich zum Unterricht gingen, war unser Klassenzimmer das letzte auf dem Flur der Jüngeren, und die Jungs aus unserem Jahrgang versammelten sich regelmäßig, um uns vorbeigehen zu sehen. Tony zu begleiten war ein ziemlicher Streß, denn sie zog die Blicke der Jungs auf sich, und das verschlimmerte meine Situation. Da ich an ihrer Seite ging, sahen sie einfach nur die Schöne und, zwei Schritte dahinter, das Monster. Die Jungs umringten sie. Ich hätte mich lieber versteckt. Aber sie rief mich herbei. »Das ist meine Freundin«, stellte sie mich vor, da sie jemanden brauchte, die keine Konkurrenz für sie darstellte. Die Jungs lachten, nahmen mich voll Verachtung hin, spotteten aber insgeheim immer wieder über die dicke Freundin, denn sie wollten nur Tony.

In hochhackigen schwarzen Lederstiefeln, ähnlich denen von Tony, durchquere ich im Mädchentrupp den Flur mit den Klassenzimmern. Wir gehen alle mit hochhackigen Schuhen zum Unterricht und tragen dazu die weiß-rot karierte Baumwollschürze, eine Uniform, die wir alle hassen und die wir Küchentuch nennen, doch ich spüre, daß sie mich schützt, denn sie bewahrt mich davor, mein Fett offenbaren zu müssen, das in normalen Mädchenkleidern sichtbar würde. Über der Schürze trage ich eine blaue Leinenjacke der Marke Melka, die ich im Sommerschlußverkauf bei Porfírios in der Lissabonner Baixa gekauft habe. Ich entdeckte sie in einem Kleiderhaufen für Männer, wo fast alles in XL war, weil Männer groß sein dürfen. Ihr Schnitt ist männlich, an den Seiten verlaufen über die ganze Länge zwei senfgelbe und beige Streifen. Ich habe mir weder die Farbe noch das Modell ausgesucht. Mir hat einfach nichts anderes gepaßt. Die Jacke hat sich selbst ausgesucht. Sie war groß genug, und deshalb war sie für mich die richtige.

»Sie ist zwar nicht warm, aber sie paßt. Ich zieh einfach mehrere Pullis drunter. Das geht schon. Ich weiß, wie ich klarkomme, wie ich nicht auffalle, mich in der Menge verstecke und einfach abwarte«, dachte ich. »Die Zukunft wird besser. Sie wird mir ein kleines, aber gemütliches Häuschen bescheren, und das wird dann mein Schloß und meine Zuflucht sein.« Ich stellte es mir vor wie dieses Arbeiterhaus auf dem Weg zum Kolleg, dessen Eingangstür direkt auf den Bürgersteig ging, mit einem Fenster auf jeder Seite und einer Fassade, die einen neuen Anstrich nötig hatte. Innen wäre es nicht irgendein Haus, sondern Ali Babas Höhle, und der versteckte Schatz wären seine Stoffe und Polster, der Honig, die Behaglichkeit und Sicherheit. Das wäre mein Haus, ein zweiter Mutterbauch. Vor dem Einschlafen stellte ich mir mein zukünftiges Haus vor, errichtete es mir im Geiste.

Die Jungs aus unserer Stufe, die die reiferen Mädchen begehrten, rieben, wenn wir vorbeikamen, ihre Rücken an den Wänden des grün-blau gestrichenen Flurs und flirteten mit uns. Sie durften den Bereich vor ihren Klassenzimmern nicht verlassen. Sich an der Wand zu reiben war die einzige Möglichkeit, sich irgendwie zu bewegen. Sie durften nicht zu uns kommen, zu der Wand mit den hohen Fenstern, an der wir uns ebenfalls rieben und Blicke und freche Bemerkungen mit ihnen tauschten, solange die Lehrer noch nicht da waren. Die üblichen Beleidigungen verliebter Jugendlicher. Trottel! Blöde Kuh! Du bist ja so doof! Steckenbeine! Im Vorbeigehen höre ich »schau mal, der Wal, der Blauwal«. Das bin ich. Sie lachen. Verspotten mich. Ich verstehe nicht alles. Weigere mich, es zu hören. Auf dem Weg zwischen Mädchen-Gemeinschaftsraum und Klassenzimmer blockiere ich mein Gehör, in das dieser Name eindringt, um dann in meinem Kopf widerzuhallen. Ich flüchte vor den Stimmen, ohne meine Schritte zu beschleunigen, als wollte ich ein soeben begangenes Verbrechen vertuschen, als hörte ich um mich herum nichts außer der Cello-Suite Nr. 1 von Bach, als wären keine Worte ausgesprochen worden, die mich kleinmachen; doch gleichzeitig weigere ich mich, meinen Schritt zu beschleunigen, weil ich einfach keinen Grund dafür sehe, es ist doch völlig uninteressant, was sie denken und sagen, es ist mir vollkommen gleichgültig, ich lebe in meiner unerschütterlichen, einzig mir gehörenden Welt, unberührbar in dieser Wolfshöhle, die ich mir in der Festung meiner Seele errichtet habe. Es sind doch nur die Jungs aus unserer Stufe, die Jüngeren. Es könnten ja auch die anderen sein. Und irgendwie haben sie auch recht. Ein Wal in der Farbe meiner Melka-Jacke, die zwar nicht wärmt, aber meinen Bauch kaschiert. Der Wal antwortet ihnen nicht, tut so, als würde er sie nicht hören. Sie rufen: »Da kommt das Monster, das Monster von Arrábida!« »Von Arrábida?!« frage ich mich. Welches Arrábida, das von Porto oder das von Palmela? Gibt es in einem dieser Arrábidas etwa ein Monster? Gerade läuft sehr erfolgreich ein Film à la *Der weiße Hai* von Spielberg, *Orca, der Killerwal* heißt er. Der Killerwal ist größer als der Hai, fast so groß wie ein richtiger Wal, aber gefährlicher, es gilt ihn zu meiden, er ist ein Walhai, ein tödlicher Horror, weil er gnadenlos zuschlägt. Sie lachen, wenn ich vorbeigehe, sagen: »Hallo Killerwal, du Killer der Meere, hast du heute schon jemanden gefressen?!« Sie lachen. Haben ihren Spaß, sind kindisch und grausam. Plappern vor sich hin. Doch der Wal hört es. Ohne daß man es will, schreiben sich diese Sätze in das Gehirn ein, das sie zurückweist. Der Wal. Der Killerwal. Das Monster.

Tonys Brüste fesseln meinen Blick. Ich sehe feste, üppige Äpfel darin, sie sind verlockend. Ich male mir aus, wie ich ihre Festigkeit mit der Hand prüfe. Dieser Gedanke irrt durch mein Bewußtsein, ohne einen Platz zu finden, ohne sich niederzulassen. Es ist ein hündischer, namenloser Impuls, er kommt in unpassenden Flashs, die ich verdränge und ignoriere, aber ich würde diese Brüste wirklich gern in meinen Händen spüren. Damit herumspielen. Sehen, wie sie sich anfühlen.

Ich bin Rechtshänderin, und an einem dieser Samstage verlor meine rechte Hand die Kontrolle und fand in nur drei Sekunden ihren Weg vom unteren äußeren Rand zur Innenseite von Tonys Brüsten. Tony erwachte augenblicklich aus ihrem Delirieren über den Surfspaß an Luandas Stränden, den Luxus ihrer Vorstadtvilla, den Motorsport und das Tennisspiel, Disziplinen, in denen sie internationaler Champion war, und brüllte: »Bist du übergeschnappt?!« Sie schlug mir mit dem erstbesten Gegenstand, den sie auf dem Boden neben dem Bett zu fassen bekam, auf den Kopf, es war einer ihrer Stöckelschuhe aus silbernem Leder, die sie gekauft hatte, um zusammen mit Miguel aus unserer Klasse ins Finale des vom Kolleg organisierten Tanzwettbewerbs zu kommen, wo sie *Dancing Queen* von Abba interpretieren wollte, in einem kurzen, ärmellosen weißen Kleid mit tiefem Ausschnitt an Brust und Rücken und ausgestelltem Unterteil, zum Wirbeln im Diskosound. Sie hatte nicht die Absicht, mir wehzutun, mußte aber diesen unzulässigen Vertrauensmißbrauch stoppen. Sie wollte mich nicht verletzen, sondern lediglich ihre Position als unberührbare Jungfrau deutlich machen, deren Sinnlichkeit nicht für meine Hände mit den komplett abgekauten Nägeln bestimmt war, sondern für die des jungen Löwenbändigers in der orangefarbenen Regenjacke, den sie später im Kolleg kennenlernte. Tonys Körper war reserviertes Material und ich nichts weiter als eine Dienerin. Es ging um ihre Ehre, und das wollte sie klarstellen, als sie mich mit dem Pfennigabsatz dieses eleganten Schuhs bearbeitete und mir einen Riß in der Kopfhaut zufügte. Sie richtete sich auf, drehte ihren Oberkörper nach rechts und schlug, die Waffe in der linken Hand, zu. Der spitze Absatz knallte auf meinen Kopf, zerriß die Haut und blieb dort in der ersten Schicht stecken. Als sie den Schuh gewaltsam wieder herauszog, riß der Schnitt noch ein paar Zentimeter weiter auf und hinterließ eine Blutspur. Ich faßte an die brennende Stelle, und meine Hand war augenblicklich blutüberströmt, ich schrie, sie schrie und bedeckte ihre Brüste mit dem Badehandtuch. Ich spürte, wie mir das Blut über den Hals lief, die Präfektin kam angerannt, eine unbestimmte Menge von Mitschülerinnen an der Tür zum Schlafsaal, wo sie uns »diesen angenehmen Beschäftigungen« überlassen hatten, jemand brachte mich in die Notaufnahme, im Auto des Herrn Direktors, dessen Sitz ich mit Blut befleckte – die Reinigung sollte später mein Papa bezahlen –, und im ganzen Kolleg, bei den Mädchen wie bei den Jungen, verbreitete sich das Gerücht, Tony und ich hätten einen heftigen Beziehungskrach gehabt und nun Schluß gemacht. Falsch. Schluß machten wir erst ein paar Jahre später, und ihre Brüste habe ich nie wieder berührt. Ich habe sie betrachtet, denn Betrachten ist nicht sittenwidrig.

Tony war weiterhin die Schönste und Begehrteste im

Kolleg, und ich setzte meine Karriere als »Blauwal« fort, und auch als »Orca, der Killerwal«, als »Berliner Krapfen«, als »Talgfaß«, als »Michelin-Männchen« und auch als beste Schülerin, die ihrer Freundin in allen Fächern die Hausaufgaben machte, ihr Nachhilfe in Sprachen erteilte und Spickzettel bastelte. Tony hatte Mühe, zu guten Noten zu kommen, doch sie schaffte es, nicht sitzenzubleiben. Ich wusch und schrubbte weiterhin ihre Kleider in dem Waschtrog auf dem Hof, in einer dunkelblauen quadratischen Schüssel, wo sich, wenn sie ihre Periode gehabt hatte, ein bräunlicher Schaum auf dem Waschwasser abzeichnete. Meine Finger wurden runzlig, bleich vor Kälte und vom vielen Scheuern mit der blau-weißen Kernseife; die Unterwäsche hängte ich später auf die Leine und bügelte sie anschließend, damit sie so rein blieb wie meine Blindheit gegenüber Tony.

Die Monate zogen ins Land. Es folgten wilde Zeiten. Alles war möglich. Im Jahr darauf sollte der Premierminister Sá Carneiro sterben, zusammen mit der süßen blauäugigen Snu, eng umschlungen fielen sie nach einem obskuren Attentat auf die Dächer von Camarate. Die Nachricht kam im *Telejornal*, vor der brasilianischen Seifenoper *Dona Xepa*, die damals im Kolleg unser aller Vergnügen vor der abendlichen Studierstunde war. In meinen vielen schlaflosen Nächten malte ich mir, wenn im Saal alle schliefen, ihren Absturz aus, wälzte mich in dem schmalen Bett. Ich stellte sie mir während des Falls vor. Francisco sagt zu ihr »hab keine Angst«, sagt »ich liebe dich«. Snu antwortet nicht, ihre Augen sind schreckgeweitet. Sie starren sich an, umschlingen sich. Plötzlich zerbirst alles, sie spüren noch die erste Sekunde, und dann ist alles still.

Von dem Zwischenfall mit dem Schuh ist mir zeitlebens eine Narbe geblieben, eine extrem häßliche lange Narbe überm Ohr, an der rechten Schläfe, die ich unter meinen Haaren verstecke, aber im Friseursalon kann ich sie nicht verbergen.

Bei dem Tanzwettbewerb kamen Tony und Miguel nur auf den vierten Platz, gewonnen haben Filó und Américo, Externe aus einer anderen Klasse, mit einer unschlagbaren Choreografie zu Boney Ms *Daddy Cool*. Filó hatte das bessere Kleid an, rot und schulterfrei. Eine riesige Rüsche zog sich über den bedeckten Arm bis zur Achsel des anderen, der von den Fingerspitzen bis zum Ohrläppchen nackt war. Filó war blond, hatte volles langes Haar, pralle, straffe Brüste, die das Kleid kaum zu verbergen vermochte. Tony war die ganze darauffolgende Woche krank.

Das ist die reine Wahrheit. Und ich könnte sie auch genau so erzählen, wenn mein Kopf beim Friseur untersucht wird und ich gefragt werde: »Was ist denn hier passiert?« Es ist keine besonders lange und auch keine sehr komplexe Geschichte. Ich könnte sie gekürzt und ohne Einzelheiten wiedergeben, ganz nüchtern. »Das war ein Unfall in meiner Jugend. Eine Mitschülerin hat mich aus Versehen mit ihrem Schuh getroffen und dabei verletzt.« Aber ich lüge lieber. Erfinde Geschichten. Ich habe diese Narbe auch schon so erklärt, daß ich Opfer häuslicher Gewalt wurde und hinterher meinen Freund anzeigte, habe mich lange darüber ausgelassen, daß Frauen sich keinesfalls unterordnen dürfen. Und auch sonst niemand. Dieser ganze Diskurs stammte aus den Flugblättern der Portugiesischen Opferhilfe. Ich habe einen Namen für den Dreckskerl erfunden, ihm eine Persönlichkeit, eine Familie zugeordnet, Beziehungssituationen erfunden, und das löste beim Friseur heftige Diskussionen und eine kathartische Verbrüderung aus. Später habe ich diese Narbe auch für einen Autounfall mit Papa verwendet, der sehr schlecht sah.

»Mein Vater war kurzsichtig, hatte Astigmatismus und eine Altersweitsichtigkeit, und das Schlimmste war, daß er, als er in Mosambik in Songo arbeitete, eine Linsenluxation erlitt. Nach der Unabhängigkeit gab es keine Ärzte, es war ein einziges Elend, wegen dem ganzen Entkolonisierungschaos und dem Bürgerkrieg zwischen Renamo und Frelimo. Nach diesem Problem mit der Augenlinse haben ihn immer die Scheinwerfer der entgegenkommenden Fahrzeuge geblendet, so daß wir uns einmal, wir waren schon in Portugal und unterwegs zu seinem Heimatort, um einen Baum am Straßenrand gewickelt haben. Das Auto war nicht mehr zu gebrauchen, und ein Blechteil hat sich in meinen Körper gebohrt und meine Haut aufgerissen.«

»Da hatten Sie ja noch Glück«, riefen die Friseurinnen und andere Kundinnen entsetzt aus. »Haben Sie sich nur am Kopf verletzt?«

»Nein, meine Brust und mein Bauch sind auch zerfetzt worden, und die Narbe da unterm Kiefer, sehen Sie? Die stammt auch von dem Unfall«, und so bringe ich sämtliche Körpernarben in meiner Geschichte unter. Es folgt das übliche Gespräch über die Schwierigkeiten des Autofahrens in einem so prekären Land wie Portugal, wo die Verkehrsregeln nicht eingehalten werden, wo zuviel getrunken und nebenbei telefoniert wird, ohne die geringste Achtung vor dem Leben der anderen. Wie gefährlich das doch ist, und dann diese ganzen Versicherungskosten, vor allem bei Vollkasko, und es erfolgt die große Katharsis über die gemeinschaftliche Erfahrung mit Autounfällen, denn alle hatten schon mal einen, und eigentlich ist das ja jetzt durch die ganzen Medien zu etwas Alltäglichem geworden. Ich lerne Tricks. Schnell hat die versammelte Gesellschaft die Narbe an meinem Kopf vergessen und geht zum nächsten Thema über. So ist das mit dem Lügen. Ich werde akzeptiert. Wir können uns anderen Themen widmen und meinen Kopf, meine Geschichte vergessen.

Man mag sich fragen, warum ich etwas erfinde. Warum ich den anderen nicht die nackte Wahrheit präsentiere? Weil darauf nur ein Gespräch über die extremen Jugendlichen folgen würde, über die Dummheiten, die sie aushecken, und im Anschluß dann eine gemeinschaftliche Verurteilung dieser Missetaten, die alle schon mal erlebt haben; die Lügengeschichte hingegen schützt mich vor meinen Gefühlen und vor dem, was ich einmal war. Die Wahrheit ist einfach zu sauber, um sie beim Friseur auszubreiten. Sie würde zu etwas Vulgärem werden. Und ich will sie nicht so entweihen.

1986, als Mário Soares in einer Stichwahl gegen Freitas do Amaral die Präsidentschaftswahl gewann, mit meiner Unterstützung, obwohl ich im ersten Wahlgang für Maria de Lourdes Pintasilgo gestimmt hatte, hing die blaue Jakke von Melka noch immer in meinem Schrank, in dem Zimmer, in dem ich mit David lernte, der mir mit dem Stoff der Stunden half, in denen ich gefehlt hatte, um meinen verschiedenen Jobs nachgehen zu können, Philosophie des Mittelalters vor allem. David und ich waren inzwischen Kommilitonen. Es war sein erstes Studium und mein zweites. Ich war bereits die Frau Lehrerin, doch wir lernten zusammen. Ich hatte zwar ein erstes geisteswissenschaftliches Studium hinter mir, das mich befähigte, Portugiesisch und Englisch zu unterrichten, dennoch lag mir die literarische Analyse nie. Die Hermeneutik schläferte mich ein. Ich hatte einen Teilzeitjob bei Rádio Aventura auf selbständiger Basis und einen anderen an der Schule als festangestellte Lehrerin, hatte aber dennoch beschlossen, mich mit David in Philosophie einzuschreiben, weil wir das Denken studieren wollten, das unsere Zivilisation geprägt hatte, um irgendwann die kulturellen Zwangsjacken zu verstehen, die uns formen, ohne daß wir uns ihres subtilen Einflusses bewußt sind.

Ich hatte mir einen kleinen Arbeitsplatz im Wintergarten meines Zimmers eingerichtet. Mit dem ersten Gehalt von der Schule kaufte ich mir ein Regal mit eingebautem Schreibtisch und holte den Stuhl mit den gelben Polstern aus dem Eßzimmer, er stammt noch aus dem Wohnzimmer-Mobiliar des Mosambikaner Hauses. Auf den setzte ich mich zum Lernen, Schreiben, Unterricht Vorbereiten und Arbeiten Korrigieren. Am späten Nachmittag stellte ich den Stuhl vor das offene Fenster und blickte in dem satten Licht, das von Westen her einfiel, auf das spektakuläre Wattenmeer und die nahe Stadt Lissabon. Auf die angestrahlten Häuser und das Tejo-Delta, an dessen Ufer die Arbeitervorstädte mit ihrem unspektakulären Leben lagen, Barreiro bis Alcochete, und auf das Wasser, das je nach Wetter eine andere Farbe hatte. Sanft blau, smaragdgrün, graugrün oder silbern, und an stürmischen Tagen purpurgrau, manchmal auch tintenblau und irgendwie orange.

Wenn wir Pause machten, setzte David sich ans Fenster meines Wintergartenarbeitszimmers und genoß die Aussicht, die man vom sechsten Stock hatte. Er war mein Freund. Damals sagte man, daß man miteinander ging.

Wenn meine Eltern in ihren Heimatort oder in Urlaub fuhren, nutzten wir das aus und blieben zu Hause, verkrochen uns ineinander, leckten uns und rochen unsere heißen Körper. Das mochten wir am liebsten. In der Luft lag dieser Geruch nach der Lust vor dem Akt oder der schwere Geruch nach erfüllter Lust, wir befühlten unsere ölige Gesichtshaut, die trockene Haut auf der Brust, die Pickelchen auf den Pobacken und am Rücken. Wir entdeckten den Körper des anderen, spielerisch, berührten, packten an, zerrten. David hatte vor mir noch keine Frau gehabt, und auch ich hatte noch keinen Mann gänzlich kennengelernt, lediglich die ersten Anfänge. Es war eine glückliche Begegnung von Geschlechtern und Seelen.

Es ist fast Mittag, und die Sonne knallt direkt auf mein Bett. Meine Eltern haben das Haus um sechs Uhr morgens verlassen, sind nach Póvoa do Varzim gefahren, um ein Gelübde bei der heiligen Alexandrina einzulösen, das Papas

Cholesterinspiegel und den hohen Blutdruck senken soll, und David hat um sieben Uhr geklingelt. Ich mache ihm verärgert auf, weil er versprochen hat, um halb sieben zu kommen, und ich habe ja diese Pünktlichkeitsmacke. Wir ziehen uns aus und legen uns ins Bett, schlafen aneinandergeschmiegt den restlichen Vormittag, die Haut des einen wärmt die des anderen. Wir wachen hungrig auf und essen was.

Wir haben noch nicht miteinander geschlafen, und gerade liegt diese Energie auch nicht in der Luft. Ich liege auf dem Bett, er sitzt, wir unterhalten uns. Er bittet mich, ihm meine Vulva zu zeigen. Ich weigere mich. Das ist peinlich, dieses häßliche Körperteil. Er insistiert. Will es sehen, will sehen, wie sie angelegt ist. »Das ist Architektur, ist Anatomie und beinhaltet sicher auch noch irgendwelche ästhetischen Theorien«, sagt er und lacht. »Das braucht dir wirklich nicht peinlich zu sein. Wir haben doch schon so viel zusammen gemacht.« Dieses Argument überzeugt mich eher, ich gebe nach. Ziehe die Unterhose aus, spreize die Beine in dem unbarmherzigen Morgenlicht, das grob und kraftvoll durch die Fenster dringt. David beugt sich über mein Geschlecht und macht daran herum. Er blättert Falten und Lippen auf. Ich spüre, wie er neugierig daran herumspielt. Er faßt die kleinen Schamlippen an, dann zieht er an den großen, sagt: »Du hast hier einen Leberfleck, der sieht aus wie eine Träne.« Er berührt meine Vulva, faßt mit seinen Fingern in meine Schamhaare und kämmt sie mit der Hand, liebkost sie, fühlt die Beschaffenheit der Haut an den Leisten, fragt, warum sie dunkler ist. Dann küßt er mein Geschlecht, steht auf, und ich schließe die Beine wieder. »Zufrieden?« frage ich.

»Das ist eine komplexe Angelegenheit. Ähnelt einer sich öffnenden Blume. Und es hat auch was Metaphysisches.«

Wir lernen ein bißchen. Unterhalten uns. Lachen immer ziemlich viel dabei. Wir setzen uns auf den Balkon, betrachten den Sonnenuntergang und schmusen auf dem Stuhl mit dem gelben Polster. Ich setze mich auf seine Beine, Brust an Brust, und küsse ihn. Ich rieche an seinem Kopf und an seinem Hals. Er steckt seine Hände unter mein T-Shirt und schiebt meinen BH hoch, löst meine Brüste, hält sie fest und drückt sie zusammen. Er mag ihr Gewicht. Er versenkt seinen Mund in sie, leckt an ihnen und atmet den süßen Duft ein, den sie verströmen. Abwechselnd drückt er meinen Bauch und meine Pobacken, krallt seine Nägel hinein. Das ist Fleisch, das mit Hungerkrallen angepackt werden will. Der Kuß weitet sich aus, und ein grober Instinkt vernebelt meinen Körper, unterwirft mich. Ich zerre an dem Reißverschluß von Davids abgewetzter Jeans. Der Reißverschluß klemmt. Im Sitzen geht der Hosenschlitz nur schwer auf. Er streckt sich, so gut er kann, damit es einfacher geht. Ich ziehe an dem Gummi seiner Unterhose und packe sein hartes, heißes Glied, es pocht und riecht nach saurem Fleisch, feucht und heiß, benetzt mit Schweiß und Geilheit. Ich setze mich rittlings auf seine Beine, ziehe den Rock unter meinen Beinen hoch, damit er meine Bewegungsfreiheit nicht einschränkt. Presse meinen Körper gegen den seinen, meine Füße drücken gegen die Querstreben des Stuhls. Mit der Hand, mit der ich auch die Unterhose weghalte, führe ich sein Geschlecht blind zu meinem, während wir uns überall beißen und ich mich mit ihm penetriere. Sein Penis erfüllt mich, und ich atme aus, als hätte ich gerade meinen Hunger mit einem guten Essen befriedigt. Auf ihm reitend schaukele ich hin und her, bewege die Hüften, schüttle mich, schiebe mich und ihn vor und zurück, nagle ihn auf den Stuhl. Wir atmen geräuschvoll, sind durch die Vereinigung unserer Geschlechter eins geworden. Ich stammle Wörter ohne Sinn, hämmere mit meiner Hüfte. Fessle ihn mit meinen Beinen und Armen und schlage aus. »Beweg dich nicht, beweg dich nicht«, flehe ich. »Laß mich das machen.«

Ich reibe mich an diesem Ding, das einzig mir gehört, so unnütz ist, einfach nur meins und zu sonst nichts zu gebrauchen, ich vergrabe mich in diese Masse aus Fleisch, Blut und Feuer, bis das Gehirn ganz hinten und doch näherkommend einen ekstatischen Schmerz aussendet, der aufflammt und wieder erlischt, wie die Flamme eines fast leeren Feuerzeugs, das ich anzünden will. Ich schüttle mich, suche nach dem Zündpunkt, um mich herum ist nichts mehr faßbar, und es folgt der Augenblick, in dem ich diesen Nebel, einen Fetzen davon, mit dem Arm, dem Bein packe, ich fasse ihn ganz, ziehe kraftvoll daran, halte ihn fest, habe ihn eingefangen, und während ich ihn festhalte, lasse ich ihn explodieren, in dem Augenblick, in dem er meinen Körper der Länge nach durchläuft, ich weiß nicht, in welche Richtung er fließt, ich weiß nicht, wer ich bin, ich gehöre nirgendwohin, Geschlecht und Gehirn sind in silbernes Licht getaucht, und darin verbleiben wir ein paar Sekunden, nur kurz, blind, nur lichter Schmerz im Nichts, Opium, das nicht länger wirken darf, weil wir sonst sterben, und es vergeht, wird schwächer, hört auf, ist nur noch verbrauchtes, schlafendes Fleisch, das uns schlaff zurückläßt, erschöpft, wieder Mensch, keuchend, zwei Herzen, die gegeneinander schlagen, jedes in seiner Brust, unbedarft.

Wir sagen nichts. Es gibt nichts zu sagen. Wir atmen ein und aus, tief, mehrmals. Wir kommen zu uns, zurück ins Leben, denn sterben oder geboren werden oder was auch immer verwirrt. Wir kommen zu uns, sehen uns an und denken: »Was war das denn, eh, was war das denn?« »Ich glaube, jetzt können wir sterben, David.« Aber gesagt habe ich es nicht.

In meinem Zimmer leuchtet all die Jahre über dieser Penis, erigiert und frisch wie morgens geerntetes Gemüse. Wohlriechend, warm und steil aufgerichtet.

Im durch die Vorhänge gefilterten Licht erkenne ich die Adern, die ihn durchziehen. Er will mich. Ich will ihn. Ich küsse ihn, zeichne mit der Zungenspitze die Rundung der Eichel nach, schmecke den in der Harnröhre gebildeten Sehnsuchtstropfen, reibe mein Gesicht an ihm, meine Haare, meine Brust, den Busen, den Bauch. Ich verwende dieses Spielzeug nach Lust und Laune. Es ist nur für Mädchen.

In meinem Zimmer, in meinem Kopf bleibt dieser Penis all die Jahre erigiert wie kein anderer. Wie viele Jahre werde ich leben? Stets derselbe Penis, tausend Jahre erigiert, die tausend Jahre meines Lebens. An dem Tag, an dem man mich ins Grab wirft, wird er immer noch leuchten. Solange auch nur eine meiner Hautzellen, ein Rest meines Achselgeruchs, ein geschmeidiger Nerv oder irgendein strammes Band von mir auf dem schlecht gefegten Fußboden der leeren Wohnung zu finden ist. Nur ich kann ihn sehen, nur ich kenne seinen Geruch nach frischgemähtem Gras. Ich spüre ihn hart an meiner Hüfte. Er zittert. Gehört nur mir. Er weckt mich. Belebt mich. Ist wie ein zarter Kaktus ohne Stacheln, ein Altar, vor dem ich aufgehört habe zu beten, als mein Herz sich verlor.

Meine Beziehung mit David endete 1990, in unserem letzten Studienjahr. Er wollte andere Frauen, wollte die Liebe kennenlernen, die es außerhalb von mir gab, und deshalb ließ er sich auf eine Wette mit einem Kommilitonen ein: daß er eine Erstsemesterin aus seinem Studiengang erobern würde. Er gewann die Wette.

Abgesehen davon, daß er das verständliche Bedürfnis hatte, viele Lieben zu leben, viele Erfahrungen zu machen, war er ein guter Junge, beeinflußbar, aber gut geraten. Die Ehre von guten Jungs verlangt es, daß Verpflichtungen, die man eingegangen ist, auch eingehalten werden. David hatte keine andere Freundin neben mir. Ich verschwand für ihn einfach von der Bildfläche, seine Rache zerstörte mich, und ich überließ ihn sich selbst und denen, die ihn sich schnappen wollten. Da er das Studium mit einem historisch guten Notenschnitt abgeschlossen hatte und für die Fakultät und seinen Heimatort Arrentela zum Exempel wurde, heiratete er zwei Jahre später die Ex-Erstsemesterin. Das war es, was alle Welt von David erwartete, und von dieser Linie wich er nicht ab.

Davids Eltern mochten mich nie. Ich war zu alt für die Frucht ihrer mühsamen Aufzucht. Meine Mutter mochte David auch nicht. Er war für sie ein Junge ohne Verständnis für die Eigenschaften, die sie in mir sah. Deshalb litt unsere Beziehung immer wieder unter den familiären Widerständen und den unterschiedlichen Erwartungshaltungen, die zwischen einem Jungen und einer Frau bestanden.

Als dann Schluß war, dachte ich an Mord. Ich wollte ihn auf die verschiedensten Arten umbringen. Ich überlegte, einen Waffenschein zu machen und eine Waffe zu kaufen. Doch es gab einfachere Methoden. Ein Messer in die Brust, ein Schlag ins Genick. Er sollte elendiglich verbluten, während ich mich an seinem zerfetzten Körper reiben würde, um meine, der Lebenden Brust zu beflecken und mit dem zu füllen, was das Leben mir geraubt hatte. Schuld zu sein am Tod einer unmöglichen Liebe wäre bestimmt nicht schlimmer als die Gewißheit, diese verloren zu haben. Ich träumte davon, ihn zu töten, doch um seines Friedens und meines Verlusts willen nahm ich Abstand von dem Plan. Wir töten nicht. Wir akzeptieren die Niederlage. Es kommt einem vor wie ein billiger Film, aber die Liebe ist nun mal ein Film von allerschlechtester Qualität.

Neben meinem Wunsch, ihn zu töten, träumte ich davon, noch einmal mit ihm zu den Dünen von São Jacinto zu fahren, in denen wir so oft herumgestreift waren. Ich wollte mit ihm an den Anfang der Welt zurück, zum Auseinanderdriften der Kontinente, zur Mutation der Arten, zum Lehmboden, zu den Felsen, zum Feuer, zur Höhle, zum sonnigen und windigen Hügel unserer Vorfahren, auf dem wir standen und uns ansahen wie zwei Tiere, die sich zum ersten Mal betrachten, wo wir uns beschnupperten und gegenseitig unsere Geschlechter leckten, wie Tiere es tun; ich wollte zurück an den wilden, geheiligten Ort unserer Liebe mit dem Geruch nach frischgemähtem Gras.

Der Tötungswunsch änderte seine Richtung, und ich überlegte, daß es vielleicht einfacher wäre, mich selbst umzubringen. Doch nein, selbst in meinen verrücktesten Phasen fand ich, daß es ein schwerer Verlust wäre, wenn ich mich umbrächte, schließlich hatte ich schon so viel investiert.

Ich erinnere mich nicht an die Fächer, die wir in diesem letzten Jahr an der Uni hatten. Das ist alles ausgelöscht bis auf ein halbes Dutzend gespeicherter Bilder von dem Unterrichtsgebäude mit dem baumbestandenen großen Hof davor, an dessen Außenmauer eine glatte Zementbank stand, auf der David und seine neue Freundin sich in den Pausen immer küßten, sich befummelten und aneinander rieben, während ich dieser Erniedrigung beiwohnte und die Kommilitonen ungläubig die einen wie die andere beobachteten, in der Erwartung, daß jeden Augenblick etwas explodierte. Ich schleppte mich an die Uni, und nur der Stolz hielt mich aufrecht. Die Frauen aus meiner Familie platzen nicht öffentlich. Ich schaffte es, das Studium abzuschließen, weil einer der Professoren meine fehlenden Anwesenheitszeiten in eine schriftliche Arbeit ummünzte, die ich zu Hause machen konnte, ganz in Ruhe, aber viel kam nicht dabei heraus. Zugute kam mir, daß der Mann ein erklärter Romantiker war und meine Situation bedauerte, obwohl wir nie darüber sprachen. Ich war implodiert. Als das Studienjahr vorbei war, verbot mir der Arzt, das Haus zu verlassen, da ich schon nicht mehr in der Lage war, Ampeln zu verstehen, und nicht mehr wußte, ob man bei Rot gehen oder stehenbleiben mußte. Ich orientierte mich an der Menge der Menschen, die die Straße überquerten. Am schlimmsten war es, wenn ich allein dastand und über eine Straße mußte. »Herr Doktor, können Sie mir nicht aufschreiben, wann man gehen darf und wann man stehenbleiben muß?« bat ich. Der Arzt sah mich an, verschrieb mir etwas, und ich geriet in einen Vorhöllenzustand, aus dem ich lange Zeit nicht mehr herauskam. Mitte der 90er Jahre fühlte ich mich wieder einigermaßen wach. Ich erinnere mich daran, daß ich zu der Zeit bei Rádio Aventura aufhörte, weil ich enttäuscht darüber war, daß meine Arbeit so wenig Anerkennung fand. Außerdem hatte ich zu viele Jobs, schlief wenig, und wozu die ganze Anstrengung, wozu auf so vielen Hochzeiten gleichzeitig tanzen?! Ich widmete mich ganz dem Unterrichten. Das machte ich gern, es war eine Beschäftigung, die mir persönlich viel brachte, wegen der Zuneigung der Schüler und weil es Spaß machte, mit ihnen das zu erörtern, was andere sich ausgedacht hatten.

Ich erinnere mich daran, daß Papa 1995 sehr enttäuscht war über Cavaco Silvas Wahlniederlage. Jetzt würde es wieder diese »Kommunen geben, unterstützt von Mário

Soares und Konsorten«, verkündete er. Dann folgte die Ära Guterres, an deren Ende Papa starb. Entgegen seinen Mutmaßungen schien es mit dem Land aufwärtszugehen, zum ersten Mal in unserem Leben.

Ich erinnere mich daran, daß ich an eine Schule nach Grândola ging. Meine Tage bestanden aus Unterrichten, Arbeitsblätter Schreiben, Tests, Sitzungen zu allem und jedem, Protokollen, Berichten, Bürokratie, wie man das eben vom Leben erwartet, und ich erinnere mich an eine neue Kollegin, die von der Schule am Südufer des Tejo kam, an der David unterrichtete, und sie erzählte, daß er Vater eines hübschen Mädchens sei, und bald käme das zweite Kind, und daß er in einem weißen Anzug durch die Schule stolziere wie Carlos da Maia aus dem Roman von Eça de Queiroz und am Wochenende mit Kollegen Partys feiere, alles Pärchen, alles so, wie es sich gehörte. Ich konnte es nicht glauben. David mit seinem Che und »Atomkraft, nein danke«?! Sie bestätigte es mir.

Ich erinnere mich, daß ich mir nicht sicher war, ob Eça seinen Carlos wirklich weiß eingekleidet hatte, aber was blieb, war diese Vorstellung des Dandys an der öffentlichen Schule, und das gefiel mir eigentlich ganz gut. Jeder Lehrer hat seine Macke, und man muß die Menschen in ihrer wunderbaren Verschiedenartigkeit achten.

Mehr als zehn Jahre lang wohnte ich nicht am Südufer und arbeitete unter der Woche wie eine Sklavin unseres Erziehungssystems. Papa war ziemlich krank, deshalb mußte ich an den Wochenenden immer zurück, und auch in den Ferien, an meinen freien Tagen und an Feiertagen.

David fehlte mir immer und überall. Das Leben war mindestens so schwer wie ein Kühlschrank, eine Waschmaschine oder eine Wohnzimmeranrichte, doch es gab auch andere Tage. Manchmal war es weniger schwer oder gar nicht schwer, und dann fühlte ich mich wie ein Flugsamen in der Luft.

Manchmal dachte ich: »Ich halte das nicht mehr aus« und schrieb etwas in meine Hefte, um weitermachen zu können. Die Geschichte von einem Mann im Café, der sich anbot, einem anderen zu helfen, den er gar nicht kannte, der aber von der betrogenen Frau hinausgeworfen worden war; oder die Geschichte von den hochhackigen Sandalen, die Papa mir, als ich zehn war, in Lourenço Marques in der Avenida 24 de Julho gekauft hatte, gegen Mamas Willen, für die ein Absatz von drei Zentimetern bereits das Risiko eines schändlichen Wegs in sich barg. Ich schrieb Unterhaltungen nieder, die ich an meinem Tisch im Café mitgehört hatte, entweder wahrheitsgetreu oder mit erfundenen pädagogischen, die Realität verändernden Zusätzen. Ich ertrug das Leben einfach nicht. Ich befand mich in einem Spiel, in dem ich zum Spielen gezwungen war, ohne zu wissen, wie es ausging. Deshalb schrieb ich. »Ich sitze hier und habe einen Teil meines Kaffees verschüttet.«

Ich konnte ohne David leben und träumen. Ich konnte ohne die leben, die ich liebte, aber ohne das Schreiben hätte ich nicht weiterleben können. Das wäre das Ende der Straße gewesen. Der kolossale Lärm, den die Gezeiten im September an den Stränden von Comporta machten, sagte mir nichts mehr. Ohne das Schreiben gab es kein Zuhause, in dem man ankommt, den Mantel auszieht, ihn aufhängt, den Hund streichelt, mit ihm Gassi geht, zurückkommt, ihn füttert, sich aufs Sofa setzt und das alles auch noch genießt. Ich konnte leben, ohne zu duschen, ohne Küsse, aber nicht ohne zu schreiben. Das verstand niemand, und die Leute zuckten nur mit den Achseln, als hätte ich eine Macke, einen Tick wie die Reichen, die dem Luxus frönen. »Du spinnst.« Es gab eine Zeit, in der das Gefängnis, das mein Leben war, zu deutlich und zu grausam wurde, in der ich anfing, immer schlechter zu sehen. Je mehr meine innere Sicht auf die Welt sich erweiterte, um so schlechter wurde die äußere. Die Augenärztin sah meine Dioptrienzahl steigen, es war ihr völlig unverständlich, denn die Kurzsichtigkeit stabilisiert sich tendenziell im Erwachsenenalter, wenn keine anderen Erkrankungen bestehen, doch bei mir galoppierte sie ohne Grund weiter. Ich kam nur mit Mühe aus dem Bett und schrieb, um weiterleben zu können, Tag für Tag, selbst wenn ich nichts zu sagen hatte. Ich schrieb: »Ich bin hier nur auf Abruf.« Die Dinge zu verstehen ist eine Strafe. Man kann seinen Käfig und sein Joch nie mehr ignorieren.

Wenige Jahre nach Papas Tod, in dem Jahr, in dem die Zwillingstürme einstürzten, verkaufte ich die Wohnung im Alentejo und beantragte eine Versetzung nach Almada. Ich mußte zurück, um Mama zu pflegen, die nun allein war und Betreuung und Gesellschaft brauchte. Mama fand es gut, daß ich nach Almada in die Wohnung zurückkehrte, denn dadurch konnte sie mein Kommen und Gehen, meine Telefonate und den Zustand meiner Haut und meiner Haare besser kontrollieren.

Also wechselte ich im Sommer zur großen Freude von Mama, die mich im Leben auf alles vorbereitet hatte, jeden Samstagnachmittag unsere Bettwäsche und wusch sie in dem Waschtrog auf dem Küchenbalkon aus. Bei schönem Wetter wasche ich immer noch gern von Hand, mit der Savon de Marseille oder der blau-weißen Kernseife. Von Hand gewaschene Wäsche riecht nach Kindheitstagen, die ich nicht missen möchte. Ich wasche und hänge meinen Gedanken nach. Das kalte Wasser näßt meine Arme, meine Brüste und den Bauch. Es ist ein Vergnügen und eine Freiheit! Diese Minidosis an Freiheit, die wir erlangen wie eine Gunst, für die wir einen Tribut entrichten, die aber jederzeit absolut werden kann. Diese eingeschränkte Freiheit, die uns zugesprochen wird, ein Zustand, an den wir uns gewöhnt haben im Leben und den wir »Freiheit« nennen. Daß ich mich naß mache, ist eine zulässige Freiheit.

Mama bewundert die Qualität meiner Hausarbeit. Sie merkt, daß ich sie, obwohl ich sie nicht liebe, gut und gründlich verrichte. Wenn ich sie das sagen höre, denke ich, das könnte mein Wappenspruch sein, wenn ich blaublütig wäre.

Die gewaschene Wäsche riecht gut, wie in den Zeiten, als ich mich am Waschtrog des Kollegs um Tonys Wäsche kümmerte, unter der lila Laube der Glyzinien, wenn der Frühling anbrach, und auch den ganzen Sommer über, bis jemand kam und mich in den Ferien für ein paar Wochen abholte.

Seit ich nach Portugal gekommen bin, habe ich viel Wäsche von Hand gewaschen, sehr oft auch im Waschtrog meiner Cousine Fá in Alcobaça, im tiefsten Winter, wenn sich auf den Kleidungsstücken, die wir über Nacht in den Bottichen eingeweicht hatten, eine Eisschicht bildete. Wir zerbrachen das Eis mit einem Fausthieb und hofften, daß die Flecken in den Unterhosen verblaßt wären, damit wir weniger schrubben mußten, schließlich sollten sie ehrwürdig weiß bleiben, weil man uns sonst für schweinisch gehalten hätte, für Schlampen, ungeeignet für Mann und Kinder.

Dem Herrn Direktor gefiel es nicht, wenn er mich im Kolleg Tonys Wäsche waschen sah, meine Abhängigkeit von ihr war ihm ein Dorn im Auge, und er tolerierte sie nur aus Liebe zu mir. Er stempelte Tony zwar nicht direkt ab, gab mir aber zu verstehen, daß sie ein anderes Kaliber, aus anderem Holz geschnitzt war. »Ein Feuerwerkskörper ohne Substanz. Lediglich Augenweide.« Und ich würde nur Öl ins Feuer gießen.

Wir sitzen im Besucherraum, in dem irgendwann ein gerahmtes Foto von mir hängen wird. Der Herr Direktor hat mich rufen lassen, das kommt häufig vor; nicht, weil er mich tadeln will, sondern um mir Antworten auf Wünsche von Internatsschülerinnen zu geben, die ich ihm übermittelt hatte, oder einfach nur zum Reden. Die Präfektinnen finden diese Treffen befremdlich, und sie bringen mir keine Sympathien ein. Ich bin die beste Schülerin. Er bittet mich, ihm meine korrigierten und benoteten Klassenarbeiten vorzulesen. Er kommentiert sie. Liest die Aufsätze laut vor. »Jawohl, jawohl.« Sie gefallen ihm. Er erzählt mir

Geschichten über sich. Er war weltlicher Missionar in Angola. Hat die Schwarzen im Hinterland zivilisiert. Spricht voller Bewunderung über sie. »Sie waren aufrichtig, würdevoll und stolz.« Er hat die Kultur der Einheimischen begeistert aufgesogen und sah darin etwas Nobles. Er möchte meine Meinung hören zur Unabhängigkeit der Kolonien, zu den Regeln im Kolleg, zum Leben, zu allem, aber ich weiß nicht viel. Ich möchte es nur meinen Eltern rechtmachen, möchte gute Noten haben, abnehmen, damit ich so hübsch werde wie Olivia Newton-John, mit achtzehn einen Freund haben, dann heiraten, ohne größere Aufregung für immer geliebt werden, Kinder kriegen und eine Arbeit haben, die mich glücklich macht. Welche, weiß ich nicht. Ich schweife ab und idealisiere. Er lacht.

»Maria Luísa, das Glück ist noch nicht erfunden worden«, behauptet er.

»Ich bin mir sicher, ich wäre glücklich, wenn ich nur frei wäre«, versichere ich ihm.

»Ja, ja, die Freiheit, die findet man an jeder Ecke!« Er wird ironisch, wenn ich auf die Freiheit zu sprechen komme, nach der die anderen Internatsschülerinnen und ich uns sehnen.

»Freiheit und Glück bedingen sich gegenseitig. Existiert eines, existiert auch das andere«, verteidige ich mich. Er findet mich immer lustig. Hört mir gern zu. Mag meine Gesellschaft. Und ich mache weiter mit meinen Forderungen. »Warum dürfen wir nicht allein weggehen wie die Jungs? Wenigstens am Sonntagnachmittag, ohne die Präfektinnen vor und hinter uns, die auf uns aufpassen wie Schießhunde, und wir alle in einer Reihe. Wir sind keine Nonnen. Warum verdienen wir kein Vertrauen, wo die Jungs doch nicht einmal beweisen müssen, daß sie es verdienen?«

»Es ist nicht wegen dir, sondern wegen der anderen«, antwortet er.

»Je mehr wir eingesperrt werden, um so größer wird das Verlangen abzuhauen. Das ist ungerecht. Und ungerechtfertigt.« Ich rege mich auf.

»Gerechtigkeit?! Ungerechtfertigt?!« ruft er aus. »Was weißt du über Gerechtigkeit, und mit welchen Kriterien beurteilst du, was gerechtfertigt ist?! Was weißt du schon vom Leben, Luísa? Was weißt du ...«

»Ich weiß das, was meine Mutter mir beigebracht hat: Daß wir anderen nicht das antun sollen, von dem wir selbst nicht wollen, daß es uns angetan wird. Das ist Gerechtigkeit. Und was nicht dieser Regel entspricht, ist nicht gerechtfertigt.« Ich argumentiere weiter. Halte nicht den Mund. Insistiere: Gerechtigkeit, Freiheit, Glück. Dort draußen frei und glücklich sein. Das will ich für die Zukunft. Und das werde ich auch bekommen.

»Glaub mir, weil ich älter bin als du: Freiheit gibt es nicht, Glück gibt es nicht. Beides wirst du niemals finden. Was du hast, wird dir nie genügen.« Und er lacht erneut, schüttelt den Kopf, ist sich bewußt, daß ich, wenn ich leise murmle: »Sie haben doch immer eine Antwort parat, immer«, nicht alles annehmen kann, was er mir sagt, aber er weiß auch, daß ich ihm zuhöre. Ich höre ihm zu. Der Herr Direktor schätzt mich, bewundert mich. Er ist wie ein Vater für mich, ein sicherer Brückenpfeiler, der mir hilft, mit der starken Strömung des gefährlichen Flusses der Jugend klarzukommen.

Ohne etwas zu wissen, widerspreche ich diesem Mann, der zwanzig Jahre lang Missionar war, der das Meer überquert und fast ein Jahrhundert an Freud und Leid hinter sich hat, der mein Urgroßvater sein könnte, und habe keinerlei Hemmungen, ihm das Ideal darzulegen, das ich mir ohne Einschränkung wünsche. Ich bin einerseits arrogant, andererseits kann ich die Zukunft ja noch gar nicht kennen. Ehe die Geschichte sich nicht ereignet, kennt man sie nicht. Sie hält sich nicht an Beispiele, macht immer wieder dieselben Fehler und fängt in jeder Epoche von vorn an.

Ich bin weit davon entfernt zu verstehen, daß der Herr Direktor recht hat, und schon gar nicht, daß man Inseln der Freiheit erobern und kurzzeitig genießen kann. Ich kann noch nicht wissen, daß es in unserer Verantwortung liegt, die Grenzen der Freiheit festzulegen, die wir uns zugestehen wollen. Wir und die Sittenpolizei in uns.

In diesen Jahren wußte ich ihn nicht zu schätzen. Er war für mich ein komischer alter Kauz, der alles besser weiß. In den Menschen, die mich liebten, sah ich Kerkermeister, Gegner, die mir Hindernisse in den Weg stellten. Liebt mich, aber befreit mich. Ich kann eure Liebe nur ohne Unterwerfung erwidern. Hemmt nicht meine Schritte. Werft mir nichts vor und verlangt nichts von mir. Nichts.

Andererseits war der Herr Direktor auch fordernd, autoritär und besitzergreifend. Er wollte das Zentrum der Welt und der von ihm geliebten Menschen sein, und dazu zählte auch ich. Er erkannte meinen Wert und ließ mich nicht mehr los, obwohl ich ihn geringschätzte, verachtete und seine klugen Briefe mit Arroganz beantwortete.

Als ich das Kolleg verlassen hatte, reagierte er auf meine Distanzierung mit einem schrecklichen maschinengeschriebenen Brief, in dem es hieß, die Tatsache, daß er nichts von mir höre, zeige, daß ich ein »abstoßendes, verachtenswertes menschliches Wrack« geworden sei.

Eine Woche später waren die Gefühle der vorherigen Woche bereits wieder vergessen, und er schickte mir zu Bildungszwecken Zeitungsausschnitte aus der Rubrik »Verteidigen wir unsere Sprache!« des *Jornal da Bairrada,* einer Zeitung aus der Gegend, aus der er kam. Sie stammten von Bento Lopes, »einer Koryphäe auf diesem Gebiet«.

Wegen seines Vertrauens in meine literarischen Fähigkeiten und weil ich nicht zu dem abstoßenden, verachtenswerten menschlichen Wrack werden wollte, das er in seinem Brief heraufbeschwor, arbeitete ich mein Leben lang an meiner Sprache.

Die Menschen sterben, und wir können ihnen nicht mehr persönlich sagen, daß sie recht hatten, daß wir ihre Lektion gelernt, daß wir begriffen haben, wie sehr sie uns liebten und wie sehr wir sie liebten, immer noch lieben, und daß wir nicht schuld daran sind, daß wir all die Jahre blind, taub und stumm durchs Leben gingen.

Heute hatte ich Mühe, die samstäglichen Laken zu waschen, und habe es nur getan, weil Mama es wollte. Ich habe die Hausarbeit satt. Die Taube auf dem hinteren Balkon hat den ganzen Morgen lang gegurrt und meinen Schlaf in Scheibchen geschnitten. Ich muß mich daran gewöhnen, alles auszuhalten, so wie ich das Geräusch des Aufzugs aushalte, dessen Schacht neben meinem Schlafzimmer verläuft.

Es ist schon länger ziemlich heiß, und ich schlafe nackt auf den weißen Baumwollaken aus meiner Aussteuer, die zu benutzen ich nun beschlossen habe. Mama mag es nicht, wenn ich nackt schlafe. Als seriöse Frau hat man keine solchen Angewohnheiten, sagt Mama, aber sie versteht meine Seriosität einfach nicht.

Am Morgen, als ich aufwache, drehe ich mich auf die Seite und strecke meinen Arm aus. Die Hündin ist nicht an ihrem Platz. Ich bewege die Beine und finde sie auch am Fußende nicht. Vermutlich ist es ihr zu heiß geworden, und sie hat den Boden bevorzugt.

Schläfrig reibe ich die Wölbung meines ausgestreckten Unterarms. Das ist schön. Meine Hand liebt es, diesen weichen Unterarm zu spüren, und der Unterarm liebt es, die Hand zu spüren, die ihn streichelt. Ich glaube, die Wölbung meines Unterarms hat noch niemand gestreichelt, nicht einmal David. Ich bleibe liegen. Schlafe wieder ein trotz des morgendlichen Krachs – der Autos, der Hupen, der Menschen, die im Aufzug rauf- und runterfahren, der Klingeln, die betätigt werden, der Unterhaltungen der Nachbarn, die mit Orangen, Paprikas, Zwiebeln und Fischen zum Grillen vom Markt wiederkommen, schlafe ein in diesem ganzen epischen Alltagsgeschehen.

Gegen elf Uhr höre ich, wie die Hündin aus dem Schälchen in der Diele Wasser trinkt, ich stehe auf, umarme sie und rezitiere noch im Halbschlaf das Gedicht *Die Schönheit an dem kühlen Bergeshang* von Camões für sie. Ich sage das Gedicht auf, während sie hechelt und mir das Gesicht leckt. *Denn ohne dich ist alles mir verwehrt,* rezitiere ich. Und küsse sie und spüre ihre feuchten, kühlen Lefzen.

Wir gehen an den Strand, laufen, buddeln Löcher in den Sand, lesen zwanzig Seiten in einem Buch von Coetzee, trinken Tee und kommen schläfrig nach Hause zurück. Wir legen uns wieder hin, am Horizont sind noch immer Sonnenstreifen zu sehen, und schlafen in diesem friedlichen Universum ein. Wir wachen früh auf. Auf der Straße ist höllisch viel los, aber wir haben es gemütlich im Bett. Wir stehen kurz auf. Essen, weil wir Hunger haben. Pinkeln, weil das ein Bedürfnis ist. Wir sagen uns, daß es in unserem Nest schön ist, und legen uns noch einmal hinein. Ich sage zu ihr: »Rutsch ein Stück, du bist ganz auf meiner Seite.« Sie rückt ein wenig zur Seite. So verbringen wir den ganzen Tag. Wir schlafen. Wachen auf. Ich lese. Lasse die Gedanken schweifen und wandere durch meine Welten, habe diese hier vergessen. Gegen Mitternacht machen wir das Licht aus. Es weht eine frische Brise. Wir wiegen uns gegenseitig in den Schlaf, hören ohne zu hören die Geräusche, die wir machen, spüren ohne zu spüren die Bewegungen, wenn unser Körper die Stellung wechselt, ein Bein, ein Arm, der ganze Oberkörper, und schieben uns weg, schmiegen uns aneinander, und wenn wir aufwachen, verstehen wir ohne zu verstehen, denn dieses Gefühl ist nicht benennbar, daß wir längst zu einem einzigen Wesen geworden sind. Die Hündin und ich sind ein einziges Tier.

Wir schreiben das Jahr 2004, es sind die Jahre der politischen Unruhen nach dem Rücktritt von Durão Barroso, bevor José Sócrates an die Macht kommt, der die Zerstörung des staatlichen Bildungssystems mit der Spitzhacke betreibt, in den Zeitungen jede zweite Seite aufkauft, um, bezahlt von Steuergeldern, für sich und seine Partei Werbung zu machen, und das abschaffen will, was er für die Privilegien der Lehrer hält. Es beginnt der Kreuzweg und die Höllenfahrt.

Ich hatte mich gerade erst versetzen lassen und war ans Südufer des Tejo zurückgekehrt, und das Computerprogramm des Ministeriums teilte mich der Sekundarschule von Quinta da Princesa zu. Es war die Schule, an der David unterrichtete. Wir sahen uns in der Bibliothek, am Nachmittag. Er erkannte mich von hinten. Ich erkannte seine Stimme. Ich drehte mich um. Wir sahen uns an. Und in der Bibliothek entflammte ein zweites Mal das Feuer.

Wohnzimmer

Das Wohnzimmer ist das Zimmer gegenüber der Eingangs-
tür. Das große Fenster geht nach vorn zur Straße hinaus.
Über eine große Innentür gelangt man auf den Balkon, wo
sich Blumentöpfe befinden.

Als Mama aus Mosambik wiederkam, füllte sie das Wohnzimmer mit Blumentöpfen: Philodendren, Kaladien jeglicher Farbe, Gottesaugen und Drachenbäume. Die Philodendren stellte sie auf die obersten Bretter des Rosenholz-
regals, das in dem Rückkehrer-Container mitgekommen
war. Es war eines der wenigen Möbelstücke gewesen, die
zerlegt in den Aufzug paßten und nicht die engen, dunklen Treppen hochgeschleppt werden mußten und dabei
Schrammen abbekamen, während wir mächtig schwitzten.
Das Mobiliar aus dem Haus von Matola und praktisch
unser ganzer Besitz sowie die von Mama in Cabora Bassa
angesammelten Güter – Porzellangeschirr und Haushalts-
geräte, Geschenke der Deutschen Demokratischen Republik an das Volk der Volksrepublik Mosambik, käuflich zu
erwerben in den Intershops – kamen 1985 in einem Container am Kai von Lissabon an. Meine Eltern trafen aus Tete
ein, und gleich am nächsten Tag begaben sie sich in Lissabon zu einem Zollexpedienten, der die Fracht durch den
Zoll bringen sollte. Man mußte nämlich einen Frachtexper-
ten beauftragen, der in dem Prozeß vermittelte. Papa war
richtig sauer, als er zurückkam. Man bezahlte eine sehr
hohe Gebühr; und wenn man die Transportkosten dazu-

rechnete, kam das alles extrem teuer. Papa schaute immer aufs Geld, nur beim Essen nicht. Er schimpfte auf die Portugiesen, auf die Regierung, auf die Schwarzen, auf alle, die hier wie dort den Leuten das Geld aus der Tasche zogen, man hätte besser gar nichts mitgebracht. Doch Mama beruhigte ihn, und ein paar Tage später stellte ein Laster den großen Container vor dem Haus in Almada ab, wo er ungeöffnet ein paar Wochen verblieb, bis wir eine Möglichkeit gefunden hatten, ihn zu öffnen, was aber erst passierte, nachdem der Nachbar Pereira uns ein Zettelchen in den Briefkasten gesteckt hatte, auf dem er uns mitteilte, daß der Container störe und Parkplätze wegnehme. Nach einer Analyse von Rechtschreibung, Schrift und Tenor des Briefs und nachdem wir alle unsere Nachbarn einer Röntgenuntersuchung unterzogen hatten, kamen wir zu dem Schluß, daß es nur Senhor Pereira aus dem neunten Stock sein konnte. Es war eine autoritäre Mitteilung, energisch und verächtlich, die zu den schrägen Blicken des Gemeindemalers, einem Arbeiter der Schiffswerft *Lisnave,* paßte. Auch ein gewisser Unmut gegenüber den Rückkehrern schwang im Ton des Briefs mit. Wir verstanden die Botschaft, verfluchten den Mann aber insgeheim, denn Menschen wie wir können warten, und am nächsten Samstag bestellten wir Tante Maria da Luz, ihren Mann und ihre Schwager zu einem Freundschaftspreis zu uns und stemmten mit ihrer Hilfe den Container auf, nahmen ihn gänzlich auseinander und schafften seinen Inhalt in den sechsten Stock. An diesem Tag begriffen wir, daß das Haus von Matola niemals in die Wohnung von Almada passen würde. Dieses Haus ließ sich nicht wiederholen. Die Szenerie des Verbrechens konnte nicht wiederhergestellt werden. Es ging bereits nicht mehr um den Diskurs über den Verlust der Herrschaft auf Erden und im Himmel, sondern um dessen Materialisierung.

Ein Großteil des Mobiliars paßte nicht in die Zimmer von Almada, die, wenngleich geräumig, einfach zu klein dafür waren. Der Tisch aus dem Eßzimmer von Matola war so lang wie das ganze Wohnzimmer der Wohnung, in der wir nun lebten; er paßte zwar hinein, teilte den Raum aber wie eine Wand in zwei Hälften, weshalb er sofort auf den Dachboden verbannt wurde, wo er jahrzehntelang verblieb, bis Mama starb und ich ihn mit einer Elektrosäge kürzen ließ, worauf man ihn wegbringen konnte, ohne ihn die ganzen Treppen hinunterschleppen zu müssen wie zuvor hinauf. Der Großteil der Möbel aus dem zweieinhalb Meter hohen und vier Meter langen wie breiten Container kam direkt auf den Dachboden, und dort verblieben sie, bis das Holz und die Möbel nach Mamas Tod verschenkt, verkauft oder verschrottet wurden.

1985 begann der Philodendron sich über die Wände im Wohnzimmer auszubreiten. Mama leitete die Triebe strategisch um, führte sie vorsichtig, damit sie nicht abbrachen, die vier Wände entlang und über die Türen hinweg, befestigte sie mit kleinen Nägeln und schuf auf diese Weise hier und da üppige Kaskaden aus Blättern und Knospen. Sie war stolz auf diese meterlangen, den kleinen Töpfen im Regal entspringenden Auswüchse, die häufig und reichlich gegossen werden mußten, was kaum zu schaffen war, ohne daß das Brett oder der Boden naß wurde, und das war nervig. Den Urwald in die Wohnung zu bringen erforderte einen ziemlich blödsinnigen Aufwand.

In einer Ecke des Wohnzimmers, auf einem Grenadillholztisch mit Glasplatte, errichtete Mama eine Nische bestehend aus riesigen Kaladien in verschiedenen Farben und Tönen: nur weiß-grüne, rote mit Weiß und Grün, rote mit Rosa und Grün, nur rote oder nur rosa mattierte mit Grün. Die Kaladien waren die vollkommene Schönheit der Natur. Sie waren eine Mischung aus Namaacha, Gorongosa und Amazonien in einer Botanik-Ausstellung in unserem Wohnzimmer. Ein tropisches Gewächshaus.

Auf dem Wohnzimmertisch und auf dem Boden standen Drachenbäume aus Brasilien, Töpfe mit Gottesaugen waren über die ganze Wohnung verstreut, weil sie Glück brachten. Mama hatte die Pflanzen im Gepäck eingeschmuggelt, in Form von Wurzeln, Knollen oder Stecklingen. Eigentlich durfte man mit ihnen nicht über die Grenze, dennoch kamen sie hier an. Die Wurzeln hatte sie in feuchte Watte gepackt, mit Stoff und anschließend mit Plastik umwickelt, alles gut verschnürt und in Büchsen und Gläser gepackt, die auf die Koffer verteilt wurden, zwischen die Kleider und die legalen Waren. Ab Mitte der 70er Jahre beinhaltete das Kofferpacken, wenn man von Afrika nach Portugal reiste, das Erlernen komplexer Tarntechniken. Mama war eine Meisterin im Packen. Es gab nichts, das sie nicht hätte einwickeln oder verstecken, das sie nicht hätte warm oder kalt halten, das sie nicht in Erscheinung oder zum Verschwinden hätte bringen können, zum Wachsen oder zum Schrumpfen, ganz nach ihren Wünschen. Essen, Flecken auf der Kleidung, Tricks jeglicher Art, die richtigen Worte, Mama wußte einfach alles.

Ihre Experimente mit der Verpflanzung und der Vermehrung hatten Erfolg. Mama war begabt und hatte nicht nur ein Händchen für Pflanzen, sondern für jede Arbeit, die sie in Angriff nahm. Außer bei mir. Mama hatte göttliche Fähigkeiten, die des Schöpfens, des Fortpflanzens und des Erhaltens. Bei ihr starb keine Pflanze. Zierpflanzen wie Nutzpflanzen gediehen gleichermaßen gut. Alles wurde saftig und schmeckte. Sie war heilig, und sie machte heilig. Doch obwohl sie die Geheimnisse und Tricks der Gartenarbeit so gut kannte, liebte sie sie dennoch nicht, sie empfand sie als Knechtschaft. Wenn sie mich von einem Quadratmeter Land träumen hörte, um einen Nutz- und Blumengarten anzulegen und um Tiere zu halten, redete sie es mir jedes Mal aus. »Schlag dir das aus dem Kopf, Kind! Das macht nur Arbeit. Vergiß es, Kind!« Ich sah sie wortlos an, glaubte ihr nicht, beobachtete sie und verstand nicht, warum diese Frau, die, über ihren Samen kniend, ihr Leben lang so viel pflanzliche Fülle aus der Erde hatte knospen lassen, das nun alles ablehnte.

Mama hat nie im Urwald gelebt. Wir sind auch nie wirklich im Urwald gewesen. Das weiße Lourenço Marques war ordentlich und sauber, tropisch zwar, aber domestiziert.

Anfangs gefielen mir die Philodendron-Töpfe, doch als das Wohnzimmer immer mehr zum Urwald wurde und die Triebe sich über sämtliche Wände ausbreiteten, fühlte ich mich wie auf einer Expedition durch die immerfeuchten

Tropen, wie im Freien, ohne Rückzugsort oder einigermaßen sicheres Versteck. Ich haßte die Philodendren, die zu jeder Jahreszeit die Wände mit ihren perfekten prallen Blättern, fast wie aus Plastik, auskleideten, denen Mama mit natürlichen Gebräuen oder Produkten aus den indischen Läden von Laranjeiro Glanz verlieh. Die Blätter der Philodendren waren weiß und gelb meliert. Das Übermaß an Pflanzen machte die Wohnung ungemütlich. Ich hatte das Gefühl, als würden in meinem Wohnzimmer jene Wesen leben, die mit ihrem irrlichternden Glanz die Gärten beschützen, was eine Dimension *contra naturam* beinhaltete, weil wir in einem sechsten Stock in Almada wohnten, ganz in der Nähe der Kleinstadt Cova da Piedade. Durch die nach hinten hinausgehenden Fenster sah man halbfertige Gebäude, deren Bau heimlich begonnen und dann nicht fertiggestellt worden war und in denen nun schwarze Familien mit unzähligen Kindern wohnten, deren Mütter als Putzfrauen und deren Väter auf dem Bau arbeiteten. Sie zapften heimlich Strom ab für diese verlassenen Gebäude und schleppten über die Treppe Wassereimer und Kanister nach oben, die sie auf der Straße an einem öffentlichen Wasserhahn füllten, den die Gemeinde, als sie die Schwarzen vertreiben wollte, um dort eine »ordentliche Siedlung« zu errichten, dann einfach abstellte. Vor der Vorderfront des Gebäudes erstreckte sich ein großes Brachland, auf dem die Kinder aus dem Viertel spielten und ganz ungeniert ihre eigenen und auch die fremden Puller und Muschis studierten, je nach der jeweiligen Wachstumsphase. Dort am Straßenrand, in einer von Roma bewohnten Baracke, hieß häuslicher Frieden, daß der Mann die Frau verprügelte, die ihrerseits brüllte und den Kindsvater mit der quadratischen blau-weißen Kernseife bewarf, mit der sie gerade seine Wäsche schrubbte. Die Kinder schrien alle durcheinander. Der Mann brüllte. Die Roma waren das Schauspiel an den vorderen Fenstern. Das war damals die Szenerie. Der städtische Bebauungsplan befand sich noch im Stadium einer vagen Idee und sollte dort erst im nächsten Jahrzehnt umgesetzt werden, aber man lebte nicht schlecht. Als die Gemeinde die Roma verjagte, um dort die Kirche, die Schule und den Park zu errichten, endete das tägliche Schauspiel, und wir wunderten uns über die Ruhe. Jenseits des Brachlands, das sich bis zum *Centro Sul* erstreckte, erblickte man den *Cristo Rei,* der uns zwar den Rücken zuwandte, aber Christus ist selbst von hinten schön, ebenso wie all die weißen Häuser von Almada, die sich davor erheben.

Ich war zwischen zwanzig und dreißig, hatte gerade mein zweites Studium begonnen, studierte Philosophie, las die Zeitschrift *Orpheu* und Rimbaud, Duras, Clarice Lispector, alles, was gerade in Mode war oder auch nicht, und vögelte mit David. In meinem ersten Studiengang hatte ich Shakespeare, Shelley und Dylan Thomas kennengelernt und die *Aeneis* von Vergil übersetzt, mit zahlreichen morphosyntaktischen Fehlern, trotz all der Hilfestellungen in der Ausgabe des Verlags Europa-América.

Mamas Dschungel überstieg meine ohnehin geringe ästhetische Toleranz. Mama war für mich ein Mensch mit ausgesprochen schlechtem Geschmack, altmodisch und bäuerisch. Ich schämte mich für unseren Tropikalismus, haßte die Wohnung und reagierte meine Wut in trockenen, bissigen Kommentaren ab. Ich konnte nicht leugnen, daß ich in Mosambik zur Welt gekommen war und diese farbigen Bilder des Südens in mich aufgesogen hatte, doch alle meine Freunde waren Portugiesen, und wir sprachen nicht über Afrika, das war vorbei. Ich haßte meine Eltern, die gerade aus Mosambik wiedergekommen waren. Ich wünschte mir, sie würden bei einem schlimmen Autounfall mit ihrem kaffeebraunen Renault 9 ums Leben kommen, auf dem Weg an irgendeinen Ort, wo andere Rückkehrer wohnten, mit denen sie sich immer die schlimmste Zukunft für Schwarzafrika ausmalten. Mir kamen diese ganzen Leute völlig unzeitgemäß und ideologisch hinterwäldlerisch vor, unfähig sich anzupassen, zu vergessen, zu bleiben und nach vorn zu schauen. Ich sah einfach keine Zukunft für mich. Eine späte Waise zu werden, schien mir die einzige Rettung zu sein. Wären meine Eltern weg, wäre mein Weg frei, wie er es ja fast schon gewesen war, seit ich 1975 in Portugal angekommen war. Frei, um zu trinken und spät nach Hause zu kommen, frei für heiße Abende und heimliche, knisternde Nächte, mit wem auch immer ich wollte, und ich wollte, wenngleich die körperlichen Bedingungen nicht die günstigsten waren.

Mein Körper hatte immer noch die Tendenz, sich auszuweiten. Er war unpassend. Die Schwimmreifen um meine Taille ließen keine engeren Blusen zu, ebensowenig wie der vorstehende Bauch und die großen hängenden Brüste, die nicht der Norm entsprachen und mir peinlich waren, aber

64

es gab andere Trümpfe, die mich weiterbrachten: schöne honigfarbene Augen, volle Lippen, meine Forschheit und meine Beredsamkeit. Und ich konnte schreiben. Daß ich schreiben konnte, hatte mir nicht nur die Arbeit bei Rádio Aventura garantiert, sondern mir auch einen steten Quell an Bewunderern eingebracht, einen sprudelnden Wasserhahn, der mir stets neue Menschen und Chancen bescherte, der also genau das Gegenteil von dem Hahn war, der den Schwarzen aus den hinteren Gebäuden das Wasser lieferte; nur Wasser, schweres Wasser, in einer Gegend, in die sich niemand wagte, in der sie ihre Sprachen redeten und ihr Essen kochten, als wären sie in Afrika oder zumindest nicht weit weg davon, aber wir nicht.

Meine harten Worte, meine Verachtung und meine Ablehnung der Wohnung führten dazu, daß Mama nach und nach die Pflanzen im Wohnzimmer reduzierte, bis ich eines Tages, Jahre später, in den 90ern bereits, von der Arbeit nach Hause kam und sie ihren ganzen Deko-Stolz aufgegeben und sämtliche Pflanzen abgeschnitten hatte. Sie wollte, daß die Wohnung auch meine war, daß mir die Wohnung gefiel, daß ich mich zu Hause fühlte. Ich hieß es gut, aber auf ziemlich arrogante Art. Antwortete ihr, daß das längst fällig gewesen sei. Ich dankte ihr nicht, weil ich mich stets wie eine Herrin und Besitzerin fühlte, die Welt hatte mir zu dienen und sich zu unterwerfen.

Ungefähr 1987 oder 1988 hatten meine Eltern dann tatsächlich einen Unfall mit ihrem Renault 9, sie fuhren gegen einen großen Baum, als sie nach Caldas unterwegs waren, um Großmutter Maria Josefa zu besuchen, die schon nicht mehr ganz richtig im Kopf war und Müll und Mäuse in ihrem Haus ansammelte. Papa sah sehr schlecht.

Sie schrotteten das Auto, starben aber nicht, wechselten dann zu einem Renault Chamade in einem schönen Diplomatengrau, den ich in Cova da Piedade ziemlich schnell verbeulte, als ich an der Post, aus Angst, einem von rechts kommenden Fahrzeug die Vorfahrt zu nehmen, auf einen schlecht geparkten Wagen auffuhr. Ich achtete die Vorfahrtsregel blind. Der Tag, an dem sie den Unfall hatten, war ein guter Tag, weil sie sehr spät wiederkamen und David blieb. Wenn wir nicht vögelten, lasen wir einander Gedichte vor, in privaten Lesungen. Die mittelalterliche Philosophie studierten wir nicht. Er hatte es nicht nötig. Wegen mir versuchten wir es zwar, aber mein Mangel an Wissen in diesem Fach war so erschreckend, daß schnell die Weisheit des Begehrens siegte. Als sie den Unfall hatten, dachte ich nur, sie hätten Glück gehabt. Vielleicht war ich nie ein braves Mädchen.

Mama hat mich gelehrt, allein zu leben. Sie erklärte mir: »Wir haben niemals Freunde. Die anderen sind immer nur vorübergehend da, aus unterschiedlichen Interessen. Hört das Interesse auf, verschwinden sie wieder. Irgendwann brauchst du dann wirklich jemanden, und du merkst, daß es keine Menschenseele gibt, die dir hilft. Das ist die Freundschaft.«

»Aber hattest du zu deiner Zeit keine Freundinnen?« fragte ich.

»Doch. Meine Mutter. Unsere Mutter ist unsere beste Freundin.«

Ich dachte über ihre Worte nach, glaubte ihr aber nicht, wenn sie mir abends neben anderen Fertigkeiten das Nähen auf der Maschine beibrachte, die sie von Großmutter geerbt, nach Mosambik mitgenommen und wieder zurückgebracht hatte. Ich sagte: »Bei mir ist das anders. So ist das nicht. Die Menschen sind nicht alle so, wie du sagst.«

»Du wirst schon noch sehen, Kind, du wirst schon noch sehen.«

Um es Mama, die für meinen Geschmack zu pessimistisch war, zu zeigen, suchte ich fast obsessiv nach anderen Menschen. Ich war hartnäckig und drängte mich oft auch auf. Und servierte die Leute wieder ab, wenn mir danach war, wenn jemand meinen hohen Ansprüche nicht genügte. Grausam, nüchtern und unbarmherzig.

Es gibt Menschen, die tauchen in unserem Leben durch eine sich unerwartet öffnende Tür auf, aber genauso schnell verschwinden sie wieder, werden von einer dunklen Falltür geschluckt, ohne daß wir die Zeit haben zu erkennen, weshalb sie überhaupt gekommen sind. Irgendeinen Grund gibt es immer, aber wir entdecken ihn erst viele Jahre später. Sie kamen, um unser Bedürfnis nach Bewunderung, Schönheit oder Vergnügen zu befriedigen. Sie kamen, damit wir andere Menschen kennenlernen konnten, die ebenfalls eintraten und wieder gingen, doch das war wichtig, weil es uns eine besondere Begegnung bescherte, einen andersartigen Tag, einen unbekannten Ort oder einen einzigartigen Spaziergang, eine Nacht mit Küssen, Lachen und Alkohol oder eine unzerstörbare Freundschaft, in diesen Minuten, die der Tod nicht zerstören kann. Oder jemanden, der geblieben ist. Es gibt auf dieser Welt keine Erklärung für das Kommen und Gehen der in unser Leben eintretenden und darin verweilenden Menschen.

Als ich die Oberschule abgeschlossen hatte, ging ich zum Studieren nach Lissabon. Ich zog nach Cova da Piedade zu meiner Tante Maria da Luz, die mich behandelte wie die Tochter, die sie nie bekommen hatte. Sie verwöhnte mich, nähte mir Kleider, putzte mich heraus. Für sie war ich rundlich, aber prächtig, »ein wunderhübsches Mädchen«.

Meine Freundschaft mit Tony ging nach dem Abschluß des Kollegs weiter. Sie besuchte mich in den Ferien und an Wochenenden, die wir brieflich verabredeten. Wir redeten viel, erzählten uns sämtliche Neuigkeiten, gingen ins Kino, besuchten Orte, an denen sie sich gern zeigen wollte: die *Feira Popular,* den Park vom Campo Grande, die Rua Garrett. Tony war ein Jahr später dran als ich und immer noch im Kolleg. Ohne ihre Sklavin. Meine zunehmende Unabhängigkeit, seit ich in Lissabon war, mißfiel ihr. Sie betonte immer wieder, daß das Studium, die Bücher, das Schreiben und die neuen Freunde mir den Kopf verdrehten. Sie wurde immer gereizter und quengeliger.

An einem Wochenende, das sie mit mir in der Wohnung meiner Tante verbrachte, fragte sie, ob ich ihr die Bodymilk auftragen wolle.

Ich antwortete, nur im Spaß und ohne böse Absicht: »Mach es doch selber.« Sie sah mich überrascht und beleidigt an.

»Sind dir diese Neigungen schon vergangen?« warf sie mir an den Kopf.

»Neigungen?« fragte ich zurück.

»Ja. Daß du meinen Busen begrapschen willst. Das ist ja ganz was Neues! Du warst mir doch all die Jahre treu!«

Ich sagte nichts. Verließ das Zimmer. Trank ein Glas Wasser in der Küche, wo meine Tante gerade das Mittagessen zubereitete. Dann ging ich zurück, machte die Tür zu, beobachtete, wie sie die Lotion auf ihre Beine auftrug, faßte Mut und antwortete schließlich: »Also, wenn wir schon bei der Treue sind, da stehst du mir wirklich in nichts nach. Karate, Judo, Formel 1, Fittipaldi, Björn Borg, Motocross, Surfen, spezielles Blut, dein bewegtes Leben ... meinst du etwa, man kann so viel und so lange unaufrichtig sein, ohne daß irgend jemand das merkt?! Meinst du, ich hätte die ganzen Jahre über nicht gewußt, daß du lügst, daß du nicht die bist, die du vorgibst zu sein, und daß du auch nicht das hast, von dem du einfach nur träumst?«

Sie sah mich unbarmherzig an, stand vom Bett auf und ohrfeigte mich mit ihrer cremeverschmierten Hand. Ich antwortete wortlos auf dieselbe Art, wischte mir das Gesicht mit dem Arm ab und flüchtete mich erneut zur Tante in die Küche, wo ich, innerlich erschüttert, beim Tischdecken fürs Mittagessen half, aber kein Wort sagte.

Es war ein Samstag, und Tony sollte bis Sonntagabend bleiben, doch nach dem spannungsgeladenen Mittagessen erklärte sie, sie habe solche Regelschmerzen und ihre Tabletten nicht dabei, weshalb sie lieber gehen wolle. Die Tante versuchte noch, sie zum Bleiben zu bewegen, aber ohne

Erfolg. Wir hatten *Optalidon* im Haus, und sie hätte gut noch einen Tag bleiben können. Aber nein.

Ich brachte Tony zum Bus am *Centro Sul,* wir verabschiedeten uns kalt, und ab diesem Tag antwortete sie nicht mehr auf meine Briefe und besuchte mich auch nie wieder bei meiner Tante.

In den Wochen darauf war ich ziemlich weinerlich und hatte Schuldgefühle, während die Tante das Ausbleiben der Freundin merkwürdig fand und Fragen stellte, auf die sie keine Antwort bekam.

Langsam fand ich jedoch hinein in das neue Leben mit Studium und Freundschaften im Großraum Lissabon, und neue Wege taten sich auf.

Inzwischen waren meine Eltern aus Tete zurückgekommen, und ich zog widerwillig um. Lieber wäre ich in eine eigene Wohnung gezogen, ohne die Eltern, nur ich allein mit meinen Träumen.

Als die Telefongesellschaft *Telefones de Lisboa e Porto* uns einen Brief schickte, in dem es hieß, die praktischen und formalen Voraussetzungen für den Telefonanschluß, den wir beim Wohnungskauf beantragt hatten, seien nun erfüllt, weigerte Papa sich. Das sei doch nur eine unnötige zusätzliche Ausgabe. Ich sprach mit Mama, und wir waren uns einig. Ich brauchte ein Telefon. Wir schrieben das Jahr 1985, ich hatte mein erstes Studium abgeschlossen, unterrichtete bereits und arbeitete beim Radio, da war ein Telefon doch unerläßlich! Sollte ich etwa ein Leben lang meine Verabredungen und Interviews in der Telefonzelle am Supermarkt abmachen? Also wurde das Telefon auf meinen Namen angemeldet, und obwohl Papa sich weigerte, es zu finanzieren, bezahlte Mama die Rechnungen von dem Geld, das Papa verdiente. So war er, er hatte seine eigenen Prinzipien, wollte nichts damit zu tun haben, und trotzdem durfte ich diese neue Erfahrung machen.

Das Telefon war wichtig, um in Kontakt zu bleiben mit João Mário, den ich in den 90er Jahren bei Rádio Aventura kennenlernte, in der Zeit der David-Nachwehen. Er kam wöchentlich ins Studio, um seine Kurzberichte über Reisen ans Ende der Welt aufzunehmen. Obwohl er abenteuerliche Texte über unbekannte und gefährliche Dinge schrieb, mochten die Frauen aus der Redaktion ihn nicht besonders. Er hatte glatte, leicht glänzende schwarze Haare, trug abgewetzte T-Shirts und Jeans, alles schwarz, Schnürschuhe und einen Ohrstecker, stets einen Stoffbeutel über der Schulter und nie ein Jackett. Den jungen Damen aus dem Sekretariat kam er nicht ordentlich oder sauber genug vor. Als nicht wirklich gutaussehender Mann brauchte er irgendwelche Besonderheiten, um die Aufmerksamkeit des weiblichen Geschlechts auf sich zu ziehen. Ich empfing ihn mit offenen Armen. Wir sprachen über das Leben, den Journalismus und das Reisen. Er war diskret, gebildet, aufmerksam, nicht arrogant und hatte keine Macken. Ich dachte, das könnte ein Mann für mich werden.

Jedes Mal, wenn João Mário ins Studio kam, verzichtete ich auf Wimperntusche und Lippenstift. Sein Stil sagte mir, daß er eher auf uneitle Frauen stand, solche, die Turnschuhe trugen und sich dreckig machten. Wir gingen in billigen Kneipen mittagessen.

Beim Lunch erzählte er mir von den Orten, die er bereist hatte oder noch bereisen wollte, von kurzfristigen und langfristigen Projekten, während ich mich als Landrover-Frau ausgab und nach einer Möglichkeit suchte, mich in sein Großprojekt einzubringen. Ich glaube, ich habe einen Gutteil meines Lebens damit zugebracht, mir allerlei Reisen mit jeweils unterschiedlichen Protagonisten vorzustellen. Mal war es die Sahara, mal war es China. Meine romantischen Phantasien gingen immer einher mit Reisen.

Von seinem Leben hatte er mir nur das Wesentliche erzählt. Gemerkt hatte ich mir, daß er eine Liebe in Kasachstan hatte. Oder in Kirgisistan. Oder in Japan. Eine sanfte Frau mit schönen braunen Augen, aber das hieß für mich nicht viel, denn Kasachstan oder Kirgisistan oder Japan lagen weit hinter der untergehenden Sonne.

Alles war offen, ich hatte den ersten Stein gesetzt, meine Bereitschaft gezeigt, nun war es an ihm, den zweiten zu setzen, wann immer er das für richtig hielt, wobei ich dem Schicksal ein wenig nachhelfen wollte. Ein kleiner Schubs wäre nicht verkehrt. Doch seine Abreise stand kurz bevor: der vermeintliche Ferne Osten. Das Projekt war grandios und begeisterte ihn, klar, und ich mußte eine Möglichkeit finden, nicht den Kontakt zu verlieren. »Schreib mir an diese Adresse«, antwortete er und kritzelte mit schwarzem Kugelschreiber und in krakeligen Großbuchstaben, die mir wie die absolute Schönschrift vorkamen, eine Anschrift in Sines auf die Restaurant-Serviette.

»Wenn ich nach Portugal zurückkomme, wohne ich erst mal dort, das ist der sicherste Kontakt.«

»Wann kommst du wieder?« fragte ich.

»Keine Ahnung, wenn ich eben komme.«

Er würde wiederkommen. Alle Leute kommen wieder. Es war mir egal, ob es sechs Monate oder sechs Jahre dauern würde. Und wenn er wiederkäme, würde er in der Rua C, Núcleo 35-Frente in Sines so viele Briefe vorfinden, wie er Wochen weggewesen wäre. War es das Haus seiner Eltern? In unseren Gesprächen schien er mir aus bescheidenen Verhältnissen zu kommen. Vielleicht war er das Kind von Fischern. Ich hatte ihn nie etwas Privates gefragt. Er war nie persönlich geworden, und ich wollte nicht zu weit gehen. Man sollte nicht mit zu viel Gier zur Quelle gehen. Aber auch nicht mit zu wenig. Eigentlich weiß man nie, wie man zur Quelle gehen soll. Es ist einfach Glückssache.

Die Briefe sollten für ihn Überraschung und Enthüllung zugleich sein. Er würde augenblicklich begreifen, daß jemand, der so oft schreibt, auch die Hoffnung hat, gelesen zu werden, also auf ein entsprechendes Interesse beim Empfänger setzt. In diesem Moment würde er verstehen, und ich müßte die Sache nicht mehr direkt ansprechen. In diesem Augenblick, irgendwann in der Zukunft, wüßte er es, würde es schlußfolgern. Ich würde also meine Arbeit tun und warten, und der Rest läge in der Hand des Schicksals. Möglicherweise wäre er gerührt, vielleicht würde er denken: »Die Frau mag mich, das habe ich gar nicht bemerkt, und sie ist liebenswert.« Und ich glaubte, daß eine so offensichtliche Liebenswürdigkeit einfach siegen mußte in der Welt. Wenn er dann meine wahre Seele erkannt hätte, die ich ihm nicht gezeigt hatte, weil ich zu schwach gewesen war, wäre die seine fasziniert.

Irgendwann brach er also in den Fernen Osten auf, ohne mir sagen zu können, wann er wiederkäme. Vielleicht, wenn das Projekt zu Ende wäre oder auch das Geld. Vielleicht.

Mein Plan stand bereits vor seiner Abreise fest, und gleich an dem Tag, an dem wir uns am Flughafen verabschiedeten, schrieb ich meinen ersten Brief an die Adresse, die er mir gegeben hatte, und das ging dann zwei Jahre lang so, jede Woche. Mal waren es nur kurze Glossen und Tagebucheinträge, mal kleine Päckchen mit Dingen, die ich ihm schenken wollte: ein Stein, ein getrocknetes Blatt, ein Bleistift, ein Buch, ein Zeitungsausschnitt, ein Foto, Blüten, eine Zeitschrift, manchmal selbstgebastelte Umschläge, die ich bemalt oder mit einer Collage, einem kleinen Kunstwerk versehen hatte. Alles Dinge der verliebten, aufmerksamen und interessierten Frau. Die Beschäftigung mit ihm nahm einen beträchtlichen Teil meiner Freizeit ein. Ich kam von der Arbeit, setzte mich im Wohnzimmer aufs Sofa, im Hintergrund der Fernseher, und wenn Papa und Mama dann ins Bett gingen, blieb ich dort sitzen und schrieb ihm meine Tagebuchbriefe. Ein Teil von mir spottete über die Liebe, die ich in diese aufwendige, nicht erwiderte Korrespondenz legte. Ich stellte mir vor, wie merkwürdig das der Familie, so sie denn existierte, vorkomme mußte. Ob sie João Mário, wenn er aus dem Fernen Osten in dem Haus von Sines anrief, wohl sagten, daß dort Dutzende von Briefen und Päckchen lagen, alle von einer Person?

»Du hast eine Verehrerin!« Würden sie sich lustig machen? Und wie würde er darauf reagieren? Wie lange würde die Begeisterung für die Frau mit den braunen Augen, die er erwähnt hatte, anhalten? Männer langweilen sich schnell, sagen die älteren Frauen. Männer sind unbeständig, stets unzufrieden. Man darf ihnen niemals trauen. Ihnen nie glauben und erst recht nichts erwarten oder sich Hoffnungen machen. Mag ja sein, aber ich mußte David vergessen. Das Leben mußte weitergehen.

Es kam mir nie in den Sinn, daß jemand es wagen könnte, einen meiner Briefe zu öffnen. Und ich weiß auch nicht, ob sie es je gemacht haben. Derart niedrige Handlungen lagen außerhalb meiner Vorstellung. Aber was wäre schon dabei gewesen?! Nichts von dem, was ich geschrieben hatte, überschritt die Grenzen einer gesunden Freundschaft. Es waren lediglich Briefe, Berichte, Gedanken und Situationen, die ich teilen wollte. Ich stellte mir vor, wie er nach Sines kam, sich in einem einfachen Zimmerchen aufs Bett setzte, um ihn herum die ganzen Umschläge und Briefe, die ich ihm geschickt hatte, und wie er sie dann lesen und zum Telefonhörer greifen würde, um mir zu sagen: »Ich bin wieder da und habe Sehnsucht nach dir.« Wie dumm ich doch war! Ich kam nicht auf die Idee, daß er mit meinen Worten vielleicht gar nichts anzufangen wußte, daß er die Briefe womöglich gar nicht erst las, sondern in eine alte Tüte packte und in den Mülleimer warf, wobei er sich dachte, das gibt's doch nicht! In meiner Vorstellung war alles eine Frage der Zeit, und Zeit hatte ich. Ich konnte schreiben und geduldig sein. Ich ging ins Bett und schlief, wartete auf den nächsten Tag voll harter Arbeit, die das Leben dämpft, es uns nicht spüren läßt, die keinen Sinn und keine Mission enthält, sondern einfach nur zeitstrukturierende Sklaverei ist.

Meine Vorhöllentage vergingen ohne Denken, bis Leonel in mein Leben trat, der mich an einem kalten Sonntagnachmittag im Café Colina lesen sah. Es war wenig Betrieb, und er sprach mich an und sagte, daß er auch gerne las. Er erzählte mir, daß er im Quarteto *Querelle* gesehen habe, bei einer Werkschau. Was ich von dem Film halte.

»*Querelle* von Fassbinder!?« fragte ich nach.

»Ja.«

»Verstehe!« rief ich aus. Ich legte mein Buch weg und hörte ihm zu.

Er sprach leidenschaftlich, intelligent und kühn über die Kunst. Er war nur ein kluger Junge, mehr nicht, und gerade im Leben war er noch nichts, obwohl wir ja alle vielversprechend sind. Aber bei ihm war da mehr. Man spürte diesen Quell der uneigennützigen reinen Hingabe. Man spürte dieses Geschenk, das nur deshalb da ist, weil du und ich eins sind.

Groß, hübsch, fast blond, mit einem Äußeren wie James Dean, zu jung für mich, das sah man sofort, ich brauchte ihn gar nicht nach seinem Alter zu fragen. Einmal gab er mir einen Kuß auf die Schulter, als wir das Café verließen, ohne Grund oder Erklärung, einfach so. Ich wußte nicht, wie ich darauf reagieren sollte, doch wieder rührte mich die Reinheit dieser authentischen, spontanen Geste, und ich erlaubte mir den Luxus, mich verführen und faszinieren zu lassen, und von da an hatte ich keine Zeit mehr zum Briefeschreiben.

Ich weiß nicht, ob João Mário je nach Portugal zurückkehrte, ob er all die Seiten las, die ich ihm in winziger Schönschrift auf edelstem Papier und mit feinstem Stift geschrieben hatte, ob er wirklich die Blütenblätter in Händen hielt, die ich für ihn gesammelt hatte, ob er sie aufbewahrte oder in den Müll warf, ob er sich je erinnerte an die sympathische Dicke von Rádio Aventura oder ob er an der Grenze zwischen dem Irak und Syrien umkam. Ich habe nie auch nur eine Zeile von João Mário erhalten, aber ich weiß auch, daß bei mir nichts umsonst passiert. Ihn für mich allein geliebt, mir Abenteuer und Küsse am Ende der Welt mit ihm vorgestellt zu haben hat meine Sehnsucht nach Liebe gestillt, meinen Alltag belebt und erleichtert, mich wach und hoffnungsfroh gehalten und mir Zeit gegeben, die Wunden heilen zu lassen, bevor ich mich wieder in die Lüfte erhob.

Wenn ich von den Frauen in meiner Familie spreche, meine ich Mama und mich. Es ist fast zwanzig Jahre her, daß meine Eltern aus Afrika zurückgekommen sind. Papa ist nach mehreren Schlaganfällen gestorben. Er hat es nicht ertragen, so unfrei zu leben. Es war besser so.

Der größte Teil des Hausrats meiner Eltern steht immer noch auf dem Dachboden, einschließlich der Koffer mit dem rostigen Werkzeug. Die Zeit von João Mário ist vorbei, und noch weiter zurück liegt die von Tony und dem

Herrn Direktor. Tante Maria da Luz ist an Gebärmutter-krebs gestorben. Um uns herum sterben immer mehr Menschen an einem Krebs, den sie irgendwo im Körper haben, eine Krankheit, bei der man nicht versteht, wie und warum sie sich so ausbreiten konnte.

Es ist schon dunkel, und Mama und ich sitzen nebeneinander auf dem cremefarbenen Samtsofa im Wohnzimmer. Der Urwald entlang der Wände wurde durch Plastikblumen ersetzt. Mama und ich sind uns einfach nie einig. Ich denke, daß das hier nicht mein Zuhause ist, denn dort darf es niemals etwas anderes als echte Blumen geben und niemals Philodendren. Mama und ich haben nicht denselben Geschmack. Wir sind nicht aus demselben Holz geschnitzt. Uns trennen Zeit, Bildung, die Welt. Wie anders ist doch diese Frau als ich!

Sie hat ein Bouquet aus synthetischen Blumen auf den Tisch gestellt, auf dem früher die Kaladien standen, und auf der Tropenholztruhe mit dem Elefantenrelief steht nun in einem Steingutkrug aus Alcobaça ein Riesenstrauß Papier- und Stoffblumen in Weiß und Beige. Der Riesenstrauß störte mich nicht, weil ich ihn selbst in einem Dekogeschäft in einem Einkaufszentrum ausgesucht hatte. Das kleinere Übel. Hätte ich ihn nicht selbst ausgewählt, wäre es vielleicht ganz schlimm gekommen. Er war mein maximales Zugeständnis an die Künstlichkeit.

Auf dem handbemalten Krug waren gelbe und grüne Lilien, über denen Bienen schwirrten, und er stammte aus dem Keramik-Boom Anfang der 80er Jahre. Beiderseits des Krugs standen zwei afrikanische Tropenholzbüffel, einer davon mit abgebrochenem Horn, dahinter, an der Wand, ein Elefant aus demselben Holz, eine hinkende Giraffe und ein Zebra, beide aus Rosenholz und in Tete oder Malawi mit der Absicht gekauft, sie als Beutestücke aus dem verlorenen Afrika in die Ex-Metropole zu bringen. Die strahlende Fauna der Savanne mit dem in der sengenden Hitze knisternden Gras. Ich weiß nicht, ob Mama je eines der Holztiere, die sie in ihrem Wohnzimmer hatte, in echt gesehen hat. In unserem Haus in Lourenço Marques hatten wir nicht so viele afrikanische Kunstgegenstände. Was ist mit Mama passiert in der Zeit zwischen Lourenço Marques und Tete? Wie viele Jahre war Mama in Afrika? Vermutlich ist Mama in ihrem Innersten genau dieser Zwischenort, den unser Wohnzimmer abbildet. Uns trennt ein großer Graben voller Unbekanntem. Uns fehlen zehn Jahre Wissen, diese zehn Jahre, die wir getrennt waren. Wie haben wir uns in dieser Zeit der Abwesenheit jeweils entwickelt? Was für Menschen sind wir geworden?

In dieser Nacht des 14. Dezember 2004, der Nacht, als alles zu Ende ging, kam ich zitternd und völlig aufgelöst nach Hause. Ich konnte nicht reden. Wollte mich auf den Boden werfen und schreien: »Rettet mich!« In einer Mischung aus Angst und Verzweiflung. Ich war eine ausgeglichene Frau. Das dachte ich zumindest, denn bis dahin hatte ich mich stets auf den Beinen halten können, egal, was kam, doch in diesem Augenblick war ich nur noch ein Schatten meiner selbst.

Am Spätnachmittag hatte ich die Schule verlassen und

mich mit David in Caparica in seinem Toyota getroffen, vor dem Café mit den geschmacklosen Kacheln, wo wir uns in diesem Jahr so häufig getroffen hatten, um unsere alte Liebe wieder wachzurufen, und dort verkündete er mir sein Urteil. Er hatte seiner Frau unsere Leidenschaft gestanden. Sie hatten geredet und einen Kompromiß für die Zukunft vereinbart. Er konnte nicht auf meinen Vorschlag eingehen, zusammenzuziehen und endlich eine Liebe zu verwirklichen, die schon seit unserer Studienzeit bestand. Er empfand keine Leidenschaft für sie, obwohl anfangs durchaus eine Anziehung dagewesen war, danach Zuneigung und Gewohnheit. Sie war eine gute Frau und eine gute Mutter. Seine stete Gefährtin, und alles verlief ohne große Höhen und Tiefen, bis ich wieder auftauchte. Und nun war ich zum unerwünschten Sand im Getriebe geworden, der ihn zwang, sein Leben und seine Ehe in einem Augenblick zu überdenken, in dem die Beziehung sich nach der Geburt der jüngsten Tochter abgekühlt hatte, bedingt durch die geringeren sexuellen Aktivitäten und finanziellen Probleme wegen der Hypothek. Ich war zufällig in einer Phase seines Lebens gekommen, in der man die Beziehung hatte in Frage stellen können, die er eingegangen war, um ein normales Leben zu führen wie alle anderen Erwachsenen auch. Er war ein Musterschüler gewesen, der Vorzeigesohn. Hatte brav alles getan, um dem Vater, der ihm auf dem Weg zur Werkstatt das beschwerliche Arbeiterleben vor Augen geführt hatte, die Opfer zu danken, die dieser für seine Ausbildung auf sich nahm. Ich war in seiner Jugend aufgetaucht wie ein Versprechen für einfachen guten

Sex. Aber das war vorbei. Nunmehr unmöglich. Es gab kein Zurück. Das war's.

»Wir haben keine Chance in diesem Leben, Luísa, und ein anderes Leben haben wir nicht. Ich mag meine Frau. Ich habe mit ihr gesprochen. Wir haben die ganze Nacht geredet. Haben beide geweint. Das geht nicht mit dir. Ich kann es nicht. Lebe du dein Leben. Ich kann mir einfach nicht vorstellen, daß ich abends nicht mehr meine Jüngste ins Bett bringe und sie morgens sofort wieder im Arm halte, wenn sie noch ganz schlaftrunken aufwacht. Ich kann es nicht, selbst wenn Lichtstrahlen ins Wohnzimmer dringen, die mich an deine Haut erinnern, wenn sie auf dem Tisch auftreffen und ich dann heimlich in der Garage deine Briefe lesen muß, selbst wenn ich mich beim Rasieren vor dem Spiegel an dein Gesicht erinnere und ich mir deine Hände vorstelle und den Geruch deines Geschlechts rieche; selbst wenn ich mir den Schmerz vorstelle, der sämtlichen Galaxien dieses Universums und insbesondere dir und mir zugefügt wird, es geht nicht mit uns. Ich werde immer an dich denken, vergiß das nicht, du bist keine Frau, die man vergessen kann, aber es geht nicht mit uns. Man muß entsagen können. Wir müssen entsagen. So ist das Leben. Und jetzt gehe ich.«

Ich war in der Hoffnung auf ein »wir bringen unsere Leben zusammen« von meinem Auto in seines übergewechselt und verließ es nun mit meinem Todesurteil. Ich ging zurück zu meinem Auto, ohne zu wissen, wie ich weitermachen sollte. Ich blieb einfach sitzen. Zitterte, mußte aber irgend etwas tun. Ich konnte mich nicht bewegen, durfte aber auch nicht dort an der Küste stehen bleiben mit dem Auto, in dieser kalten anbrechenden Nacht. Ich dachte: »Du mußt es schaffen weiterzumachen, niemand ruft aus Liebeskummer die Feuerwehr.« Ich war noch so schlau, Mama anzurufen und ihr zu sagen: »Ich kann gerade nicht kommen. Warte auf mich. Ja, es ist alles in Ordnung. Ich erklär es dir später.« Dann steckte ich den Schlüssel ins Zündschloß, ließ den Motor an und fuhr los, wie auf Autopilot. Ich weinte, und vor lauter Tränen sah ich die Straße nicht. Ich wollte sterben, aber das war kein echter Wunsch. Ich hatte vorher auch schon sterben wollen und wußte, daß das alles wieder vorbeiging, daß man in der Hölle leben konnte. Die Frauen aus meiner Familie überließen sich nicht dem Tod. Es war nur ein Kummer, und der würde vergehen, wie jeder Kummer vergeht. Ich hielt auf dem Seitenstreifen der IC20 an und hatte keine Ahnung, wohin ich fahren sollte. In diesem Zustand konnte ich nicht nach Hause zurück. Mama durfte mich nicht so entstellt und erstarrt sehen. Ich hätte das Weinen nicht verbergen können, und vor Mama weinte ich nicht. Ich bog nach Monte da Caparica ab und parkte irgendwo in einer Straße, wo rechts und links Häuser standen. Ich mußte einfach nur anhalten. Mein Körper schmerzte. Ich konnte nicht mehr denken und winselte wie ein verletzter Hund. Ich weinte und stöhnte. Dachte: »Hospital Júlio de Matos, da sollte ich hin.« Ich zögerte. »Aber was machen die dann mit mir?« Ich stellte mir vor, wie ich in die Notaufnahme käme, ohne eine vernünftige Erklärung vorbringen zu können. »Der Mann, den ich liebe, der einzige Mann, den ich je geliebt habe, hat mich zum zweiten Mal und für immer verstoßen.« Wie lächerlich! Sollte eine Frau wie ich etwa in eine Notaufnahme gehen und als Leiden angeben, daß man ihr die Liebe verweigert hatte?! Machten Menschen derlei Schmerzen öffentlich?! Ich stellte mir vor, wie man mir ins Gesicht lachen würde: »Meine liebe Frau, gehen Sie nach Hause; wer von uns hat denn noch keinen Liebeskummer erlebt?!« Ich stellte mir vor, wie sie untereinander ihre Bemerkungen machten. »Doktor Sequeira, da ist eine Frau, die leidet aus Liebe, geben Sie ihr doch eine Spritze oder hängen Sie sie an den Tropf«, und inmitten dieses ganzen Wahnsinns mußte ich lauthals lachen. Das war ein gutes Zeichen. Ich war noch nicht verrückt, obwohl ich das Gefühl hatte, verrückt zu werden. Nein, nicht ins Júlio de Matos, soviel stand fest. Ich klappte den Sitz meines Opel Corsa so weit es ging zurück und blieb dort in dieser Straße stehen, man frage mich nicht, in welcher, sie führte jedenfalls mitten durch Monte da Caparica, und weinte und stöhnte im Auto in dieser kalten Nacht, und die Vorweihnachtspassanten liefen so gut es ging um das Auto herum, blickten auch mal hinein und sahen mich dort liegen, kraftlos wie eine Heroinsüchtige auf Entzug.

Im Geiste ging ich Davids Theorie noch einmal durch, seine Worte, bevor er mich ins Leben entließ. »Wir tun uns zusammen, weil anfangs Sympathie da ist, danach Verliebtheit, aber auch, damit man für uns sorgt, uns einen Tee oder eine Decke bringt. Es tut gut, jemanden zu haben, der sich um uns kümmert, uns am Arm berührt und über die Haare und Hände streichelt. Wir tun uns zusammen, weil man das seit Jahrtausenden so macht und weil das von uns erwartet wird. Wir tun uns zusammen, damit unser Leben, wenn es so ist wie das der anderen, eine Berechtigung und Legitimation erfährt. So macht man das. Wir tun uns zusammen, passen uns einander an und stützen uns gegenseitig. Wir tun uns zusammen, weil wir glauben, daß wir uns lieben. Wir haben Kinder. Wir sind in dieses Heer eingetreten, das gleichzeitig auch ein Diplomatisches Corps ist. Wir gewöhnen uns daran. Sind keine Gefangenen, aber wem gehört dieses Buch, wem dieser Krug? Wem gehört dieses Haus, dieses Kind? Die gewohnten Gesten, die wir auswendig kennen, wenn wir morgens aufwachen, vollführen wir sie nur, weil wir zusammen sind oder weil es unsere ureigenen sind? Was ist mein, und was ist dein? Es wäre schön, allein zu sein für eine Weile, ohne Kinder, ohne Rechnungen, die zu bezahlen sind, ohne Verpflichtungen; das hieße leben, aber wichtig ist jetzt, daß wir bis zum Sommer durchkommen. Daß wir mit dem Urlaubsgeld die Schulden bezahlen. Kleider für die Mädchen kaufen. Den Kühlschrank austauschen, der seit über zwei Monaten nicht mehr kühlt. Zwei Wochen ausspannen. Lieben wir den, mit dem wir zusammen sind? Wir sind zusammen, oder? Es reicht mit den Details. Was interessiert schon der Rest? Was interessiert es, wen ich am meisten geliebt habe? Meine Mutter hat geheiratet, um abgesichert zu sein, mein Onkel Alberto hat sein Leben lang seine Schwägerin geliebt und ihr das nicht einmal auf dem Sterbebett gestanden, und meine Tante Inés hat sich dem Jungen, in den sie verliebt war, verweigert, weil sie Onkel Alberto versprochen war. Alle haben sie ihre Pflicht erfüllt. Daß sie nicht neben der geliebten Person aufwachten, nicht Liebesworte oder -gesten austauschen konnten, hat ihre Liebe nicht zerstört. Sie liebten in Anwesenheit und in Abwesenheit. So macht man das. Die Liebe ist nicht an unserer Seite, die Liebe hüpft in unserer Brust herum wie ein Vogel im Käfig. Sie schläfert uns ein. Weckt uns auf. Läßt uns weggehen und nach Hause zurückkommen. Woinen Lachen. Und wenn das nicht leben heißt, was heißt dann leben?«

Ich ließ seine Worte, Gesten, Blicke Revue passieren, weinte ohne Unterlaß, bis meine Sinne hypnotisiert waren, bis ich einschlief und wieder aufwachte und nur noch ein einziges Wort, einen einzigen Gedanken und eine Essenz aussprechen konnte: David, David! Mehr nicht. Es war Mitternacht, als ich mich soweit gefangen hatte, daß ich nach Hause fahren konnte.

Mama empfing mich gleich an der Tür. Sie hatte sich große Sorgen gemacht. Hatte tausendmal auf meinem Handy angerufen, aber ich war nicht rangegangen.

»Was ist passiert, Kind? Was ist los mit dir? Was hast du?«

Ich setze mich auf das Samtsofa mit Blick auf das Rosenholzregal, auf dem sich der Fernseher, die *Lexicoteca,* die *História de Portugal* der Edition Alfa, einige Kunstbücher aus meiner Sammlung, Fotos von meinem Vater, meinem Onkel, von mir als Kind, Aschenbecher, Vögelchen, Tierfiguren und Stammesszenen befinden, alles aus Palisander, versteht sich, sowie die Steingutkrüge mit den Plastikblumen. Und in meiner emotionalen Verwirrung höre ich mich

mit meiner Stimme von früher zu Mama sagen: »Plastikblumen sind keine Blumen, das ist Plastik.« Und ich höre,
wie sie mir antwortet: »Aber sie machen das Haus fröhlich,
Kind.« Ich setze mich, sie sitzt neben mir und stellt Fragen.
Ich weine. Es war spät, ja. Und es regnete. Eine drücken-
de, kalte Nacht. Dunkel. Das Deckenlicht so schwach, daß
es sich verlor in den Winkeln des Wohnzimmers, so kläg-
lich und ohne Wärme oder Trost, obwohl alle Birnen leuch-
teten. In diesem fahlen Licht mußte ich ihr erstmals die
Wahrheit sagen. Diesen Sack voll Kälte und Groll über sie
ausschütten. Ich war nur noch ein Wrack, ein erstarrtes
Nichts, ein Schmerz, der schon nicht mehr schmerzte. Ein
wollener Fetzen, der nicht mehr wärmte. Ich hatte nicht
mehr die Absicht, mich vor dem zu verstecken, was gewesen war, wollte keine Vollkommenheit vortäuschen, die
nicht zu mir paßte. Ich war erneut in Stücke zerbrochen,
wie wenn man ein Glas zerbricht oder eben einen Menschen. Und jedes Mal, wenn ich so zerbrach, fand ich nicht
mehr zu dem zurück, was ich vorher gewesen war. So ging
das schon sehr lange. Ich wußte nicht, ob die Frauen aus
meiner Familie je dasselbe verspürt hatten wie ich, ob sie
auch so wenig vollkommen waren, wollte es gar nicht wissen. Die Worte sprudelten nur so aus mir heraus. Ich warf
Mama vor, mich zu einer Frau gemacht zu haben, die niemanden mehr hatte, zu einer ewig ungeliebten Frau. Sie
habe David nie gemocht. Ihre Schuld sei es gewesen, daß
wir auseinandergingen, daß es nie gut lief. Ihre Gebete und
ihre Verwünschungen waren es, die uns getrennt hatten.
Ich gab ihr die Schuld für meine Einsamkeit und Isolation.

Ich erzählte ihr all das über David, was ich ihr vorher verheimlicht hatte. Alles, was ich ihr nie erzählt hatte. Alles, von Anfang an. »Das ist der Mann, den ich mag, den ich gemocht habe. Der einzige, absolut einzige Mann, verstehst du?!«

»Er war ein Junge ...« stammelte sie.

»Jetzt ist er ein Mann!« brüllte ich.

Und sie könne mich ruhig mal verstehen, schließlich habe sie sich selbst aus der Provinz davongemacht, sei nach Mosambik gegangen, um einen Unbekannten zu treffen, der sie liebte. Sogar sie, die aus dem tiefsten Hinterland kam, sei geliebt worden, nur ich nicht. Ich nie.

»Dich haben meine Gefühle doch nie interessiert, es ging immer nur um dein und Papas Wohl. Nur ihr beiden. Immer nur ihr. Du wolltest nie, daß ich wie die anderen werde. Warst immer gegen meine Liebe zu David. Hast immer alles hinter meinem Rücken boykottiert. Und bestimmt hast du zur heiligen Jungfrau und deinen ganzen teuflischen Heiligen gebetet, damit sie uns auseinanderbringen, da könnte ich wetten. Ich war nur noch dafür da, um euch im Alter zu helfen, um mit euch spazierenzugehen und euch zu bedienen, als hätte ich kein Recht auf ein eigenes Leben. Du hast meine einzige Liebe zerstört.«

Dann sprach sie. Verzweifelt. Beklommen. Zum ersten Mal sah ich Mama in Mama, die in diesem Augenblick auch befreit war. Die litt, nicht mit mir, sondern wegen mir.

»Das stimmt nicht, Kind. Dein Vater und ich, wir wollten immer, daß du glücklich bist, daß du dein Leben mit jemandem lebst, den du magst. Das stimmt nicht, Kind. Ich wollte immer dein Bestes. Das Leben ist nicht immer so, wie wir es wollen. Manche Menschen haben einfach kein Glück in der Liebe. Und die Liebe hat dich bisher nicht gut behandelt, aber wer weiß?! Es sollte nicht sein, daß du David bekommst, sonst wäre es doch so gekommen. Du bist noch so jung. Wirst noch so viel Liebe kennenlernen. Schuld war nicht ich und auch nicht dein Vater, glaub mir. Ruh dich jetzt aus. Nimm eine Schlaftablette und leg dich hin. Ich mach dir einen Tee. Na los.«

Sie war sanft zu mir. Strich mir über den Kopf, übers Gesicht, berührt von meinem Schmerz.

»Geh ins Bett, Kind. Morgen geht's dir besser. Um wieviel Uhr mußt du arbeiten?«

»Spät.«

»Dann geh jetzt schlafen.«

Ich schluckte so viele Drogen, wie ich nur konnte, und am nächsten Tag ging ich zur Arbeit, als käme ich aus einer anderen Welt. Ich korrigierte die Tests zu Ende, bat jemanden um Hilfe für die Notengebung und überlebte die Sitzungen, war anwesend abwesend. David sah ich kurz von weitem, er hatte in einem anderen Raum eine Sitzung. Er sah mich auch und wandte den Blick ab. Dann kam Weihnachten und Neujahr. David blieb seiner Absicht treu.

Ich konnte nichts tun, es gab kein Zurück, doch David sollte wissen, mehr noch als früher, daß er mir gehörte, daß er unsere lebenden, nicht greifbaren Überreste mit sich herumschleppte. Selbst in seiner Stummheit, in seinem Schweigen würde ich insgeheim in ihm sein, wäre das Dunkle und das Helle, sein Müll, der Supermarktwagen, den

er schob, während er sich aus mir herausschob, sich dabei Knie und Handflächen aufschürfte, die für immer mein
wären. Er wußte, alle Winde, alle bekannten kreisenden
Planeten, das Sternenlicht und das Vakuum der schwarzen Löcher, das auf die andere Seite gelangt, würden ihn zu
mir bringen, zu mir, auch wenn er nie bei mir wäre. Bis zum
Schluß. »Du gehörst mir. Wenn es einen anderen Weg für
dich gäbe, wurde ich dich gehen lassen, ich schwör's dir. Ich
bin nicht schuld, daß unsere Bauchnabel sich stillschweigend miteinander verbunden haben. Bin nicht schuld.« Das
dachte ich in schlaflosen Nächten. So ist das nun mal.

Mit zunehmendem Alter verlor Mama auch die Kraft und
die Lust, sich um ihre Pflanzen zu kümmern. Irgendwann
konnte sie nicht mehr in der Wohnung herumlaufen, und
die Strecke Schlafzimmer, Badezimmer, Küche wurde ihr
zu beschwerlich und daher verkürzt auf Schlafzimmer, Badezimmer und später auf Schlafzimmer, Toilettenstuhl.

Meine Erinnerung an ihre letzten Lebensjahre ist, daß
sie auf ihrem Sofa im Schlafzimmer saß. Mama und das
Sofa wurden wegen der Osteoporose und der multiplen Ar-
throse am Ende eins, ein einziges Möbelstück.

Von den Philodendren und den Kaladien ist nichts geblieben. Ich ertrage diese Pflanzen nicht. Ihre Stämme sind
verschwunden. Geblieben ist das Gottesauge, die einzige
Pflanze, die ich behalten und auf die Blumentöpfe draußen verteilt habe. Das ist eine schöne Pflanzenart. Zu Mamas Ehren habe ich den Wohnzimmerbalkon in ein kleines
Amazonien verwandelt, in einen Ort, an dem ich nie war.

Elternschlafzimmer

*Das Elternschlafzimmer liegt rechts neben der Eingangs-
tür. Sein Fenster geht auf den vorderen Balkon hinaus, auf
den selben wie das Wohnzimmer.*

Als wir in diese Wohnung kamen, war ich es, die entschied,
daß das vordere Schlafzimmer das Elternschlafzimmer
werden sollte. Ich durfte wählen. Ich war der Meinung, das
vordere Schlafzimmer sei das Hauptschlafzimmer der
Wohnung und stehe daher den ranghöchsten Familienmitgliedern zu. Vielleicht habe ich mich ja von vornherein in
diese untergeordnete Position begeben.

Wenn ich behaupte, keiner der beiden hätte mich, als sie
aus Afrika wiederkamen, als Erwachsene sehen können,
will ich damit vielleicht sagen, daß ich selbst mich ihnen
gegenüber nie als Erwachsene sehen konnte. Daß ich bei
ihnen nicht die Stärke eines gleichberechtigten erwachsenen Menschen zeigen konnte. Mir fehlte einfach diese
langsame Veränderung im Umgang. Ich war Kind und dann
Frau, und was dazwischen lag, haben wir alle drei verpaßt.
Wir übersprangen zehn Jahre in Zeit und Raum, ohne daß
unsere Köpfe sich an das Leben in Abwesenheit oder später an das der neuen Anwesenheit hatten gewöhnen können. Wie widersprach man seinen Eltern? Wie sollte ich
meine Meinung geltend machen und ihnen zeigen, daß ich,
obwohl ich ihr Kind war, dennoch ein Eigenleben hatte? Die
Geschichte hat kein Erbarmen mit privaten Emotionen,
und diese unerbittliche Kälte ist es, die dem kleinen Wider-

stand des einzelnen eine epische Dimension verleiht. Alles wird so erlebt, als wären wir nicht stets tot und lebendig zugleich und kämpften unaufhörlich darum, den Tod hinauszuschieben.

Mama hat ohne Liebe geheiratet, 1958. Der Partner wurde ihr zwar nicht von der Familie aufgezwungen, doch der soziale Druck, der auf dem Land auf einer Frau lastete, die mit über Dreißig noch unverheiratet war, hatte ihr bestimmt zu schaffen gemacht.

Mama beschloß, einen Mann als dauerhaften Lebenspartner zu wählen, den sie kaum kannte, der, nachdem er zusammen mit einem Kontingent von Weißen in die Kolonien geschickt worden war, um dort technische Arbeiten zur Entwicklung der Provinz Mosambik durchzuführen, in einem aus Lourenço Marques abgeschickten Brief um ihre Hand anhielt. Er tat es bereits beim ersten Briefkontakt und legte ihr ein Foto bei, auf dem er im Anzug, lächelnd und mit Zigarette zwischen den Fingern posierte.

Das Foto sorgte für Aufregung. Er war der perfekte Mann, stattlich, wie man damals sagte. Groß, stark, mit ehrlichem Gesicht und offenem Lächeln.

Mamas Familie fuhr nach Caldas da Rainha, um Informationen über den jungen Mann einzuholen: Ja, er war ein guter Junge, fleißig, Mamas Liebling, aber Huren und Geliebten zugetan! Dennoch ein guter Junge. Es hieß, er habe, als er nach Afrika ging, zahlreiche untröstliche verheiratete und verwitwete Damen in der Heimat zurückgelassen.

In den wenigen Briefen, die sie sich schrieben in den drei

Monaten, in denen der Antrag und die Heirat erwogen wurden, erwies er sich Mama gegenüber als korrekt, zärtlich und lustig. Sie hingegen war stets distanziert und förmlich, von einer Ernsthaftigkeit, die ihre Eignung für die Ehe gewährleistete. Mama war nicht irgendeine Verrückte, sondern eine katholische Dame aus der Provinz, begabt, fleißig und aufopferungsbereit. Ohne Launen und Eigenheiten. Mit den Füßen fest auf dem Boden. Sie war glücklich, weil sie es geschafft hatte, einen Partner zu finden, der ihr offensichtlich ein besseres Leben bieten konnte. Sie würde nicht mehr Töpferware in der Fabrik von Raul da Bernarda verzieren und gleichzeitig den Eltern auf dem Hof helfen müssen. Sie würde in ihrem eigenen Haus arbeiten, für ihren Mann und ihre Kinder, in einem anderen Land, das sie nicht kannte, von dem sie aber wußte, daß man dort gut leben konnte. Gleichzeitig hing über ihren Gedanken eine vage Sorge um die Zukunft. Wer war dieser sympathische Mann von dem Foto? Wäre er so gutherzig, wie er aussah? Dann hätte sie Glück. Oder wäre er einer von denen, die wegen nichts und wieder nichts in Wut gerieten und ungestraft ihre Frauen schlugen? Es war ein Lotteriespiel. Sie schob diesen Gedanken fort. Die Entscheidung war getroffen, und nun gab es kein Zurück mehr. Sie riskierte etwas, und später würde man weitersehen.

Als sie in Lourenço Marques den Überseedampfer *Império* verließ, sah sie zum zweiten Mal das sonnengebräunte Gesicht des Mannes, dem sie Jahre zuvor im Café ihrer Cousine begegnet war. Sie kannten sich nicht. Sie liebten sich nicht.

1985 standen im Elternschlafzimmer noch immer die Möbel aus dem Haus von Matola; sie waren aus dunklem Holz, das Mama mit schwarzem Wachs polierte, damit sie aussahen, als wären sie aus diesem wertvollen Tropenholz. Ein Bett mit hohem Kopfteil und Säulengitter, Nachttischchen, Kommode, Frisiertisch, Stuhl, Hocker, alle Polster aus weißem Nappaleder, sehr klare, aber klassische Linien. In dem Container kam auch ein in Tete gekaufter Kleiderschrank mit, der nie zum Mobiliar von Matola gezählt hatte, weil Papa dort Einbauschränke hatte fertigen lassen, wodurch ein solches Möbelstück nicht mehr nötig war. Der Kleiderschrank aus Tete hatte ein 70er-Jahre-Design, oben mit einem *Aileron,* mittig durchbrochen von einem Pinakel, von dem aus der Aufsatz seine eckigen Flügel ausbreitete. Es war eines der schrecklichsten Möbelstücke, die ich je gesehen hatte. Ich versuchte einen Umgang mit diesem häßlichen Erbstück zu finden, indem ich es immer wieder umstellte, in andere Zimmer und an andere Wände. Ich stellte es mir in Antikweiß vor, aber es sah einfach in keinem der Zimmer gut aus, ganz gleich, wo ich es hinstellte, und in meiner Vorstellung erst recht nicht. Für mich ist es ein schlechtes Zeichen, wenn ich mir nicht vorstellen kann, was ein Gegenstand sein könnte, auch wenn er es nicht ist.

Als meine Eltern aus Afrika wiederkamen, hatte ich mir eingeredet, daß sie das, was Eltern sowieso nie machen, nicht mehr machten, obwohl ich kurz vorher damit angefangen hatte.

Sex war ein Spiel, aber ein ernstzunehmendes, war saftig und flüssig, als würde man eine Orange schälen und sie dann ohne eigene Worte oder Regeln verspeisen. Es war ein Spiel von übersättigt-ausgehungerten Tieren, wobei man den Unterschied gar nicht verstand. Es konnte einfach nicht sein, daß unsere Eltern sich einem so wunderbaren Genuß hingaben, wo sie uns doch beigebracht hatten, daß man sich dafür schämen mußte.

Wir können unsere Eltern nicht als Menschen sehen, die so sind wie wir, und ich glaube, sie können in uns auch nicht die Menschen sehen, die sie selbst einmal waren, bevor sie zu denen wurden, die wir kennen. Wir sind gegenseitige Fortsetzungen und Verlängerungen, die sich voreinander verstecken und fürchten.

Ich kann Mamas Aufopferung für Papa nicht verstehen. Sie zieht ihm immer die Socken an, dann die Schuhe und schnürt sie ihm auch noch. Vielleicht kriegt er das alleine nicht so gut hin: Der aufgequollene Bauch erschwert ihm das Bücken. Aber für Mama ist es eine Erniedrigung. Ist das Liebe? Zwischen den beiden scheint das Vertrauen und auch die Intimität von Menschen zu bestehen, die sich lieben, ohne Worte oder Gedanken daran zu verschwenden. Sie müssen sich gegenseitig spüren, und man merkt, daß sie diese Nähe lieben. Dieses Einssein genügt ihnen. Es ist eine lustige Vorstellung, daß sie geheiratet haben, um eine Familie zu gründen, um sich gegenseitig zu unterstützen, und daß Liebe anfangs gar keine Rolle spielte. Sie war es jedenfalls nicht, die sie zusammengebracht hat. Aber was war es dann? Das, was sie sich im Laufe der Zeit gemeinsam aufbauten, durfte ich kennenlernen. Aber nicht selbst haben. Ich hatte das nicht. Für mich war die Liebe das, diese ersten Bilder, an die ich mich erinnere und die ihre Beziehung ausdrückten.

Es gab Augenblicke, in denen Papa Mama einfach nur ansah und über ihr stets so gefaßtes und ernstes Gesicht lachte.

»Was ist denn so lustig?« fragte sie.

Papa antwortete nicht und lachte einfach weiter.

»Man könnte meinen, du wärst verrückt.«

Er stand auf, umarmte sie und küßte sie kraftvoll.

Vielleicht ist das die Liebe, daß wir lachen, wenn wir das Gesicht der geliebten Person betrachten, daß es uns nichts ausmacht, wenn sie uns als verrückt bezeichnet, und wir dann aufstehen, sie umarmen und küssen. Und mehr nicht.

Meine Eltern machten also diese Dinge nicht mehr, doch Mama ließ immer wieder mal eine Anspielung zu der Blonden aus der Metzgerei fallen, die mit der grünen Hose, die plumpe, die ihm den Hof machte. Ich beruhigte sie, sagte, das könne nicht sein, das sei nur eine nachbarschaftliche Beziehung. Eine Frau in diesem Alter sollte Papa den Hof machen, das sei doch lächerlich! Und Papa mit seinen Sechzig, dick und verbraucht, wie sollte der jemandem den Hof machen, also ehrlich, was für eine Vorstellung! Ich lachte und rief aus: »Du übertreibst!« Es sei bestimmt nicht mehr als eine Spielerei, höchstens ein harmloser Austausch von Komplimenten. Mama behauptete das Gegenteil, es gebe Frauen, die ihre Beine für verheiratete Männer breitmachten, und denen gefiele dieses Hofiertwerden natürlich. Sie fügte hinzu, der Chef in der Metzgerei gehe in den Puff und bringe Papa auf Abwege. Die Metzgerei sei ein Ort der Fleischlichkeit und des Lasters. Sie rief mich zu sich und belegte ihren Verdacht, indem sie Papas Nachttischschublade öffnete. Zwischen kaputten Armbanduhren, alten Escudo-Münzen aus Mosambik, Personalausweisen mit und ohne Foto, BIC-Kugelschreibern mit feiner Spitze, Bleistiftstummeln und Siegellack kramte sie Schächtelchen mit Tabletten und medizinischen Tropfen auf Ginseng- und Cabindaholzbasis hervor, die er angeblich in einem Reformhaus gekauft hatte, um mehr Kraft für diese Sache zu haben.

»Er ist immer noch ganz scharf drauf«, sagte sie und verzog das Gesicht.

»Ach, Mama, das ist doch nicht so was!« Ich lachte peinlich berührt. »Das ist nur ein Vitamin, das Kraft gibt. Laß ihm doch seine kleinen Freuden. Das ist doch ganz normal. Männer verlieren diese Illusion nie.«

»Er ist verrückt. Bildet sich ein, daß er jung ist. Hat immer schon solche Dummheiten gemacht. Er ist verrückt, dein Vater.«

Mama tauschte sich nicht mit Freundinnen aus. Sie hatte ihre Mutter gehabt, doch die starb früh, und mir hatte es nie etwas ausgemacht, ihre Lieblingsvertraute zu sein, bei der sie alles loswerden konnte, aber Schubladen, die solche Erkenntnisse boten, öffnete ich lieber nicht, so wie ich auch ihre Schlafzimmermöbel nicht öffnete. Die Nachttischschubladen und auch die der Kommode und des Toilettentischs gingen sehr schwer auf, als wären sie verzogen. Sie schienen größer zu sein als die Kästen, in die man sie gesteckt hatte, und wenn man sie beim ersten Mal nicht richtig zubekam, klemmten sie.

Ich erzählte Leonel von Mamas Verdacht, und er glaubte ihr. »Das kann doch sein«, behauptete er. »Weißt du, ich seh die alten Männer doch von meinem Balkon aus, die halten sich frisch. Bei deinem Vater weiß ich nicht, aber ausgeschlossen ist das nicht.« Ich verbot ihm den Mund, wollte das nicht hören, und unsere Liebelei ging etwas lau weiter. Er war ein wunderbarer Freund, hatte aber kein großes Interesse an dem, was ich so mochte, und das war das Aus für unsere Beziehung.

Seit dem Umzug meiner Eltern von Lourenço Marques nach Matola im Jahr 1971 und bis zu ihrem Tod in Almada in den Jahren 2001 und 2013 hatten sie stets dieselben Schlafzimmermöbel aus dunklem Muningaholz, das sich in all den Jahren kaum abnutzte. Irgendwann wurde der Toilettentischspiegel abmontiert und als Einzelteil auf den Dachboden verfrachtet. Papa nutzte den Tisch, um seine Lottoscheine auszufüllen und seine Arbeitsberichte zu schreiben. Uhren, Parfums und Medikamente wurden darauf abgelegt, in den Schubladen waren Socken, Taschentücher und diese besagten Energizer. Er war nicht wirklich nützlich.

Als Mama starb, waren die Möbel immer noch in gutem Zustand, weshalb sie danach in ein Landhaus im Alentejo gebracht wurden, das einem Schwager von Tante Maria da Luz gehörte. Ich kann mir vorstellen, daß sie immer noch genutzt werden und daß in vielen Jahren, nach meinem Übertritt ins Jenseits, selbst die Enkel von denen, die bereits meine Kinder sein könnten, dort in Reguengos de Monsaraz in dem Bett aus dem Schlafzimmer von Matola zur Welt kommen.

Da ich mich überall im Haus aufhielt, konnte ich meine Eltern nach dem Mittagessen immer hören, wenn sie bei offener Tür im Bett lagen und sich ausruhten oder über das Leben sprachen. Sie schliefen nur wenig während ihrer Siesta. Die restliche Zeit brachten sie damit zu, sich dort im Bett liegend zu unterhalten. Ich lauschte ihren Gesprächen aus der Ferne. Papa ließ sich beraten. Sie waren wie zwei Engel. Es war ein gänzlich ungetrübter Frieden.

»Was soll ich machen?«

»Du machst dies, du machst jenes, mein Junge.«

»Wäre es nicht besser, ihnen zu sagen, was ich wirklich denke?«

»Vorsicht! Das, was nicht gesagt wird, ist immer das beste«, riet sie.

Es ist das Geräusch friedlicher Stimmen, die sich verstehen, die in dieser Zeit nach dem Mittagessen Probleme lösen, die ohne zu denken etwas weben und dadurch dieses Netz vergrößern, das sich irgendwann wieder auflösen wird.

Papa hat sein Leben lang gearbeitet, ohne auch nur ein Mal Urlaub zu haben, bis er 1975 ins Team für die Cabora-Bassa-Talsperre berufen wurde, was ihm zehn Jahre später aufgrund des Abkommens zwischen dieser Firma und dem Energieunternehmen EDP zu einer vernünftigen Anstellung in Portugal verhalf. Er arbeitete bis zum gesetzlichen Höchstalter als Techniker in den verschiedenen Anlagen des Lissabonner Stromnetzes. Er war es, der die öffentliche Beleuchtung in der Hauptstadt anstellte und ausmachte. Er war der Herrscher über das Licht. Das war eine große Verantwortung, auf die er sehr stolz war, ebenso wie Mama und ich.

Er ging in Rente, und sechs Monate später erlitt er einen folgenschweren heftigen Schlaganfall, der die Hälfte seines Gehirns auslöschte. Er wurde querschnittsgelähmt und war fortan an sein Muningaholzbett gefesselt, denn Mama hatte damals in Beira einen Schwarzen vom Komitee um einen Stellplatz auf dem Schiff angebettelt, hatte sich erniedrigt und gesagt, ja, es stimme, die Weißen seien schlecht und insbesondere mein Vater, aber sie sei doch nur eine Frau, und so erlangte sie durch ihre Tränen ein Papier, das von einem anderen Schwarzen abgestempelt werden mußte und dann von einem weiteren, die beide auch wieder ihre Erniedrigung als weiße Frau verlangten und natürlich die entsprechenden Bestechungsgelder, vorzugsweise in Dollar oder Rand. Mama wußte, wie man überlebt. Sie wußte, daß es Zeiten für die Erniedrigung und Zeiten für den Ruhm gab und daß man nur Erfolg hatte, wenn man es schaffte, sich die Hoffnung zu bewahren und daran festzuhalten.

Gestorben ist Papa nicht in diesem Bett. Doch nach dem Schlaganfall saß er darin, mit dem Rücken zur Zimmertür, den Blick auf das offene Fenster gerichtet, wo er die Flugzeuge und die Vögel sah. Mit der rechten Hand klammerte er sich an den Bettpfosten und konnte sich dadurch, als er noch Kraft in dem Arm hatte, allein aufrichten. Dann verschlechterte sich sein körperlicher Zustand, und er wurde in sämtlichen Körperfunktionen von mir und Mama abhängig. Stundenlang starrte er in den Himmel, grübelte, führte Selbstgespräche. In den Jahren der Krankheit veränderte sich sein geistiger Zustand. Es gab Zeiten der Euphorie und der Depression. Am Ende verfiel er in eine Apathie, die bald in sinnlose Aggressivität umschlug. Sein Bewußtsein verlosch immer mehr. Er verlangte nach bestimmten Dingen, aus einem Impuls heraus, ohne jede Logik oder gesunden Menschenverstand. Er verlangte die verlorene Normalität zurück. Verlangte sie von uns und von den Ärzten, als hätten wir die Macht, ihn neu zu erschaffen. Als man den Tod bereits in seinen Augen und seiner Stimme spürte, und dies immer deutlicher, leugnete er ihn. Er wollte spazierengehen, mit mir zusammen sein. An den Sommernachmittagen ging ich mit ihm in Costa da Caparica Eis essen. Die Leute gewöhnten sich an den Anblick der Dicken, die diesen Alten transportierte, dem sie wie aus dem Gesicht geschnitten war, die vor dem *Pintado* anhielt und zwei Eis mit je zwei Kugeln kaufte. Wir lachten wie die Babys. Über alles. Er lachte, selbst wenn es gar nichts zu lachen gab. Lachte mit den Augen, mit seinem Sabber. Er lachte, weil ich bei ihm war und ihn liebte, weil ich sein Fleisch, sein Licht und sein Leben war, und das machte ihn glücklich. Gemeinsam waren wir stark, und außer uns interessierte uns niemand, obwohl wir natürlich mit den Leuten um uns herum kommunizierten. Und als er dann, bereits mit dementem, absterbendem Hirn im Bett saß, verfluchte er mich: »Wenn ich sterbe, wirst du mich sehr vermissen. Du wirst heftig weinen, wenn ich sterbe ...« Ich ging ins Schlafzimmer und schimpfte mit ihm. »Wie kannst du nur so was sagen? Ist dir klar, was du da gerade sagst? Wünschst du mir das wirklich?« Er verstummte, musterte mich mit seinen traurigen Augen, in denen man bereits den Tod sah, senkte den Kopf und ließ Hals und Schultern schlaff werden. Ich würde ihn sehr vermissen, sagte er noch immer mit den Augen. Ich würde ihn sehr lange vermissen. Der Schlaganfall, der sein Gehirn auffraß, machte ihn zum Schatten des Mannes, der er einmal gewesen war.

1995, am Tag des Schlaganfalls, kamen wir zurück von unserem Sonntagsessen in Caparica, mit Unmengen von Fischeintopf, Reis mit Meeresfrüchten oder Seeteufel, Brotsuppe, üppigem Nachtisch mit Schokolade, Sahne und Mandeln, weil Papa beim Essen ja nie sparte, sondern nur bei den Telefonrechnungen und anderen häuslichen Notwendigkeiten, für die wiederum Mama sparte, indem sie ihn bei den Einkaufspreisen belog. Wenn die Kartoffeln zehn Escudos kosteten, verlangte Mama zwanzig, und Papa schimpfte, daß das Leben in Portugal ihn Kopf und Kragen kostete.

Der dunkelblaue Opel Corsa, finanziert über den Verkauf des grauen Renault Chamade, schlingerte in Feijó um den Kreisverkehr am Pingo Doce, der damals noch eine ganz normale Kreuzung mit den normalen Vorfahrtsregeln war, und im Radio lief, Papa zu Ehren, *Unforgettable,* gesungen von Natalie Cole.

Unforgettable, that's what you are / Unforgettable though

near or far. Wir sangen mit, laut und falsch, jeder auf seine Art, weshalb wir wieder einmal lachen mußten, sogar Mama, die sonst nur schwer zum Lachen zu bringen war.

»Ihr werdet auch nie vernünftig«, rief sie aus und versuchte Haltung zu bewahren.

Papa betonte wie üblich, daß ich gut singen konnte, daß ich überhaupt eine große Opernsängerin hätte werden können, wenn ich nur Unterricht bekommen hätte, so wie er auch immer sagte, daß meine Beine wohlgeformt seien und ich überhaupt sehr ansprechend sei, keineswegs dick, höchstens kräftig wie Großmutter Maria Josefa, eine Frau voller Güte und Verständnis, die sich selber das Lesen beibrachte und die Männer von Caldas, die versuchten, sie zu dominieren, im Griff gehabt hatte.

Ich saß am Steuer, als wir an diesem Sonntag nach dem Mittagessen nach Hause fuhren. Ich hatte noch Tests zu korrigieren. Das Leben der Lehrerin.

Nach dem Abendessen fühlte Papa sich nicht gut, sprach von Schwindel und einem Gefühl von Starrheit. Wir maßen dem keine Bedeutung bei. Er aß regelmäßig zuviel und schaffte dann mit Alka Seltzer Abhilfe. Nichts Außergewöhnliches. Mama warnte sowieso immer: »Irgendwann liegst du gelähmt im Bett und kannst nicht mehr aufstehen. Und dann brauchst du mich. So was bleibt immer an mir hängen.«

»Ich geh nochmal kurz Luft schnappen«, sagte er. Er ging mit der Hündin raus, und als er wiederkam, ging es ihm kaum besser, und er legte sich wortlos hin. Ich korrigierte bis spätabends meine Tests. Am nächsten Morgen weckte mich Mama um kurz vor sechs. Sie war völlig aufgelöst. Papa war aufgewacht, wollte Wasser trinken und hatte festgestellt, daß er gelähmt war. Er konnte seine Glieder nicht mehr bewegen und auch nicht mehr sprechen. Wir wählten die 115. Ich erinnere mich gut an diesen Morgen, es war kurz vor Sonnenaufgang, die Straßenlaternen brannten noch. Ich erinnere mich an einen bestimmten Punkt an der Steigung von Pragal, wo mir der Gedanke durch den Kopf ging, daß unser Leben sich gerade unwiderruflich veränderte. Und jetzt?! Weitermachen! Trotz allem, gegen alles, weitermachen. Oder gibt es etwa eine andere Lösung?!

Mama und ich warteten in der Notaufnahme des Krankenhauses den ganzen Tag auf neue Erkenntnisse, wir waren beunruhigt, hungrig, hatten schlecht geschlafen und schlecht gesessen, konnten Papa nicht sehen, nicht bei ihm sein, erfuhren nichts außer: »Er hat einen Schlaganfall gehabt.« Also warteten wir weiter.

Als seit seiner Einlieferung bereits mehr als vierundzwanzig Stunden vergangen waren, erklärte die Sozialarbeiterin aus dem Frühdienst, er werde noch an diesem Tag auf die normale Station verlegt, wo ich etwas später dann zwischen Tür und Angel eine Ärztin erwischte, die so nett war, mir eine Minute lang ihre Aufmerksamkeit zu schenken, und mir nüchtern erklärte, ein großer Teil von Papas Gehirn, die Hälfte oder auch ein wenig mehr, sei durch den Schlaganfall zerstört worden, und es gebe keine Hoffnung, daß er wieder das würde, was er einmal gewesen war, auch wenn er vielleicht in sehr eingeschränktem Maße seine Gliedmaßen wieder würde bewegen können, aber wegen der Vorerkrankungen sei in seinem Fall auch das schwierig.

»Vorerkrankungen?!« fragte ich Mama.

Die erinnerte sich daran, daß das wohl in Lourenço Marques gewesen sein mußte, als ich noch ein Baby war. »Irgendwann blieb dein Vater eine Woche lang im Bett und konnte sich nicht mehr bewegen. Ich fürchtete schon das Schlimmste, dachte, ich würde mit dir im Arm und ohne jede Absicherung Witwe werden. Ich habe viel gebetet, und ihm ging es schnell wieder besser. Eines Morgens stand er auf wie Lazarus, ging arbeiten, und wir haben nie mehr daran gedacht.«

Ich trat im Krankenhaus an Papas Bett und sagte zu ihm: »Ich habe gerade mit der Ärztin gesprochen, und sie ist optimistisch. Sie sagt, du wirst dich wieder erholen. Wirst wieder gesund werden. Wieder laufen können, mach dir also keine Sorgen.« Die Liebe kennt keine Vernunft, Wahrheit oder Moral.

In den darauffolgenden sieben Jahren sah ich Papa in Almada in dem Bett aus Matola liegen oder sitzen oder in dem Rollstuhl, der zwischen den Zimmern und zwischen Haus und Straße zirkulierte und auch die Umbettung aufs Sofa, ins Auto oder auf die Parkbank ermöglichte.

Papa wurde abhängig von mir, von Mama und von seinem großen Wunsch, gesund zu werden, der aber nicht zu erfüllen war. Ich versuchte ihn mit Zeitungsartikeln aufzumuntern. »Ich habe in der *National Geographic* gelesen, daß das Gehirn autoregenerative Fähigkeiten besitzt; wenn ein Bereich verletzt ist, übernimmt ein anderer nach und nach dessen Funktionen und ersetzt ihn. Das geht aber ganz langsam. Es braucht seine Zeit, aber es funktioniert.« Das war nicht gelogen. Ich hatte es wirklich gelesen. Ich las alles, was über Gehirnverletzungen neu herauskam.

1996 ging ich nach Grândola, ein Jahr nach Papas Schlaganfall. Ich tat es bewußt. Ich ertrug es einfach nicht, die ganze Woche von so viel Schmerz umgeben zu sein. Ich ließ Mama an den Wochentagen allein. Sollten sie sich doch anderswo Hilfe suchen und mich ein wenig leben lassen. Ich hatte mein Häuschen im Alentejo, wo ich unterrichtete und von wo ich am Wochenende zu den Eltern zurückfuhr. Ich habe immer schon viel und in verantwortlichen Positionen gearbeitet.

Eines Sonntagmorgens bin ich zwischen Wohnzimmer und meinem Zimmer unterwegs und sehe durch die Tür meinen Vater in seinem Schlafzimmer. Er sitzt im Bett, den Blick auf das gerichtet, was in den anderen Zimmern passiert, auf mich, auf meine Bewegungen. Er lauscht auf die Stimmen im Haus und auf die Geräusche von draußen. Gelegentlich stellt er Fragen. Ruft uns. Sagt, daß er ein Glas »Cocóla« möchte, was ein Wort aus unserem Privatwortschatz ist. Er möchte, daß wir ihn am Arm kratzen. Seine Haut juckt, sehr sogar, und er kommt mit dem Arm, den er bewegen kann, nicht ran. Die Hygiene ist unzureichend. Die Pflegerinnen von der Sozialstation, die sich um ihn kümmern, weigern sich, ihn in der Badewanne zu waschen. Er ist schwer. Hilft nicht mit. Deswegen machen sie es im Bett, mit Frotteewaschlappen und lauwarmem Wasser. Er hat Muskelmasse verloren. Die linke Seite seines

Körpers hängt schlaff herab. Er hat nicht nur seine Mobilität verloren, auch seine Haut, die Muskeln, Nägel und Haare wachsen langsamer. Ich sehe ihn aus dem Augenwinkel, während ich weiter Richtung Wohnzimmer gehe. Eine Sekunde lang. Er will mich anschauen und hebt den Kopf, der fast immer herabhängt. Er sieht mich mit seinen schlaffen Augen an, reglos und ergeben. Ein Mann, der einst ein Herrscher war und nun ein alter Hund ist, schwerfällig, stinkend, im Weg. Ein Mann, der ein König war, gestürzt und besiegt; was für ein trauriges Schauspiel für jemanden, der immer noch fest auf seinen Beinen steht! An wie vielen Tagen, in wie vielen Nächten wird diese Sekunde wie in Zeitlupe in meinem Kopf wiedererstehen? Papa mit verletzt-erloschenem Blick im Bett, mich wortlos anschauend, während er sich denkt: »Mir bleibt kaum noch Zeit. Du bist voller Leben, und ich bin eine Last.« All dies ohne Worte, denn erfunden hat sie mein Schuldgefühl. Hat Papa wirklich das gedacht, was ich aus seinen Augen herausgelesen habe, oder ist das, was ich gesehen habe, nur meinem schlechten Gewissen geschuldet? Meinem Schuldgefühl. Der lebendige sterbende Blick meines geliebten Papas. Einmal, zweimal. Und noch einmal.

»Heb den Kopf!« sage ich zu ihm.

Er hebt ihn kurz.

»Wozu?« fragt er.

»Ich will dich nicht mit gesenktem Kopf sehen. Ich will dich so einfach nicht sehen.«

»Wie willst du mich dann sehen?« antwortet er mutlos.

»Heb den Kopf! Mach, worum ich dich bitte. Los!«

Sterben wäre vielleicht gar nicht so schwierig, wenn wir nicht Mitleid hätten mit uns selbst und mit dem, was wir zurücklassen, aber das Sterben zu überleben, dem wir lebend beiwohnen, das auf unseren Schultern lastet, erfordert Kaltblütigkeit und Mut.

Papa hat mein Leben geprägt, weil alles mit ihm, der nicht mal der stärkste oder mächtigste von uns dreien war, begann. Das zu behaupten wäre Mama gegenüber ungerecht, die die wahre Kraft ist. Papa hat das Leben mit einer Lust genossen, die ich bei sonst niemandem gesehen habe. Für ihn waren alle Tage vollkommen, und wenn er Dinge machen sollte, die seinen Werten zuwiderliefen, holte er Mamas weise Ratschläge ein und vertraute auf ihr Urteil. Das konnte er tun, weil Mama dafür lebte, für ihn zu sorgen und ihn zu unterstützen. Papa liebte die Welt, bedingungslos. Alles war gut. Er stürzte sich ins Leben und genoß es, bis zu dem Augenblick, ab dem er ans Bett gefesselt war. Er aß und trank mit sichtlichem Vergnügen, was alle erfreute, die ihm zusahen. »Er ist ein guter Esser; er ißt gern.« Das wußten alle. Doch wenn er Mamas Ratschlägen und Warnungen gefolgt wäre …

Ich werfe ein funkelndes Feuerwerk auf die Vielfalt und Reichhaltigkeit des Lebens, das Papa geführt hat. Mit ihm habe ich das Staunen der Sinne erfahren. Von Mama habe ich gelernt, daß wir alle Exzesse kontrollieren und nach Möglichkeit vermeiden, ihnen schweren Herzens und siegreich widerstehen müssen. Wenn es gut schmeckt, ist es ein Laster, das es auszulöschen gilt. Der Unterschied zwischen Papa und Mama war: mach, mach es nicht, iß, iß es nicht, geh, geh nicht. Papa lebte, und Mama hielt das Boot über Wasser, deshalb soll ein zweites Feuerwerk speziell für Mama erstrahlen. Für dieses einfache, bescheidene, diskrete und ruhige Fundament unseres Idealismus und unserer Extravaganzen.

Am Tag, an dem Papa starb, versprach ich ihm: »Ich werde nicht enden wie du.« An diesem Tag war ich hundert Kilometer entfernt, hatte wie immer, seit ich im Arbeitsleben stand, sehr viel zu tun. Wenn wir arbeiten wie Sklaven, die von anderen Sklaven abhängen, welche sich wiederum über Dritte beschweren, vergeht das Leben, und wir merken es gar nicht, sind betäubt und einfach nur ein Rädchen im Getriebe. Wenn wir dann viele Jahre später aufwachen und endlich begreifen, wieviel Zeit vergangen ist, sind wir verbraucht und kaputt, und niemand dankt oder lohnt es uns, niemand hört uns auch nur zu. Wir sind die Vagabunden aus Charlie Chaplins *Moderne Zeiten.*

»Ihr Vater ist gestorben.« Es hieß nicht: »Ihr Vater ist einsam wie ein Tier gestorben.« Lediglich, er ist gestorben. Ich dachte: »Das ist nicht wahr«, und setzte mich ins Auto. Es gibt Dinge, die stecken wir einfach weg und verschieben den Zeitpunkt, zu dem wir sie wahrhaben wollen, auch wenn wir längst begriffen haben, daß sie passiert sind oder passieren werden. Ein Mensch, den wir einmal lieben werden, zum Beispiel. Wir wissen bereits, daß es über kurz oder lang passieren wird, aber es soll noch nicht sein, nicht in diesem Jetzt. Es paßt noch nicht. Wir treffen uns weiterhin und ignorieren, was wir bereits wissen. Ignorieren es einfach, weil es uns noch nicht in den Kram paßt, mehr als nur diese vage Idee davon zu haben, diese Ahnung, versteckt in einer Stoffalte, unter die wir jederzeit linsen können, um bestätigt zu bekommen, daß es immer noch da ist.

In diesem Zustand des aufgeschobenen Bewußtwerdens fuhr ich mit dem Auto von Grândola nach Almada, hörte Radio und trällerte mit. Ich kam in das Haus, in dem er aufgebahrt war, zog das Leichentuch weg und stellte fest: Du bist wirklich gestorben. Das Zimmer war nur schwach beleuchtet. Eine kahle Birne. Ich untersuchte ihn. Versuchte zu erkennen, ob er zitterte, ob es noch irgendein winziges Lebenszeichen gab. Ich wartete ein paar Minuten. Berührte ihn am Kopf, an der Stirn, im Gesicht, an den Händen. Betrachtete ein weiteres Mal seine nunmehr reglosen versehrten Finger. Papas Hände, auch die Hand, an der Mittelfinger, Ringfinger und kleiner Finger fehlten, waren kalt. Diese Finger, die abgetrennt wurden bei einem Unfall in der Druckerei von Caldas, wo er als Jugendlicher gearbeitet hatte, um Großmutter Maria Josefa zu unterstützen, die selbst auch ihr Teil zur Bekämpfung des häuslichen Hungers beitrug, diese Finger starben nun ein zweites Mal, weil ich sie, obwohl sie in meinem Leben nie existiert hatten, stets sah. Papa ließ mich mit den Stummeln spielen, es machte weder ihm noch mir etwas aus, daß ich mit meinen ganzen Fingern seine verlorenen Finger untersuchte.

»Tut dir das weh?«

Es tat ihm nicht weh.

»Hat es dir wehgetan?«

Nein, in dem Augenblick, als es passierte, hatte er es nicht einmal gemerkt. Solche Dinge ereignen sich ganz plötzlich, wie ein Raubüberfall. Wenn wir es begreifen, ist es schon passiert. Als er das Blut an seinem Arbeitsplatz sah und erkannte, daß seine Finger nicht mehr da waren, unterhielt er sich ganz normal mit seinen Kollegen.

»Und die abgeschnitten Finger?«

Das wußte er nicht. Daran konnte er sich nicht erinnern.

»Wahrscheinlich sind sie in der Maschine geblieben. Vielleicht. Na ja, sie waren jedenfalls weg.«

In meiner Vorstellung rekonstruiere ich die Geschichte mit den abgeschnittenen Fingern, und ich sehe ihn vor mir, wie er, die Hand mit blutigen Lappen umwickelt, von der Druckerei ins Krankenhaus rennt. Ich sehe die Druckerei vor mir, deren Innenraum ganz dunkel ist, vollgestellt mit geölten schwarzen Maschinen. Ich sehe den Kummer der älteren Kollegen. »Der Junge hat sich verletzt, der Teufelskerl hat einfach nicht aufgepaßt.« Ich stelle mir diese Werkstatt in der Parallelstraße zum Bahnhof mit offener Tür vor. Mein ganzes Leben lang habe ich mir solche Dinge vorgestellt, als würde ich ein Buch über die Abenteuer der anderen lesen.

Die Erinnerung, die ich an Papas Leben vor meiner Geburt habe, ist ein Konstrukt basierend auf Geschichten, die ich immer wieder gehört habe. Ich kannte Caldas da Rainha nicht, nur die Beschreibung davon. Ich stellte mir Papa barfuß auf den eisigen Straßen der Stadt vor. Ist er barfuß gelaufen? War das meine Einbildung, oder hatte Mama es erzählt? Waren die Straßen, die ich mir vorstellte und die dem Stadtbild entsprachen, das ich 1975 dort vorfand, das Ergebnis der Rekonstruktion, die Papas Beschreibungen mir ermöglichten, oder wurde dieses ganze imaginäre Gebilde vielleicht auch umgemodelt, als ich die realen Orte kennenlernte?

Papa, wie er aus der Schule und vor dem bösen Lehrer abhaut. Papa auf einem Schulfoto mit anderen Kindern und dem Lehrer in der Mitte. Unmöglich! Ich habe keine Fotos aus Papas Schulzeit.

Papa, der erzählt, er sei Klassenkamerad von Mário Soares gewesen.

»Ein anderer Mário Soares?« fragte ich.

Er verneinte. »Nein, von diesem elenden Politiker.«

Das habe ich ihm nie geglaubt.

Papa, wie er Obst auf der anderen Seite der Bahnlinie klaut. Ich sehe einen Zaun. Gab es dort einen Zaun?

Papa, wie er Großmutter Maria Josefa in dem winzigen Taubenschlag anlügt.

Papa, wie er in dunkler Nacht um verheiratete Frauen herumstreicht. Um die Häuser der verheirateten Frauen. Ich sehe eine erste Etage mit einem Kamin und einem Topf auf dem Herd, zwischen Bahnhof und der Straße nach Foz do Arelho. Und eine Erdgeschoßwohnung in der Nähe von Arneiros. Ich sehe, wie sie ihn rufen in der anbrechenden Nacht. Er wartet auf das Zeichen, die Zigarette zwischen den Fingern, gutaussehend, strotzend vor Kraft und Lust, aber ohne Hoffnung auf ein eigenes Leben mit Haus, Frau und Kindern. Und diese reifen Frauen mit Kindern, die sie gerade ins Bett gebracht haben, sind weder hübsch noch häßlich, aber sie begehren. Ein Haufen heimlicher Geschichten über die Nester, die er in meiner Phantasie gewärmt und ohne Erklärung oder Mitleid wieder verlassen hat.

Papa, wie er sich Mama im Café der kleinbürgerlichen Cousine anträgt: »Warten Sie ab, irgendwann heiraten wir noch, mein Fräulein, und ich verspreche, ich kaufe Ihnen eine komplette Einrichtung aus Kistenholz.« Und Mama, die ihn verächtlich ansieht: »Eine Einrichtung aus Kistenholz?! Was für ein Schlitzohr, dieser arme Schlucker, Maria Amélia, wer ist dieser unverschämte Kerl, der hier in deinem Café auftaucht?«

All diese Orte, die ich nie gesehen habe und die in meinem Kopf über eine feste Szenerie verfügen, mit Licht, Ton, Handlung und dem dunklen, sonnengebräunten Gesicht des Mannes, den ich geliebt habe und der mit seinem offenen Lächeln das Leben genoß, ohne einen Cent in der Tasche.

Papas Vergangenheit ist ein geheimnisvolles, fest verschlossenes Buch.

Als ich das Zimmer verließ, in dem sein Leichnam lag, hatte ich die Gewißheit erlangt, daß er bereits nicht mehr in diesem Fleisch steckte. Ich weinte nicht. Verdeckte nur sein Gesicht und ging hinaus. Mein zweites Leben endete mit seinem Weggang, denn Papa ist Teil meines Körpers, und er läßt sich erst auslöschen, wenn ich nicht mehr bin.

Mama blieb zu Hause, sie brauchte meine Bestätigung nicht. Sie war immer schon pessimistisch und rief bereits die Verwandtschaft an, um sie von Papas Ableben zu unterrichten.

Leonel, mit dem ich, seit ich ins Alentejo gezogen war,

nicht mehr zusammen war, half mir, die Totenwache und die Beerdigung zu organisieren, den Leichnam abzutrocknen, der sich, in dem Bestattungsinstitut auf die Beerdigung wartend, in der Sommerhitze verflüssigte, er half mir, den Geruch nach Tod zu überdecken, den nicht einmal der Duft der Blumenkränze täuschen konnte, und er stützte mich, wenn ich mich übergeben mußte wegen des Geruchs nach verfaultem Fleisch meines Vaters.

»Nein! Ich werde nicht sterben wie er!« versprach ich Leonel, der bereits eine Reise nach Köln gebucht hatte, wo er Arbeit suchen wollte, da er hier keine mehr fand. Er hatte ein Ingenieursstudium abgebrochen, für das er nicht die geringste Begabung gehabt hatte. Er liebte das Kino, aber für ein weiteres Studium brauchte er Geld, und das mußte er irgendwo auftreiben. Seine Eltern waren arbeitslos geworden, also blieb ihm keine andere Wahl: Deutschland. Und die Vorstellung der Freiheit gefiel ihm, zumal seine sexuelle Identität sich gerade in der Krise befand.

Nach Papas Tod habe ich oft nach dem Mittagessen seinen Platz im Bett neben Mama eingenommen, wo wir redeten und Ideen und Ratschläge austauschten. Als wäre ich Papa. Die Matratze trug seinen Abdruck. Die durch das Gewicht eines jahrelang bettlägerigen Menschen entstandene Mulde ging nicht mehr weg. Es war hart für mich, diese Einkerbung zu spüren. Ich legte mich, soweit es ging, auf Mamas Seite, wollte mich nicht in dieses Loch einfügen, das einmal sein Körper gewesen war, als wäre es eine Urne.

Mama hat meinen Widerstand nie bemerkt. Es war ihr Bett. Und da Papa die rechte Seite nicht mehr besetzte, war es für sie selbstverständlich, daß ich sie nutzte und dort nach dem Mittagessen neben ihr lag, ihren Rat einholte und die Netze des Lebens webte. Manchmal verwechselte sie mich sogar mit ihm und nannte mich »Mein Junge«. Ich korrigierte sie: »Mein Mädchen.«

Als Mama nicht mehr laufen konnte, blieb sie in ihrem Schlafzimmer sitzen. Ich entfernte Papas Nachttischchen, schleppte eines der Wohnzimmersofas in ihr Zimmer und stellte es vor den kleinen Fernseher auf der Kommode, und dort sah sie dann die Morgen-, Nachmittag- und Abendsendungen, dort schlief und aß sie und dort betete sie, jeden Nachmittag so gegen fünf bis ungefähr sechs, es war ein tägliches Ritual, das an 365 Tagen im Jahr unfehlbar ihre Schmerzroutine regelte. Sie betete für mich, für meine Gesundheit, meine Arbeit und alles, was ich mir wünschte und was mich glücklich machte, und für sich und ihre Gesundheit, die bereits prekär war, und für die Nachbarinnen, die Verwandten, die Freunde und für meinen Vater, der so viele Sünden begangen hatte, daß man sie gar nicht erst aufzuzählen brauchte. Sie betete flüsternd ihre Litanei herunter, segnete mich mit dem Kreuz, betete Novenen für mich sowie das Credo, das Vaterunser, das Ave Maria und Fürbitten an den Heiligen Pater Cruz. Sie legte Gelübde in meinem Namen ab, weshalb ich dann nach Fátima fahren mußte, um sie in Kerzen abzugelten.

Mama hatte nicht die Angewohnheit, mich zu umarmen

oder zu küssen. Ein paar Küsse zum Abschied oder bei der Rückkehr von einer Reise. Mit Körperlichkeit konnte sie nicht umgehen. Sie war stolz auf mich, und ihre Augen strahlten angesichts meiner Forschheit, aber sie umarmte mich nicht. Mama hat mich aus sich herausgeholt, doch dann hielt sie mich wieder in sich verschlossen, so gut es ging.

Ich hätte mir gewünscht, daß sie in meiner Umarmung stirbt, denn so hätte ich ihr zum Schluß noch die Wärme des geliebten Körpers zeigen können, aber das machen wir dann beim nächsten Mal. Man kann nicht alles auf einmal haben. Gleichwohl kümmerte sich Mama um meine Haare, sie wusch mich, kleidete mich an, gab mir Schuhe, ernährte mich, tadelte und schimpfte mich, weil ich »zuviel zunahm«, weil ich »immer dicker wurde«.

»Wenn du nicht abnimmst, endest du wie dein Vater«, warnte sie mich.

Ich mache immer noch alles, um nicht wie mein Vater zu enden. Niemand verdient es, am Leben zu sein und nicht leben zu dürfen.

Meine Eltern sind immer noch alles für mich. Mir gefällt die Vorstellung, daß sie mich lange vor ihrem Tod ins Leben warfen, in dem Wissen, daß ich ihr Verderben und ihre Rettung wäre. Meine Eltern sind der Krückstock meines Lebens.

Die Liebe ist das erste Geheimnis. Und das letzte. Und jede Frau hat ihre Obsession. Deshalb begab ich mich ein paar Jahre vor Mamas letztem Lebensabschnitt, zu Beginn des ersten Sommers nach Papas Tod, zur Beratung in die Portugiesische Gesellschaft für Psychoanalyse. Es war ein Samstagvormittag, so gegen halb elf.

Seit Papa gestorben war, ertappte ich mich nämlich dabei, daß ich, wenn ich allein war, mit ihm sprach, und ich wollte herausfinden, an welcher Art von Verrücktheit ich litt und welcher Therapeut für meinen Fall der richtige wäre. Man empfahl mir eine Psychoanalytikerin am Campo de Santana, bei der ich die nächsten fünf Jahre verbringen sollte, um Papa abzutöten. Sie empfing mich an einem Spätnachmittag, und wir vereinbarten die Therapiebedingungen. Als ich ankam, bot sie mir einen der großen Stühle ihr gegenüber an, aber ich antwortete, mein Körper passe nicht in diesen vorgeformten Sitz, sobald das jedoch der Fall wäre, wäre ich geheilt. Ich zwängte mich trotzdem hinein in seine Form, so gut es eben ging, wie ich es auch sonst immer tat.

Die Psychoanalytikerin war eine diskrete Frau, zurückhaltend, schweigsam und freundlich, doch die Zärtlichkeit, die ich in ihr spürte, zeigte sie wenig. Gab es sie wirklich? Sie hat nie von sich erzählt. Ich weiß nicht, ob sie verheiratet war, ob sie Kinder hatte, nicht einmal, wo sie wohnte oder geboren war. Das Nichts ist nicht der Tod, das Nichts war meine Psychoanalytikerin vom Campo de Santana.

Mama gefiel es gar nicht, daß ich zur Therapie ging. Sie sagte, ich würde Geld für nichts ausgeben. Daß ich Geld ausgab, stimmte.

»Hör auf damit, Mädchen. Spar lieber. Was uns rettet, sind die Ersparnisse, nicht die Psychologie.«

»Du verstehst das nicht, mir tut das gut.«

Ich erzählte ihr nicht, daß ich eine komplette Miete pro Monat ausgab, um Papa abzutöten und um über sie und mein ungezähmtes Monster zu sprechen, das nirgends reinpaßte, nicht einmal in den großen Stuhl der Psychoanalytikerin, und unkontrolliert weiterwuchs. Lieber sollte sie denken, es hätte etwas mit den eigenbrötlerischen Macken des Einzelkinds zu tun oder mit der Wut und der Unzufriedenheit, die aus meinem Leben ohne Liebe erwuchsen, innerlich, äußerlich, um mich herum, auch wenn sie es nicht mit diesen Worten dachte. Aber was macht das schon? Ist das nicht alles eins?

Die Psychoanalytikerin empfing mich stets mit einem kleinen Lächeln, ruhig und sanft. Mit einem Guten Morgen oder Guten Tag und mit mehr nicht.

»Fangen wir an?« fragte sie.

»Ja«, antwortete ich und hörte nicht mehr auf zu reden.

Die Psychoanalytikerin hatte die professionelle Angewohnheit, ihre Sätze auf den letzten Teil meiner Aussagen zu beziehen oder ein Wort, einen Ausdruck, den ich verwendet hatte, zu betonen.

»Ich wollte Sie bitten, unsere Sitzungen auf den Nachmittag zu verlegen. Es fällt mir so schwer, morgens zu kommen. Auf der Brücke ist immer Stau, und es ist sowieso schon ein Opfer, jeden Tag so früh aufzustehen«, erklärte ich.

»Opfer«, wiederholte die Psychoanalytikerin vom Campo de Santana.

Sie setzte sich auf einen ergonomischen Sessel, den man

nach hinten kippen konnte, drückte auf den Knopf, und wenn ich bereits auf der Couch lag, hörte ich das Klicken des Mechanismus, mit dem die Beinpartie angehoben und das Kopfteil gesenkt wurde. Sie bedeckte ihre Knie mit einer kleinen Decke. Ich deckte mich nie zu. Schließlich war ich dort, um mich selbst zu entdecken.

Ich legte mich also auf die schwarze Ledercouch, nahm die Brille ab und weinte, während ich erzählte. Die Tränen liefen an meinen Schläfen herab, näßten die Haarsträhnen über den Ohren und tropften auf das Sofa. Ich weiß nicht, was ich ihr erzählte. Alles. Wenn die Therapiesitzung zu Ende war, erklärte die Psychoanalytikerin: »Wir machen in der nächsten Stunde weiter«, und ich unterbrach meine Rede, richtete mich etwas auf und stellte fest, daß die Couch zu beiden Seiten meines Gesichts ganz naß war. Zwei Tränenpfützen, die ich peinlich berührt mit Papiertaschentüchern trocknete, ebenso wie die Tränen, die, ohne daß ich es wollte, meine Augen näßten, während ich mein Leben ins Lot brachte.

Anfangs reichte die Psychoanalytikerin mir immer Papiertaschentücher, aber später stellte sie gleich die ganze Schachtel auf einen Hocker neben die Couch, damit die Nicht-Geliebten, die sie empfing, für einen Euro pro Minute weinen konnten.

Ich erinnere mich nicht mehr an das Gesicht der Psychoanalytikerin vom Campo de Santana, wohl aber an das Viertel, das ich toll fand und in dem ich so oft war, und an die abgehängte Decke in der Praxis, mit ihren PVC-Quadraten in Mattweiß. Ich hoffte immer, daß sie nicht runterfallen und mich noch mehr kaputtmachen würden. Ich war dort, um geflickt zu werden, glaubte an den psychoanalytischen Schamanismus, wußte aber nicht, warum. Es war einfach ein Glaube ähnlich dem von Mama.

Wenn die Sitzungen am Spätnachmittag stattfanden, gab es nur wenig Licht, und das war mir am liebsten, weil der Teil des Tages begann, an dem man alles ohne Angst oder Scham sagen kann, an dem man wieder zu leben beginnt. Das Morgenlicht, selbst gefiltert durch Vorhänge, dringt fein, aber intensiv in die Augen und verletzt sie wie mit einer frischgeschliffenen Klinge.

»Wann hörst du endlich bei der Psychologin auf und fängst an zu sparen, damit du auch Rücklagen hast?« erkundigte sich Mama immer wieder, wenn ich mich über fehlende Ersparnisse beklagte. Ihr gefiel die Vorstellung nicht, daß ich eine Analytikerin hatte, auf die ich ironischerweise alles, was ich an Mama liebte und fürchtete, projizierte.

In den Jahren vor Papas Tod und bevor ich mich gezwungen sah, aus dem Alentejo zurückzukommen, bewohnte ich in Grândola ein Dachgeschoß, in dem ich auch ohne David wieder zu fliegen begann wie in den Träumen meiner Kindheit. Ich mochte diese Wohnung. Abends, wenn die Arbeit, die ich mir immer mit nach Hause brachte, getan war, setzte ich mich aufs Bett und betrachtete vor dem Einschlafen den stinkenden Straßenköter, den ich bei mir aufgenommen hatte und der auf dem Sofa schnarchte, lächelte vor mich hin und dachte: »Was für ein schöner und glücklicher Augenblick. Vielleicht ist es wirklich so, wie der Herr Direktor gesagt hat, vielleicht ist das Glück einfach nur das.« Das war nicht ganz schlecht. Und ich konnte endlich wieder fliegen. Ich ging ins Bett, schlief ein, und augenblicklich begann dieser Flug wie in meiner Kindheit. Es war so einfach. Ich ging leicht in die Knie, bückte mich, mit dem Hintern fast am Boden, und wenn ich dann die Arme schnell und mit voller Kraft hob und wieder senkte, stieg mein Körper gewichtslos nach oben. Je schneller und kräftiger ich mit meinen Flügelarmen schlug, um so höher stieg ich. Entscheidend war die Anfangsanstrengung. Sobald ich auf der Höhe eines dreistöckigen Gebäudes angelangt war, konnte ich sanfter mit den Flügeln schlagen und mich langsam bis zu den höchsten Gipfeln der Welt erheben und ohne Grenzen fliegen. Ich landete irgendwo und erhob mich wieder in die Lüfte. Mit jeder Nacht wurde mein Flug perfekter, erforderte weniger Anfangsanstrengung.

In dieser Phase meines Lebens, also in Papas letzten Jahren, war alles um mich herum ziemlich undurchsichtig, außer dem Licht im Alentejo und den Rosenbüschen auf der einen und den Olivenbäumen auf der anderen Seite der Straße, die zu meiner Schule führte. Doch in dem Haus mit der Dachgeschoßwohnung flog ich, und dieses Wunder glich das wieder aus. Es machte mich zufrieden. An den schlimmsten Tagen schrieb ich Tagebuch, um mich lebendig zu fühlen.

Die Zeit verging, ohne daß ich es merkte. Ich war nunmehr erwachsen und stand im Leben; so nannte man das, was aus mir geworden war. Einmal erhielt ich einen Anruf

von Rádio Aventura, sie wollten wissen, wo ich mich her-
umtrieb, wie es mir ging und warum ich nicht mehr schrieb.
Ich antwortete, daß ich lebte. Oder vielmehr, daß ich glaubte zu leben.

Küche

Links der Wohnungstür, neben dem Mädchenzimmer gele-
gen und wie dieses nach hinten ausgerichtet, auf das Mar
da Palha, *das große Tejo-Delta. Schmal und lang. Licht-*
durchflutet am Vormittag, kühl am Nachmittag.

An der Wand über dem Tisch hat Mama den handbemalten
Teller aus der Keramikfabrik von Caldas da Rainha aufge-
hängt, den sie zur Hochzeit geschenkt bekam, mit Mohnblumen und Weizenähren am Rand und einer traditionellen roten Windmühle mit hellgrauem Flügel in der Mitte.
Mama war stets sparsam, und die Keramikaussteuer von
Secla und *Raul da Bernarda,* die Bettwäsche, die mit Vergiß-
meinnicht bestickten Tischdecken, all das, was in den 50er
Jahren ordentlich verpackt in beschlagenen Holztruhen
im Bauch der *Império* nach Mosambik geschifft worden
war, kehrte fast gänzlich und mit Zuwachs nach Portugal
zurück.

In die Mitte des runden Küchentischs aus laminiertem
Resopal in Eichenoptik, der zu groß ist für den kleinen
Raum, hat sie eine Schüssel in Form eines Kohlblatts aus
der Kollektion von Bordallo Pinheiro gestellt. Sie dient als
Obstschüssel, und gerade ist sie mit reifen Quitten gefüllt.

An diesem Wochenende wollen wir Marmelade und Gelee einkochen.

Die Vorlesungen an der Uni haben noch nicht wieder begonnen, und wir wollen auch noch Teigtaschen mit Gar-
nelenfüllung, Likör und Kompott machen. All das am Sonn-

tagnachmittag, nach ihrer kurzen Siesta mit Papa und zu einer Uhrzeit, in der ich nicht mit David zusammen sein kann, da er ebenfalls bei seiner Familie ist.

Mama tut so, als würde sie nicht mitkriegen, daß ich einen jüngeren Freund habe, so wie sie immer alles ignoriert hat, was ihr mißfiel. David ist gerade achtzehn geworden. Er ist noch ein Junge. Mama denkt, das sei nur eine Schwärmerei ohne Zukunft. Das legt sich wieder, vertraut sie Tante Maria da Luz an, die mich dann, als sie mich mal allein erwischt, fragt: »Was ist das denn für eine Liebesgeschichte?«

Mama und ich haben unsere friedlichen Augenblicke, in denen wir über alles reden, nur nicht über meinen Freund. Ich ahne zu viele Verbote und erzähle ihr lieber nichts. Ich glaube an die Menschen. Sie mißtraut ihnen. Sie ist klug, aber ich meine mehr zu wissen. Ich bin zur Schule gegangen, habe Sprachen, Literatur und Geschichte studiert. Ich lebe in dieser Zeit, sie ist immer noch in ihrem Aberglauben verfangen. Sie ist geduldig und stark, ich ungestüm und arrogant.

»Nach dem 25. April haben sich die Leute ziemlich verändert. Heute ist alles anders. Und wir werden nie mehr zu dieser Zeit zurückkehren«, garantiere ich ihr.

»Ja, ja«, antwortet sie.

An einem immer noch heißen Septembernachmittag beginnen wir mit dem Marmeladeeinkochen. Mama unterhält mich mit Geschichten aus der Zeit, in der sie jung war, Geschichten, die sie von ihren Vorfahren gehört oder selbst erlebt hat, denn sie weiß, das geheimnisvolle Zusammenspiel von Welten und Realitäten fasziniert mich.

Sie erzählt mir von reuigen Seelen, die durch unser Universum irren und sich auf dem Land in den Feldern vor dem Tageslicht verstecken, in den Ölbaumwäldern, wo sie dann hängen bleiben, bis die magische Stunde der Dämmerung kommt, in der sie sich befreien und durch die Welt der Lebenden spazieren, während die Vögel in ihre Nester zurückkehren. Sie erzählt mir Geschichten von silbernen Irrlichtern, die nachts die Passanten erschrecken, sie über lange Strecken begleiten, wie Libellen aus dem Jenseits um sie herumschwirren und dann auf genauso unerklärliche Weise, wie sie aufgetaucht sind, wieder verschwinden. Sie erinnert sich an Geschichten über Begegnungen um Mitternacht an den Friedhofstoren mit rätselhaften, körperlosen Wesen, die auf Männer und Frauen warten, die zu später Stunde unterwegs sind, von der Arbeit oder aus der Taverne kommen, zu diesen Stunden, die nicht den fleischlichen Geschöpfen gehören. Wesen, die uns besuchen und sich zeigen, die mit den Lebenden in Dialog treten, so tun, als lebten sie auch, und sich dann wieder auflösen, wenn es ihnen gelegen kommt. Früher kannte man Phänomene, die mit der Mißachtung des Karfreitags zu tun hatten, durfte man doch an diesem heiligen Tag nicht arbeiten. Man wäscht keine Wäsche und bügelt oder kocht auch nicht, denn die Arbeit würde sonst mit Jesu Blut befleckt. Sie versicherte mir, daß dem so sei. Daß es immer so sein würde. Daß ich das respektieren müsse. Und mein mittlerer Onkel sei als Dreijähriger vom Teufel besessen gewesen, nur zu bändigen mit der Kraft von drei Männern. »Stell dir das mal vor, drei Männer waren nötig, um ihn festzuhalten, wenn er seine Anfälle hatte!« Sie beschreibt mir Senhor Ramiro, einen Alten aus dem Altenheim, der über besondere Kräfte verfügte; als Mädchen sei sie immer zum Kloster von Alcobaça geschickt worden, um ihn zu holen, damit er mit seinen Gebeten das Böse in meinem Onkel zähmte oder auch im Vieh, wenn es aufgrund eines bösen Blicks räudig geworden war.

»Die Gebete sind verlorengegangen. Was für ein Jammer! Senhor Ramiro ist gestorben, als ich nach Afrika ging, und die Gebete sind mit ihm gegangen. Deine Großmutter hat sie nicht aufbewahrt. Aber du, wenn du Sorgen hast, dann bete immer das Credo und das Gebet für den Heiligen Georg, das sind die wichtigsten, und natürlich das Vaterunser und das Ave Maria. Aber auch das Salve Regina und das Gebet zum Schutzengel. Die mußt du immer bei dir haben. Ich muß dir auch noch das für die heilige Barbara beibringen und den Wechselgesang des heiligen Antonius. Die sind nämlich besonders wirkungsvoll, weißt du. Ich habe sie oft angewandt. Und die wichtigsten Gebete vom heiligen Pater Pius, von Pater Cruz und Doktor Sousa Martins, mit denen kann man um alles bitten. Sie wirken Wunder. Die hören uns nämlich dort, wo Gott sie hingebracht hat. Ich habe hier alte Gebete auf ganz alten Blättern ... Du würdest mir einen Riesengefallen tun, wenn du sie mir in Großbuchstaben abtippen würdest, weil ich ja schon so schlecht sehe. Machst du das für mich?«

»Ja, das mach ich.«

Mamas Gebete abzutippen bedeutet, in ihre Welt einzutreten. Bedeutet, wie sie zu beten, auch wenn ich sonst nicht mit ihr bete und diese katholischen, mit Volksmagie getränkten Gespräche über die Kirche nicht mag. Obwohl ich gläubig bin, tue ich so, als würde ich zweifeln. Ich bremse sie, damit sie mich nicht um noch mehr bittet. Ich korrigiere die orthographischen, syntaktischen und semantischen Fehler auf den abgegriffenen Blättern mit den handgeschriebenen, fleckigen Gebeten, die irgend jemand mal für sie aufgeschrieben und ihr geschenkt hat, wenngleich ich Angst habe, daß meine Korrekturen womöglich ihre heilige Formel verändern.

Und ich glaube an die Stille. An alles. An Gott Vater, den Allmächtigen, und an seinen einzigen Sohn, an die Jungfrau Maria, an die Engel und die Heiligen, an den Sündenerlaß und das ewige Leben; an die Schwalbennester, die im Frühjahr wieder bevölkert werden, an das Laichen der Fische, die den Fluß hinaufschwimmen, an den unbekannten Gesang der Wale, an das blinde Kopulieren der Straßenköter. Und auch an die hypnotische Akazienblüte, an den Blütenstaub der Margeriten, an den abendlichen Duft des Basilikums und des Rosmarins; an die wilde Schwärze der Büsche und der Schirmpinien, in denen die alten Irrgeister Zuflucht suchen; an die vier Himmelsrichtungen, an die vier irdischen Elemente, an die unerschöpfliche göttliche Hellsicht der Physik und der Chemie und der Beruhigungsmittel. Und trotz all der weltlichen Lüge und offenkundigen Bösartigkeit glaube ich an die Liebe. Sie ist meine Religion.

Während wir uns unterhalten, wird Marmelade eingekocht.

Ich bitte sie, mir hellgrüne Shorts zu nähen. Schön kurz. Das ist gerade modern.

»Das geht doch nicht. Das steht dir nicht. Du hast zu dicke Beine dafür. Wenn sie so kurz sind, rutschen sie dir beim Laufen zwischen die Schenkel. Du mußt abnehmen. Mußt jeden Morgen ein Glas lauwarmes Wasser mit Zitronensaft trinken, auf nüchternen Magen. Und kein Mehl, keinen Zucker und kein Fett mehr essen. Du mußt einige Kilo abnehmen, sonst geht's dir wie deinem Vater, Kind. Du steigst aus dem Bett, und dein Gewicht bringt dich um.«

Wir diskutieren die Länge des Beins. Ich möchte so viel wie möglich von meinen gebräunten Beinen zeigen, wie alle anderen auch. Ich möchte begehrt werden. Das sage ich ihr nicht, aber sie weiß es. Das versteht sich von selbst.

Ich mag die Nachmittage in der Küche mit Mama. Und auf die Familiensonntage folgen die übrigen Tage, alles Werktage, günstig für meine Liebe zu David. Wir treffen uns am Spätnachmittag in Cruz de Pau, Amora, Cacilhas oder an der Costa da Caparica, je nachdem, wie weit seine Monatskarte reicht. Ich arbeite, deshalb bin ich quasi reich. Ich habe die Monatskarte L123 und daher die volle Bewegungsfreiheit.

An der Costa da Caparica können wir im Herbst oder im Winter vor den Blicken flüchten. Wir gehen an die verlassensten Orte der entlegensten Strände. Es ist kalt, und die salzigfeuchte Atmosphäre riecht nach aufgewühltem Meer. Wir sind von wildester Rauheit umgeben, doch immun dagegen, weil wir zu sehr mit Knutschen und Fummeln beschäftigt sind. Die Lust zusammenzusein verdrängt das Bedürfnis nach Komfort. Wir erstarren im Sand. Reiben uns gegenseitig Hände und Arme.

»Spürst du meine Wärme?« fragt er.

»Ja.« Ich fühle mich ganz, weil wir zusammen sind, und ich fühle mich halb, weil es noch nicht für das ganze Leben ist.

In Cacilhas pfeift ein schneidender Wind. Die Dampfer spucken am Kai neben dem Busbahnhof Menschen aus, die erschöpft sind von ihrem Arbeitstag und nur noch nach Hause wollen. Wir kuscheln uns im Bahnhof in eine Ecke, klammern uns aneinander und ersticken an der Wärme unserer Brüste. Wir flüchten uns vor dem Regen in die alte Konditorei am Bahnhofsausgang mit nur einem halben Dutzend Tischen vor den trüben Fenstern und dem graumelierten Marmor bis zur halben Höhe der Wände, wie in einer Kneipe. Auf der Theke ein Teller mit einem halben Dutzend gekochter Eier, sie liegen auf grobem Salz und warten auf Männer, die von der Arbeit kommen und noch schnell ein Glas Wein trinken wollen. Wir setzen uns. Schauen uns an. Bestellen zwei Milchkaffee und eine Blätterteigtasche für uns beide.

In Cruz de Pau flüchten wir uns vor den Regengüssen in eine Snackbar dritter Klasse an der Landstraße. Wir gehen hinein, um die nassen Klamotten an unseren Körpern zu trocknen und uns ein bißchen von der Kälte zu erholen. Er bestellt einen Kaffee. Hat zwei oder drei Münzen dabei, mehr nicht.

Wenn es regnet, leben wir unsere Liebe unter Balkonen

oder Ladenmarkisen aus. Oder in den Eingängen der Häuser. Wir gehen hinunter bis nach Amora. Setzen uns auf die Parkbänke oder auf Treppen. Je nach Wetter. Wir sind immer zusammen, selbst bei Sturm. Wir sind Liebende im öffentlichen Raum und Wanderer der Liebe. Wir sprechen über Lyrik und über Politik. Bei der Lyrik sind wir uns einig, bei der Politik nicht. Álvaro Cunhal hat gerade die Kommunisten gebeten, ein Auge zuzudrücken und in der zweiten Runde der Präsidentschaftswahlen Mário Soares zu wählen. Wir diskutieren den Niedergang des Kommunismus, den David nicht sehen will. Die Berliner Mauer ist noch nicht gefallen, und wir wissen nicht, ob sie fallen wird und auch nicht, wie oder wann, aber ich argumentiere, daß der Marxismus-Leninismus sich nicht als gesund erwiesen hat und daß der Beweis auf der Hand liegt, denn in der UdSSR herrscht ein Regime, das so autoritär ist wie das eines faschistischen Landes. Ich versichere ihm, daß der Klassenkampf noch nicht vorbei ist, daß Hierarchien und Chancenungleichheiten weiterbestehen, im Ostblock wie im Westen. Er wehrt sich gegen meine Meinung und macht für dieses Scheitern das schädliche individualistische Streben der Menschen und das mangelnde Wissen der Klassen über das kommunitäre Ideal verantwortlich. Seine Umhängetasche aus abgeschabtem dunklem Schafsfell mit dem Antifaschismus-Aufkleber, dem Anti-Atomkraft-Zeichen »Atomkraft? Nein danke«, mit Hammer und Sichel auf dem roten Banner der Kommunistischen Partei, dem Logo der Aliança Povo Unido und dem schwarzen Che auf rotem Grund mit der Aufschrift *hasta la victoria siempre* hängt über seiner Stuhllehne. Er trägt die ewige Jeansjacke, die ihm zu kurz ist, Jeans aus demselben Material, ausgeblichen und mit Schlag. Er ist immer gleich angezogen. Nur die T-Shirts wechseln. Die schmutzigweißen Turnschuhe, völlig eingestaubt.

Ich halte ihn für sehr linksradikal, und er meint, ich sei ziemlich kontaminiert von den Rechten.

»Aber in einer Sache hast du recht: Die Menschen verderben die Ideale. Sie entfüllen sie«, gebe ich zu.

»Dieses Verb gibt es nicht«, antwortet er provozierend.

»Mach dir darüber mal keine Sorgen. Was nicht existiert, das erfinde ich.«

Irgendwann werden David und ich aufhören, uns über Politik zu streiten. Alles wird ins Lot kommen. Wir werden uns lieben wie in den Romanen und Filmen. Ich phantasiere, daß ich, wenn wir einmal Kinder haben, für sie Marmelade und all die anderen Leckereien koche, die Mama mir beigebracht hat. Ich werde ihnen diese magischen Geschichten erzählen, die man mir überliefert hat, so, wie ich sie empfinde, oder sogar noch horrormäßiger. Ich werde Fisch mit Kartöffelchen im Ofen braten, den Fisch vorher mit Essig waschen, mit Salz und rotem Paprika würzen und mit Petersilie und Zwiebelringen belegen, ganz auf die traditionelle Art, wie Mama. Und ich werde Garnelen in Zitronen-Chili-Sauce braten. Und Hühnercurry kochen, mit dem Curry der Inder von Martim Moniz, der zwar nicht ganz so gut ist wie der, den wir in Lourenço Marques immer gekauft haben, aber besser als nichts.

Dort hat Mama ihn immer auf dem Markt gekauft, in Papiertütchen, am Stand eines Arabers in dem dunklen, farbigen Teil, wo sich die Gerüche und Sprachen mischten, einem kleinen Souk, improvisiert aus Segeltuchplanen, die das helle Licht filterten. Der Araber hat seinen Stand aus mit Pulvern, Kräutern, Samen oder Wurzeln gefüllten Stoffsäcken komponiert und ihn so in einen Teppich aus verschiedenen Weiß-, Gelb-, Orange-, Rot- und Brauntönen verwandelt. Und Grün und Schwarz. Mama bleibt davor stehen und verlangt ziemlich bestimmt »300 vom Curry«. Senhor Abdul plaudert mit ihr, versucht ihr ein halbes Kilo anzudrehen, setzt auf die Alchemie der Gewürze. Am Ende hält er ihr eine mit Curry gefüllte Spitztüte aus grauem Papier hin, und um den Preis wird in der Regel gefeilscht. »Geben Sie mir einen kleinen Nachlaß. Ich bin schon so lange Kundin bei Ihnen.« Über dem grauen, vom Marktgeschehen aufgewirbelten Staub liegt der intensive Geruch der Gewürze, mit denen er hantiert. Mama ist an diesen orientalischen Orten nicht verloren, denn als weiße Dame handelt sie, ihrer Kultur entsprechend, stets ehrbar, und Mama ist zwar freundlich und korrekt, aber nicht für Vertraulichkeiten zu haben.

Das Leben in Lourenço Marques beginnt sehr früh. Papa ist schon vor sieben Uhr auf der Straße, und wir folgen kurz danach. Um neun haben wir bereits unsere Einkäufe auf dem Markt gemacht und steigen ohne Eile die Avenida D. Luís Richtung Alto Maé hoch, das Säckchen mit dem Curry in dem Strohkorb zwischen den Rüben und Zwiebeln, ich an Mamas Hand, sie plappert, dein Großvater dieses, deine Großmutter jenes, wir gehen an der schneeweißen Kathedrale vorbei, in der ich getauft wurde, schreiten langsam durch die klare, saubere Frische des heiteren Morgens. Mama ist Gold.

Ich öffne und schließe immer wieder die Türen zu der Vergangenheit, in der mich dieses unauflösliche, beengende und fesselnde Eisenband mit den Eltern verbindet, und ich weiß, ein ganzes Leben reicht noch immer nicht aus für die Liebe.

Für eine so große Liebe ein so kurzes Leben! Wenn meine Eltern in ihren Heimatort fahren, haben David und ich den Raum, den unsere Beziehung braucht. Wir verabreden, daß wir früher von der Uni weggehen, und eilen nach Hause.

Diesmal wurde es später, weil er, als er von der Mensa kam, im Hof noch mit Kommilitonen plauderte, er denkt einfach nicht mit und ist unzuverlässig. Ein Junge eben. Ich wartete geduldig, ohne ihm Druck zu machen, war aber sauer, weil er so unsensibel war. Im Bus redete ich kein Wort, war genervt, weil ich mir für diese Nachmittagsstunden vorgestellt hatte, daß wir lachen, uns aneinander kuscheln, uns umarmen, kneifen und ohne Eile lieben würden, mit Zwischenspielen, Füßekitzeln und Ohrenknabbern.

Als wir in Cova da Piedade ankommen, ist es schon spät. Wir steigen aus dem Bus, und ich sehe, wie er rumtrödelt, gedankenverloren die Parallelstraße zur Barrocas hochläuft. Da platze ich. »Willst du nicht mit mir schlafen? Macht es dir keinen Spaß, mit mir zu schlafen? Jetzt hast du so viel Zeit vertrödelt in Lissabon, obwohl du weißt, daß es der einzige Nachmittag ist, an dem wir zusammensein können! Wieviel Zeit bleibt uns jetzt noch für uns? Wochenlang habe ich auf diesen Augenblick gewartet. Ist dir das gleichgültig? Denkst du nicht mit? Denken ist nicht deine Stärke, was?«

Er schmollt. Findet, daß ich übertreibe, wie immer. Ist sauer auf mich. Ich würde das nicht verstehen. Sei fordernd und aggressiv. Hätte keine Geduld und wäre viel zu herrisch. Unverschämt sei ich. Und uncool.

Ich kenne die Wahrheit, sie umschwirrt mein Bewußtsein, aber ich spreche sie nicht aus. Meide sie. Sie paßt mir nicht in den Kram. Ich bin eine junge Frau und habe bereits Pläne und Vorstellungen, was ich im Leben möchte. Einerseits liebe ich den Jungen, der mir läufigen Hündin hinterherrennt, andererseits verstehe ich, daß ich nicht die richtige Freundin für die männlichen Phantasien bin, und das fängt schon mit meinem Körper an. Ich weiß das, bemühe mich aber krankhaft, es zu ignorieren. Vielleicht fügt sich ja doch noch alles.

Der Streit wegen seiner Verspätung war letztlich nicht schwerwiegend genug, als daß wir nicht doch noch auf die Schnelle gevögelt hätten, bevor meine Eltern wiederkamen. Vögeln war das Brot des Lebens.

Anfangs gefiel David mir gar nicht. Mir gefielen sein Wesen, seine Intelligenz und seine Frische, und ich empfand eine poetische Bewunderung für ihn, aber er war ja nur ein Junge. Und er widersprach jeder romantischen Vorstellung, die ich mir von einem zukünftigen Freund gemacht hatte. Er verzauberte mich ohne jeden Grund. Ich empfand nichts, und von einem Tag auf den anderen empfand ich etwas. Ich entwickelte Phantasien. Hatte plötzlich Lust, ihn auf die fleischigen Lippen zu küssen. Was es genau war, kann ich nicht sagen. Vielleicht die Art und Weise, wie er mir ein Gedicht vorlas, oder ein Satz, ein Wort, das er zu mir sagte. Vermutlich war es sein Idealismus. Es gab einen Augenblick, in dem er mich rührte und ich anfing, ihn zu mögen. Das ist alles, was ich weiß. Jetzt fehlt mir sein Mund, der saure Geruch seines Halses, seines Bauches, seines dunklen, heißen, von der Unterhose beengten Glieds, das ich in Aufruhr versetze.

Aber gerade ist David bei seinen Eltern in Arrentela, und Mama hat mich gebeten, die Quitten zu schälen. Sie hat mich gewarnt, daß man davon schwarze Finger bekommt. Mama vergißt immer, daß ich bereits 1976, als ich von Großmutter Josefa in Caldas zu meiner Cousine Fá zog, gelernt habe, wie man Marmelade macht. Sie vergißt, daß ich in den zehn Jahren, die wir getrennt waren, dem Leben ebenso getrotzt habe wie sie, daß ich, in der Ferne allein, zerbrochen bin und mich wieder zusammengeflickt habe.

Ich zog zu meiner Cousine Fá, weil die Alzheimererkrankung meiner Großmutter sich verschlimmerte und sie anfing, Geschichten zu erfinden, die meine Ehre als Jugendliche beschmutzten, und diese an Papa weitergab. Es waren ihre Einbildungen. Nach ihrer Version hatte ich ein schlimmes Benehmen. Ich rauchte und trieb mich mit Jungs herum.

Ich hatte Umgang mit Malu, der Nachbarin, die älter war und einen schlechten Ruf hatte, weil sie sich einem Freund hingegeben, ihre Jungfräulichkeit verloren hatte und dann schwanger geworden war, wie die Leute auf der Straße behaupteten. Der Betreffende hatte sie natürlich verlassen, nachdem er bekommen hatte, was er wollte, denn daß Malu nachgegeben hatte, bewies schließlich, daß sie zur Ehefrau und Mutter seiner Kinder nicht taugte. Eine ordentliche Frau hat taube Ohren, hält männliche Vorstöße aus und spart sich auf. Das war es, was man erwartete. Doch Malu hatte bereits Bücher gelesen und auch schon ein paar Ideen über die Emanzipation der Frau entwickelt, die sie verwirrt und getäuscht hatten, denn die Welt, in der sie lebte, blieb dunkel.

Sie war eine traurige Frau mit lebhaften braunen Augen, vollen Lippen und voluminösem, lockigem Haar, das sie schulterlang und nach außen gerollt trug. Sie war klein und ihr Hals eher kurz. Sie trug dunkle Rollkragenpullover, die ihr nicht standen. War die stille, bescheidene portugiesische Schönheit.

Ich kam unschuldig aus Afrika. Wußte nichts über ihre Vergangenheit oder ihren Ruf, weshalb sie auf mich zukam und mit mir spazierengehen und plaudern wollte. Die Klatschgeschichten kamen mir erst zu Ohren, als bekannt wurde, daß wir Freundinnen waren. Großmutter Josefa gab mir zu verstehen, daß Malu abgetrieben hatte, nachdem ihr Freund sie verlassen hatte. Eine Schande für sie und das Viertel.

Eines Sonntags, als wir allein bei ihr zu Hause waren und einen Film im Fernsehen sahen, in einem Apparat, den in unserer Straße nur sie besaß, weil ihr Vater mit Olivenöl handelte und vermögend war, kam Malu auf die Gerüchte zu sprechen. Es war ein kurzes, schmerzliches Gespräch. Sie sprach über die Bosheit der Leute, über das billige Interesse am Leben der anderen. Sie wußte, daß schlecht über sie geredet wurde. Die Abtreibung bestätigte sie nicht.

Sie war eine junge Frau, die andere Ansichten hatte, die benutzt und verstoßen worden war, die keiner mehr wollte und die deshalb bei ihren Eltern lebte, nicht viel gelernt und auch keinen Beruf hatte, zur Ehe erzogen, aber dafür bereits verdorben, obwohl sie sich jedem, der vorbeiging, am Fenster zeigte. Ihr Traum war es, wegzukommen aus dem Elternhaus, aus dem Viertel und von diesem schlechten Ruf und den Gerüchten, die sie verfolgten. Welche Zukunft hatte sie? Sie konnte den nächstbesten Nichtsnutz heiraten, der ihr den Hof machte und den ihre Eltern für gut befänden. Ausbeuter, Schwindler, Spitzbube, was machte das schon, Hauptsache, sie kam dadurch aus dem erdrückenden Umfeld dieser Straße weg. Was wird aus den Malus, die nicht mehr der Zeit ihrer Mütter angehören, aber in der Zeit der Töchter keinen Platz gefunden haben? Es hieß, für ein Mädchen wie mich sei sie nicht der richtige Umgang. War ein Mädchen wie ich das Ideal, das, was man von Malu erwartet hatte?

Als mich bei Großmutter Josefa eine mysteriöse Krankheit befiel und ich eine Woche lang nicht aufstehen konnte, waren meine Haare komplett verklebt. Es wurde kein Arzt gerufen. In Großmutters Haus konnte man keine Ärzte empfangen. Ich wurde krank und wieder gesund, weil der Körper über eigene Heilmittel verfügt. Ich weiß nicht mehr, was in diesen Tagen passiert ist, in denen ich schon irgendwie tot war und dann wieder auferstand, hungrig, durstig, verwahrlost, meine feinen Haare verklebt wie die öligen Fadenreste aus einer Textilwerkstatt.

Malu war es, die meine Haare einen ganzen Nachmittag lang entwirrte, mit Hingabe und Geduld, mit unglaublicher Sorgfalt und *Brylcreem,* damit der Kamm besser durchkam durch dieses Fadengestrüpp. Sie kümmerte sich wie eine Mutter um mich.

Papa hat Großmutter Josefas Geschichten nicht hingenommen. Er war gerecht. Er besorgte mir einen Transportschein zu meinem nächsten Aufenthaltsort: die Cousine Fá. Als ich von Caldas nach Alcobaça zog, kam ich zur Quittenzeit dort an.

Wie Malu kämmt meine Cousine Fá mir die Haare, am Samstagabend in ihrem Wohnzimmer, vor dem Ball, auf dem Mädchen meines Alters ihre Partner finden. »Deine Haare sind so fein und so glänzend!« ruft sie aus. Ich fühle mich geliebt, doch zu dem Zeitpunkt weiß ich bereits, daß ich kein Mädchen bin, das man liebt, sondern ein übergewichtiges Monstrum. Monat für Monat passen mir meine Klamotten nicht mehr, aber ich habe nicht das Geld, mir neue zu kaufen. Mein Körper wächst immer weiter. Die Brüste passen nicht mehr in den BH. Sie quellen hervor, am Busen und unter den Achseln. Sie sind schwer. Ich brauche einen neuen BH, kann mir aber keinen leisten. Die Hüften, der Hintern und die Schenkel werden breiter. Die zu kleinen Unterhosen drücken in der Leistengegend, hinterlassen tiefe violette Striemen. Mein Körper ist zügellos und wahnsinnig hungrig. Die Kleider, die ich aus Mosambik mitgebracht habe, sind zu klein oder ungeeignet für dieses Klima und diese Gesellschaft. Mich zu kleiden wird zu einem größeren Problem. Zum täglichen Drama. Wie das Fleisch verbergen, das überall aus mir hervorquillt? Wie meinen Körper verstecken?

Meine Cousine hingegen, die gerade zwanzig geworden und Mutter eines Babys ist, hat eine schmale Taille, zarte weiße Haut, rosige Wangen und tadellos gekämmte hellbraune Haare, die sie schulterlang trägt wie Malu, nur nach innen gerollt.

Auf dem Hof meiner Cousine Fá lerne ich erstmals grüne und violette Feigen kennen, Brombeerstauden voller Beeren, pralle Trauben, die von den Weinstöcken herabhängen, und überall Quitten, die an den Sträuchern wachsen, die die Grundstücksgrenzen markieren. Alles neu für mich. Das sind für mich exotische Früchte! Aber Quitten sind hier so alltäglich, daß sie kaum geschätzt werden. Sie sind gelb und hart, und roh kann man sie gar nicht essen, ohne einen pelzigen Mund zu bekommen. Als ich sie das erste Mal probiere, spucke ich das Fruchtfleisch sofort wieder aus. Die Quitten fallen also auf den Boden und verfaulen. Aber meine Cousine und ich sammeln sie am Spätnachmittag vom Weg auf und füllen sie in Blecheimer.

Mit Wasser und Zucker kochen wir bis tief in die Nacht Quittengelee ein, für die ganze Familie und die Nachbarschaft. Wir sitzen an dem Küchentisch mit der geblümten Wachstuchdecke und lauschen der romantischen Musik aus dem Radio, einer Sendung mit dem Titel *Wenn das Telefon klingelt.* Die Nachbarinnen kochen ebenfalls ihr Quittengelee ein, das sie wiederum uns schenken, es ist das reinste Marmeladenfestival, auf dem ausgiebig gekostet und dann die beste Marmelade des Jahres gekürt wird.

Während wir die Quitten schälen, sie mühsam zerkleinern und dabei ganz schwarze Hände bekommen (wovor Mama mich zehn Jahre später warnen wird), schweigen wir, um dem Song von Roberto Carlos zu lauschen, für den wir schwärmen: *Índia da pele morena, sua boca pequena eu quero beijar,* »dunkle Indianerin, deinen kleinen Mund will ich küssen.« Wir beeilen uns. Die geschälten Früchte werden schnell schwarz, wenn man sie nicht sofort in den Topf wirft und zum Kochen bringt. Wir lassen sie lange auf dem Herd, bis ein weicher brauner Brei entsteht, der immer dicker wird und träge Blasen wirft, die unsere Hände und Handgelenke bespritzen und die Haut verbrennen. Die Marmelade schmeckt nach dem Herbst, der bald kommt. Frisch eingemacht, läßt sich das Gelee wie Butter aufs Brot schmieren, doch wenn es ein paar Wochen gestanden hat, schneidet man es wie Käse in Scheiben, ißt es mit oder ohne Brot und kostet dabei seinen Geschmack mit geschlossenen Augen aus.

Meine Cousine Fá sagt ständig: »Hör auf zu essen, Luísa, du wirst nur dick.« Und ich höre auf, fange aber sofort heimlich wieder an. Das Quittengelee stillt den Hunger, der mich überkommt. Ich könnte auf einer Matratze aus Quittengelee schlafen, könnte mich in einen Marmeladenbrunnen versenken, bis das Leben wieder besser geworden ist und es sich lohnt, aus diesem unstillbaren Hunger erweckt zu werden.

Quitten sind unentdeckte Schätze. Sie sind überall zu finden, werden aber leider wenig beachtet. Sie einzukochen macht Arbeit. Und doch erkennen wir, wenn wir ihre süße Stimme vernehmen, wenn wir sie öffnen und zubereiten, daß ihr Schoß den Nektar, die Frucht Gottes, birgt.

Das Brot hält mich am Leben. Stillt meinen Hunger. Morgens gehe ich zur Schule und kaue alte Brötchen, belegt mit dicken Scheiben Quittengelee. Mein Körper braucht den kräftigen Geschmack dieser Frucht, der sich im Mund mit dem Teig mischt und dabei den Magen füllt. Mein Weg führt für eine lange Strecke über freies Feld. Dort wachsen Mohnblumen und Kräuter, die ich in dem Land, aus dem ich komme, nie gesehen habe. Unterwegs mache ich halt und betrachte im Frühling die bunte Wiese und im Winter die mit einer Eisschicht überzogenen Kräuter. Mit den Fingerspitzen wische ich den Rauhreif weg, der sich über Nacht auf den Blättern gebildet hat. Was für eine Eiseskälte! Wie übersteht die Natur nur so viel Rauheit?

Mittags meide ich den Speisesaal, aus dem ein Geruch nach richtigem Essen kommt. Ich kaufe mir in der Cafeteria Sandwiches mit Tomatenmarmelade, schlinge sie gierig hinunter und spare die restlichen Münzen für Briefmarken, damit ich meinen Eltern, Verwandten und Freunden schreiben und mich wieder mit dem Teil verbinden kann, den man mir amputiert hat.

Ich behaupte, mein Hunger aus dieser Zeit ist meinem Magen entsprungen, meiner Mitte, aber wo er genau herkam, werde ich wohl nie erfahren. Ich habe ihn weggedrückt und mit Füßen getreten. Er war ein Schmerz, der nicht tötete, ähnlich der Sehnsucht nach einem lieben Menschen, der gestorben ist. Hastig schluckte ich das Essen hinunter, ohne es zu kauen. Spürte kurz seinen köstlichen Geschmack, und der Brocken fiel hinab in meinen Magen und füllte ihn wie einen Kartoffelsack, Stück für Stück. Ist das Hungermonster gesättigt, ist es ein großartiger Freund. Und ich fuhle mich getröstet. Ist es hungrig, bohrt es seinen Stachel in meinen Magen, damit ich es nicht vergesse. Und ich vergesse es nicht. Beruhige dich, Hunger, hier hast du deinen Tribut! Brot mit Marmelade. Brot mit Butter. Brot mit Chorizo. Lieber hätte ich Hunger in der Lunge verspürt, denn den hätte ich mit tiefem Luftholen stillen können, oder Hunger im Herzen, dann wäre ich losgerannt und hätte meinen Puls beschleunigt. Doch mir fiel dieses vielköpfige Hungermonster in meinem Magen zu, mit einer Verbindung zum Hirn. Es ist, als wüchsen im dunklen, feuchten Innenraum meines Körpers Pilze. Hungersporen, ausgesät bei meiner Geburt. Wäre ich gleich das geworden, was ich werden sollte, hätte ich Frieden geschlossen mit dem Monster und mit ihm geschlafen wie mit einem Hund. Ich grüble. Käue wieder. Verfluche. Ich bin noch nicht das, was ich werden soll. Aber was ist es, das mich erwartet?

An den Sonntagnachmittagen in den 80er Jahren, an denen Mama und ich Marmelade einkochten und Mama mir Geschichten erzählte, sprach ich nicht über die Zeit, in der wir getrennt waren und ich unter der Obhut von Großmutter Josefa, Cousine Fá und den anderen Familienmitgliedern stand. Ich erzählte ihr von den Mohnfeldern und den Quitten, aber mehr nicht. Mama war weit weg gewesen, und über das Marmeladeeinkochen hatte ich schon fast alles gelernt, was es zu lernen gab.

Mama und ich beenden unsere Küchentätigkeiten am Spätnachmittag. Wir füllen die Marmelade in die Gläschen, wo sie den Herbst über bleiben und trocknen werden, um dann gegessen und an Freunde und Nachbarn verteilt zu werden. Papa kommt zurück von draußen, er probiert, und sie schmeckt ihm. Sie schmeckt ihm immer. Er lobt uns. Wir sind das Beste, was er hat. Wir sind seine Tätowierung.

Er bringt eineinhalb Hähnchen mit Chilisauce mit. »Das nennen die ›Hähnchen *cafreal*‹, als würden die wissen, was ein echtes Hähnchen *cafreal* ist«, spottet er.

Er hat im Grillrestaurant von Senhor António vorbeigeschaut, wo er dann etwa eine Stunde lang gesessen, mit irgendwelchen Frauengeschichten angegeben, die Regierung kritisiert und den Verräter Mário Soares in die Mangel genommen hat: Dort kommt alles auf den Tisch; es wird getratscht und gelacht, darin ist er Meister, und bei der Gelegenheit hat er gleich Huhn zum Abendessen mitgebracht. Dann lief er die Barrocas hoch, die Plastiktüte mit den heißen, in Packpapier eingewickelten Hähnchen in der Hand, und sie verströmten den Duft nach der streng geheimen Sauce von Senhor António.

»Ich hab vielleicht einen Kohldampf«, sagt er, als er ankommt. Mama und ich lachen, glücklich, daß er bei uns ist und in Vorfreude auf ein Abendessen ohne Arbeit. Wir dekken den Tisch. Machen schnell eine Schüssel Eisbergsalat mit Tomate und Gurke und frittieren ein paar Pommes. Und dann gibt es das Hähnchen *cafreal*.

In diesem Augenblick habe ich vergessen, daß ich meine Eltern hasse, sie gar nicht zurückhaben will, daß sie besser in Mosambik geblieben wären und mich allein und selbständig hätten groß werden lassen, es weht der unhörbare Wind der Familienharmonie, des Zuhauses im Zuhause. Drillinge aus einer Plazenta. Drei in einem einzigen Körper.

Wir setzen uns an den Küchentisch, weil das Eßzimmer nur an Feiertagen und bei Besuch genutzt wird. Ich beginne zivilisiert mit meinem Besteck zu essen, aber Papa sagt: »Mit Messer und Gabel haut das nicht hin. Ein Hähnchen *cafreal* ißt man mit den Fingern. Das geht nicht anders.«

Und dann nehme ich das Hähnchen in die Hand, wie immer, so habe ich es an dem Ort gelernt, von dem ich komme, wo mir die Brise der Hoffnung eine zukünftige Landschaft eröffnete, die mit den Augen nicht zu erfassen ist, einen endlosen Horizont wie in Argentinien, wo ich zwar nie war, wo man aber angeblich verrückt wird von dieser ganzen Weite. Ich werde nicht verrückt. Menschen wie ich leisten sich einen solchen Luxus nicht.

Wir essen das scharfe Hähnchen. Stillen unseren Appetit und unterhalten uns angeregt über meine Neueinschreibung an der Uni, über meine Arbeitschancen, die Ferien, die Notwendigkeit abzunehmen, während wir es genießen, den Bauch bis zum Platzen zu füllen.

In der Oberschule, wohin ich 1978, als meine Cousine Fá mich satthatte, als Internatsschülerin verfrachtet wurde, war das allgemeine Lieblingsgericht ebenfalls Brathähnchen, aber ohne Piri-Piri. Es war das typische Sonntagsessen. Brathähnchen mit Pommes frites oder Kartoffelpüree, dazu Eisbergsalat mit Tomate.

Mizé tat kund, daß sie, falls es Püree geben sollte, dieses an die Wand klatschen wolle, und es würde garantiert beim ersten Mal kleben bleiben und nicht runterfallen. Sie beschweren sich darüber, daß das Püree der reinste Kitt ist.

Alle Mädchen im Kolleg beschweren sich über das Essen. Ich habe keine Klagen. Ich habe Hunger. Mir schmeckt alles.

Um zehn Uhr morgens, beim Gottesdienst, wissen wir alle, daß es beim Mittagessen einen Skandal geben wird, und die Stimmung ist aufgeheizt. Mizé, deren Aufmüpfigkeit die Tischvorsteherin nicht kontrollieren kann, will den Lehm an die Wand werfen.

Ich verstehe meine Mitschülerinnen nicht. Dieser Vandalismus, zu dem sie neigen, und diese Mißachtung von allem, was es wert ist, geachtet zu werden. Handlungen und Gegenstände verfügen über einen Wert und eine Würde. Warum lesen sie kein Buch, schreiben sie keine Briefe, machen sie keine Hausaufgaben, geben sie nicht Englisch-Nachhilfe wie ich für Teresa, der ich echte Hiebe mit dem Lineal verpasse und die danach von zwei auf fünf Punkte kam?! Tony kommt nicht von ihren drei Punkten runter, und selbst die schafft sie nur knapp, aber Tony bekommt nie Schläge mit dem Lineal, weil sie kein so sanftes und bescheidenes Mädchen ist wie Teresinha, die sich im Umkleidesaal bedingungslos unter mein Zepter begibt. Würde ich Tony schlagen, käme sie vielleicht runter von ihrem hohen Roß.

»*To be, has ... Has* und weiter, Maria Teresa? Wie oft haben wir das schon durchgespielt? Und das *to do? To do, did* ... Los, sag schon! Und *to drink?* Für jede falsche Verbform gibt es eins mit dem Lineal.« So übe ich mich in meinem zukünftigen Beruf.

Wir stellen uns in die Mittagessensschlange, und um uns herum herrscht ein nervöses Getuschel, das die Präfektinnen nicht verstehen und harsch tadeln. Wir hätten ständig den Teufel im Leib, behaupten sie, uns zu betreuen sei ein Kreuz. Diese Kritik betrifft nicht mich. Mein Teufel ist kontrolliert, mit Ausnahme des Hungerteufels. Ich kann zuhören und schweigen, als wäre ich in der Rekrutenausbildung. Ich bin hier nur vorübergehend, weil ich weiterkommen will, bin aus Stahl, und niemand verbiegt mich. Insgeheim bin ich immer ich und das, was sich in mir formt und aufrichtet.

Wir gehen weiter an den Tisch und warten begierig darauf, daß die Suppe serviert und die Teller wieder abgeräumt werden, daß die Küchenangestellten in ihren weißen Schürzen kommen und die großen Tabletts mit dem Püree hereinbringen und die Metallöffel, mit denen sie es abkratzen und auf unsere Teller packen, als würden sie Zement an eine zu verputzende Wand klatschen. Mizé hat schon irgendwie recht.

Danach kommen die Tabletts mit den Hähnchen. »Los geht's, Mädchen, Brust oder Keule?« – »Gerne Keule, bitte.«

Wir sind fünfundsiebzig Mädchen und wollen fünfundsiebzig gegrillte Hühnerkeulen. Eine ganze Hühnerkeulenplantage mit reichlich Sauce drauf, keine trockenen Brüste und auch keine Flügel oder Hälse mit ein paar Knochen dran, die sollen für die übrigbleiben, die noch einen Nachschlag brauchen. Mir ist alles recht, was auf den Löffel kommt, mir ist es völlig egal, und die Angestellten wissen das. Brust, Hals, Rippen, Flügel. Ich bin eine gute Esserin, beschwere mich nicht. Ich bin ein Vorbild für die Mädchen aus dem Kolleg.

Für Tony immer nur die Keulen, die sie aber trotzdem haßt, weil sie den Verlust ihrer Krone nur schwer verwinden kann. In Mussulo gab es gegrillte Languste, erinnert sie sich gern und schneidet Grimassen zu dem Essen, das man ihr auf den Teller gibt.

Ich wohne dem Schauspiel beim Mittag- und Abendessen bei und stelle Vermutungen über die Paläste an, in denen diese Leute aufgewachsen sind. Wirklich feine Damen sind das! Wenn das die Kinder meiner Mutter wären ... Genau das fehlt ihnen: daß sie Kinder meiner Mutter sind, dann würden sie nämlich eine Ahnung davon bekommen, was Überleben bedeutet!

»Das Essen ist der letzte Dreck, oder?« macht Tony sich Luft.

»Ja.« Ich wechsle das Thema. Mir doch egal, was die über das Essen denken. Ich will essen.

Im Speisesaal tauchen wieder die Küchenangestellten auf, diesmal mit den Salattabletts. »Jetzt gibt es noch ein paar Blättchen.« Niemand mag das Grünzeug. Mir schmeckt alles gut. Eisbergsalat, Tomate, Gurke, Zwiebel. Her damit.

Mizé hat es noch nicht gewagt, aber es dauert bestimmt nicht mehr lang. Das Ereignis bahnt sich an. Man hört Gelächter im Saal. Die Mädchen sind rebellisch.

Und die Angestellten kommen wieder, kommen mit den Tabletts mit dem Nachschlag aus der Küche, Hühnerbeine gibt es natürlich nicht mehr, und es folgen klangvolle Beschwerden, Unflätigkeiten seitens der Mädchen, Geduld seitens der Angestellten. Püree ist jede Menge übriggeblieben, so soll es sein. Und dann bricht in der entlegensten Ecke des Saals ein großes Gelächter aus. Mizé macht, was sie versprochen hat. Die Mädchen von meinem Tisch und auch alle anderen stehen auf und rennen dorthin, um das Spektakel mitzubekommen. Nur die Tischvorsteherinnen bleiben auf ihrem Posten, ihr Pflichtgefühl hält sie zurück. Einige können nicht widerstehen und verfolgen die Szene, recken den Hals, spähen, so gut sie können, in diese Richtung, ich jedoch huldige keinen ungezogenen Mädchen, die Essen an die Wand klatschen.

Die diensthabende Präfektin ruft die Frau Direktorin, während der Lärm zunimmt und die Angestellten kein Essen mehr ausgeben. Die Direktorin unterbricht ihr Mittagessen, das im Prinzip das gleiche ist wie unseres, verläßt ihre Gemächer und kommt in den Raum gestürzt; groß, aufrecht und streng durchquert sie männlichen Schrittes die Küche. Stille. Wenn die Direktorin auftaucht, wird es still. Ihr Ton ist sehr ernst. Sie schimpft vor allem mit Mizé, drückt sich sehr deutlich aus, doch ihre Botschaft gilt allen.

»Ihr solltet euch schämen. Während ihr das ablehnt, was man euch auf den Teller legt, verhungern viele andere Menschen«, erklärt sie.

Sie beordert Mizé und ihre Tischvorsteherin zu sich ins Büro, nach dem Mittagessen. Es wird eine Strafe geben. Sie werden den ganzen Tag, sofern sie nicht im Unterricht oder im Studierzimmer sind, in dem leeren, dunklen Bestrafungssaal zubringen müssen, der nur einen Tisch und einen Stuhl enthält. Was für dumme Mädchen! Lohnt sich ein solcher Scherz? Macht es ihnen nichts aus, wenn sie ihren Eltern so viel Kummer bereiten? Ich könnte diese ganze Enttäuschung, die man mir entgegenbringen würde, nicht ertragen. Welcher vernünftige Mensch läßt sich freiwillig bestrafen, nur um witzig zu sein und drei Minuten billigen Ruhm zu genießen?

Ich lausche ungerührt dem Tadel der Frau Direktorin. Ich bin immer brav. Makellose Schürze. Gewaschen und gekämmt. Ich sitze an meinem Tisch, wie es sich gehört. Bin fleißig. Arbeitsam. Nichts zu beanstanden. Ich will niemandes Aufmerksamkeit erregen.

Laßt mich doch einfach in Ruhe essen. Das Püree ist köstlich. Und ich finde, mit Essen spielt man nicht. Man ist auch nicht ungezogen. Und widerspricht nicht den Erwachsenen. Sagt bitte und danke. Wer ein bißchen Verstand hat, lernt in schwierigen Jahren zu überleben, leistet in stiller Resignation Widerstand, falls es nicht anders geht. Man stimmt zu. Tut so, als würde man es nicht kapieren. Macht sich unsichtbar. Und dann schaut man, was kommt. Ich beobachte die Mädchen von meinem Thron aus. Meine Augen lassen das nicht erkennen, glaube ich. Wirke ich gefügig?! Diese dummen Gänse wären im Krieg die ersten Opfer.

David und ich fangen genau sechs Monate nach der Atomkatastrophe von Tschernobyl an der Uni an, doch seitdem ist er verändert. War es die Philosophie oder die radioaktive Wolke, die sich auf die Sensibilität des Dichters und Einzelkinds auswirkte? Seitdem ist er ständig in der Krise wegen uns. Er mag mich, aber er zeigt mir mit allem, was er sagt, daß ich ihm nicht genehm bin. Ich bin nervig. Fordernd. Anspruchsvoll. Ich will eine Liebe mit fester Anschrift, Gewißheiten und Antworten. Die kann er mir nicht geben. Er verheimlicht mir nicht, daß er von anderen sinnlichen Erfahrungen träumt, von Interrail, von Freundinnen hier und da. Von mehr Abenteuern, mehr Leben. Es ist ihm zuwenig, daß ich die erste und einzige Frau in seinem Leben bin. Soll man sich etwa mit achtzehn schon festlegen?

Er schloß mit den Kommilitonen eine Wette um Geld ab: daß er eine Erstsemesterin, die die anderen hübsch fanden, erobern würde. Gegen ihn spricht die körperliche und emotionale Unsicherheit; er wäre gern größer und stärker; die Haare fallen ihm schon aus; und in seinem Innern hallen die männlichen Ratschläge des vergötterten Vaters zu Anstand, Ehre, Stärke, Gehorsam und Strenge wider. Die richtige Anleitung für jemanden, der sich nach oben kämpfen und ohne größeres Risiko dort verbleiben will. Die Verantwortung wiegt schwer. Wird sein Vater es gutheißen? Für ihn spricht, daß er den Ruf genießt, der Beste zu sein, und die weiblichen Erstsemester schätzen diese kleinen Machtpositionen.

Wäre er nicht mein Freund, käme mir alles ganz normal vor. Da er es jedoch ist, gefällt mir dieser polygame Freiheitsdrang nicht, und ich rede nicht über das, was mir Leid zufügt. Ich halte es aus und versuche mich nicht zu verlieren in diesem emotionalen Chaos, in dem wir stecken.

Eines Nachmittags, als wir gerade von der Uni zurückkommen und am Cais do Sodré an der noch geschlossenen Schranke zu den Fähren stehen, frage ich ihn: »Hast du dir schon mal vorgestellt, wie unser Leben in zehn Jahren aussieht?« Er dreht sich genervt zu mir um und antwortet äußerst heftig.

»Das ist doch jetzt völlig unwichtig! Was soll denn der Quatsch? So ein unnützer Gedanke!«

Ich schweige. Was habe ich Schlimmes gesagt?

Es wurde ein äußerst spannungsgeladener Spätnachmittag.

In Caçilhas, im Bus, in dem wir einen Teil der Strecke gemeinsam fahren, bittet er mich, ihn nicht mehr zu besuchen. Ich frage, weshalb, doch er antwortet ausweichend.

»Sind es deine Eltern? Lassen sie dich nicht in Ruhe wegen mir? Dann komm ich eben nicht, wenn sie da sind, und gut ist's.«

»Das ist es nicht«, sagt er.

»Ich komme nur, wenn sie weg sind, wenn ich zufällig in der Nähe bin, wenn es paßt und ich gerade einen dieser plötzlichen Anfälle habe, daß ich dich umarmen muß«, argumentiere ich und versuche es auf scherzhafte Art.

»Nein. Es hat nichts mit ihnen zu tun. Hab ich doch schon gesagt.«

»Dann sind es deine Freunde?« Er antwortet mir nicht.

»Was haben sie für ein Problem?«

»Sie reden so viel. Reden ständig«, erklärt er.

»Über mich etwa? Weil ich älter bin?«

»Sie lästern. Verarschen mich.«

»Okay, aber weil du eine Freundin hast? Weil eine Frau dich zu Hause besucht? Verarschung unter Jungs? Diese Gespräche, um zu klären, wer der Männlichste ist?«

Ich insistiere. Er wehrt sich. Ich ahne die Antwort bereits. Ich fürchte, daß er sie ausspricht, verletze ihn aber weiter, indem ich ihm seine Grausamkeit aufzeige.

»Aber warum verarschen sie dich, David? Es sind deine Nachbarn. Sie sind mit dir zur Schule gegangen, sind deine Freunde. Ist irgendwas falsch an mir, das deinen Ruf und dein Image beschädigt? Ist es, weil ich kein Punk bin? Weil ich keine abgewetzten Jeans trage? Keine Joints rauche? Beim *Avante!*-Festival nicht mit euch übernachte? Bei euren Saufereien nicht mitmache? Wenn ich euch auf der Treppe zu deinem Haus treffe, sage ich dann was, was ich nicht sagen sollte? Lächle ich zuviel? Meinen sie, ich mache mich wichtig, weil ich schon Lehrerin bin? Sag endlich!«

»Das ist es auch nicht. Vergiß es!«

Ich mache unbarmherzig weiter. Ich weiß, was ich hören werde, mache aber weiter. »Dann sehen sie in mir vielleicht auch nur die Kommilitonin, die das verkörpert, was sie jetzt von dir denken: Daß du dich gern mit intellektuellen Leuten einläßt, die anders sind als die Leute aus dem Viertel? Wäre es ihnen lieber, du wärst mit einem Mädchen aus der Gruppe zusammen, das die Ausbildung bereits abgeschlossen und einen Job im Café gefunden hat und genügend verdient für Zigaretten und Kneipe? Bin ich die, die den Beweis für ihre Theorie erbringt, daß du jetzt, wo du Bücher magst und zur Uni gehst, was Besseres bist? Denken sie das, daß du jetzt was Besseres bist?«

»Nein, ich will einfach nicht, daß du mich besuchen kommst. Reicht es nicht, wenn ich dich darum bitte?! Komm nicht! Wir treffen uns außerhalb meiner Wohnung. Wo ist das Problem? Hör auf mit diesem Verhör! Der Grund spielt keine Rolle. Schluß jetzt!«

»Er spielt eine Rolle. Ich verstehe nicht, was das Problem ist. Sag mir die Wahrheit, und ich laß dich in Ruhe. Laß dich gehen. Sag schon!« Ich mache eine Pause. Sehe ihn an. Er ist immer noch stumm und verstockt. Es folgt ein langes Schweigen. Er traut sich nicht. Weiß, er sollte es nicht sagen, sollte es nicht fühlen, aber die Versuchung ist da, bleibt bestehen. Er weiß es, windet sich, aber traut sich nicht.

»Sag schon, David. Sag die Wahrheit. Sie verarschen dich, weil du dir eine Dicke genommen hast, stimmt's?! Das ist es. Weil ich dick bin. Weil ich nicht bin wie die Mädchen, auf die alle stehen und über die sie reden, denen sie nachpfeifen und die sie anmachen. Die normalen. Sie verarschen dich, weil ich dick bin!« Ich fürchte mich davor, es zu hören, aber ich will die Bestätigung. Ich will ihn an seinen Gefühlen, Ängsten und Unsicherheiten packen.

Er atmet heftig. Fährt sich mit der Hand über die Stirn.

»Sie sagen, ich hätte mir ein Schwergewicht genommen«, ruft er aus.

Endlich die richtige Antwort. Die erwartete. Die Ablehnung, die von hinten kommt und die ich gut kenne.

»Schwergewicht. Eine gute Metapher!« Ich schweige kurz, gehe aber gleich wieder zum Angriff über. »Und dich, wie nennen sie dich? Leichtgewicht oder Mittelgewicht?«

Er antwortet nicht. Schaut zum Fenster hinaus.

»Und stört dich mein Gewicht?« frage ich ihn verärgert.

»Nein. Aber sie verarschen mich. Komm nie mehr zu mir.«

»Mach dir keine Sorgen. Ich komm nicht mehr. Ich komm nie mehr zu dir nach Hause.«

Ich steige an meiner Haltestelle aus. Gehe die Straße zu meinem Haus hoch, unfähig, die Tränen zurückzuhalten. Ich weiß, ich werde dieses Gespräch nie wieder vergessen können. Unsere Beziehung hielt noch bis Ende 1988, doch das war unser Todestag.

Papa ist ebenfalls kurz vor einer fatalen und weitreichenden historischen Katastrophe gestorben, wenngleich auf einem anderen Kontinent: dem Einsturz der Zwillingstürme. Seit er gestorben ist, haben Mama und ich ein ruhigeres Leben. Die Menschen sterben, und wir werden freier und somit auch glücklicher. Wir vermissen sie zwar, sind aber nicht mehr dieser Folter der Zwangsliebe ausgesetzt. Der Tod ist ein großer Segen. Eigentlich müßten wir bei Beerdigungen ein Fest veranstalten, mit Musik, Tanz, reichlich Essen und Trinken.

»Wie es die Neger machen.« Das ist Papas Stimme. »Die Feste der Neger, alle weiß gekleidet; wie soll man diese Kultur nur verstehen?!«

Seit Papa gestorben ist, haben wir den Sinn für das Kulinarische verloren. Wir sind älter geworden. Machen nur noch das Nötigste. Keine Gelees oder Kompotts mehr und auch keine aufwendigen Gerichte. Am Sonntag gehen wir essen. Zum *Barbas* oder zum *Carolina do Aires* an der Costa da Caparica, wo die Leute, die mitten im Leben stehen, zu laut reden.

Während wir den Fischeintopf essen, sagt Mama: »Iß nicht so viele Kartoffeln. Du siehst schon fast aus wie Natália Correia.«

»Sag nicht so was! Warum sagst du immer das, was mir am meisten wehtut?!«

»Schau dir doch dein Doppelkinn an. Die Backen fallen dir schon runter. Und dein Bauch erst. Ich möchte nicht, daß du endest wie dein Vater. Das Fett entstellt dich.« Sie sagt das alles mit einem weisen Lächeln in ihrem ernsten Gesicht, ohne böse Absicht.

»Mann, Mama, das ist doch auch das Alter! Und mir geht's nicht gut. Ich bin müde. Habe Kopfschmerzen ...«

»Du bist zu dick.«

»Ich habe Schmerzen über den Augen, in der Stirn ...« beklage ich mich.

»Nimm ab! Du gibst Geld für den Ernährungsberater aus, und ich weiß gar nicht, wofür!«

»Ich schlafe zuwenig. Habe keine Energie. Bin dauernd nur müde. Ich weiß nicht, was mit mir los ist«, behaupte ich.

»Natürlich bist du müde, so dick wie du bist! Beweg dich. Je dicker du wirst, um so weniger bewegst du dich.«

»Ich glaube, ich muß zu einem anderen Arzt.«

»Das ist eine gute Idee, vielleicht geben sie dir ja was, was dein Fett verbrennt. Es gibt da inzwischen so Tabletten zum Fettverbrennen ...«

Wir essen zu Ende und fahren nach Hause zurück. Ich bereite meine Stunden und die Kleiderkombinationen für die Woche vor. Die Hosen vom letzten Jahr passen mir schon nicht mehr. Ich setze mich aufs Bett, die Kleidungsstücke in der Hand, und die Realität holt mich ein. Mein Körper ist außer Kontrolle geraten. Was ist passiert? Wie konnte ich nur zulassen, daß es soweit kommt? Was habe ich aus meinem Leben gemacht? Wenn ich nicht aufpasse, ende ich wie Papa! Wieder das Gespenst des Schlaganfalls, das mich wie ein Stachel piekt. Oder hat Mamas Stimme gesiegt? Ich klopfe mir auf die Schenkel, auf den Bauch. Schon lange denke ich über eine Operation nach, bei der ein Teil des Magens weggeschnitten wird. Aber bisher habe ich immer gezögert. Eine Magenverkleinerung ist eine große OP. Ich zögere. Aber ich bin erschöpft, ausgelaugt, und ich will mich ohne zu überlegen, ohne Angst in die Sache stürzen. Es reicht. In dieser schlaflosen Nacht beschließe ich: »Ich gehe da hin und denke nicht mehr drüber nach. Jetzt wirst du sehen, wer das Sagen hat, Maria Luísa«. Das befehle ich mir selbst. »Das hört jetzt auf«, erkläre ich.

Am nächsten Morgen informiere ich Mama darüber, daß ich zum Arzt gehe, um dünner zu werden.

»Zu welchem Arzt? Zu noch einem, der dir eine Diät verschreibt, die du dann nicht einhältst?«

»Nein. Ich gehe zum Chirurgen, der mir meinen Magen für immer verkleinern wird. Das ist eine OP, die man jetzt macht, und die Leute nehmen zwangsläufig ab. Danach kann man nicht mehr so essen wie vorher.«

»Luísa, das wäre deine Rettung!« ruft sie aus.

Am darauffolgenden Freitag ging ich am Spätnachmittag nach dem Unterricht dorthin. Ich ertrug meinen Körper nicht länger, denn wie die Leute, denen ich begegnete, hatte auch ich gelernt, ihn als ungewöhnlich, als exzessiv abzulehnen.

»Na, dann wollen wir mal! Was kann ich für Sie tun?« Der Chirurg war ein großer, gutaussehender und strahlender Mann mit graumeliertem Haar. Was für ein schöner Mann! Immer dieser Hype um körperliche Schönheit, um diese stupide Schönheit fürs Auge, die gleichzeitig trügerisch und vergänglich ist.

»Herr Doktor, ich habe mir gedacht, Sie könnten mir vielleicht helfen, indem Sie einen Teil meines Magens wegschneiden mit Ihrer speziellen Technik, denn ich habe gehört, daß ich dann nie wieder Brot essen kann. Wenn ich die entsprechenden Betäubungsmittel hätte, die Technik und die Instrumente, würde ich das Ganze ja selber machen, zu Hause vor dem Spiegel, aber wir leben ja nicht mehr im 19. Jahrhundert.« Er lachte. Amüsierte sich. Meinen Humor verliere ich nie.

»Aber da kann natürlich auch was schiefgehen, und ich

bin ja hier, weil ich leben will«, fuhr ich fort. »Ich kann mich kaum noch bücken, um dem Hund sein Fressen hinzustellen oder eine Büroklammer aufzuheben, und die Treppen komme ich auch kaum noch hoch. Im Aufzug sehe ich mich im Spiegel, dem einzigen Spiegel, dem ich nicht entgehen kann, und ich erkenne mich nicht wieder. Aus dieser Unbekannten, deren Gesicht ich nur erahne und die Sie hier vor sich haben, aus dieser schier undurchdringlichen Masse will ich neu hervorgehen.«

Er verstand. Kannte das. Hatte derlei Reden schon tausendmal und in tausenderlei Varianten gehört.

»Alle sagen mir, ich soll einfach meinen Mund verschließen. Alle sagen mir, das sei einfach. Aber das ist es nicht. Ich schaffe es nicht. Ich habe Hunger auf Brot. Ich muß meinen Magen unaufhörlich füllen, um Ruhe zu haben, um schlafen und arbeiten zu können. Ich muß meine Butterbrötchen schmecken, muß sie auf der Zunge spüren, sie gegen den Gaumen drücken, sie schlucken und fühlen, wie sie die Kehle passieren, ich muß spüren, wie sie im Magen ankommen und dieses dunkle Hungerbiest beruhigen, das dort haust. Der Geruch von frischen Brötchen, ihr weiches Inneres, ihre knusprige Kruste, das Knacken, wenn ich sie mit der Hand aufbreche, was für ein Genuß, Herr Doktor! Brot ist Fleisch und Kunst. Mehl, Hefe, Salz, Wasser, und dann das Backen. Ohne Brot beißt mich mein schwarzes Biest, Herr Doktor, und die Leere tut mir weh. Und da ich nicht ohne Brot auskommen kann, dachte ich mir, Sie könnten mir vielleicht helfen, dieses Biest zu amputieren.«

Das konnte der Herr Doktor, doch die Lust auf Brot würde bleiben. Nur daß ich, selbst wenn ich mich weiter damit berauschen wollte, das einfach nicht mehr könnte. Wie wenn man mir die Venen herausschneiden würde. Er erklärte mir das Verfahren. Zeichnete eine Bohne auf ein weißes Blatt Papier. Das war mein Magen. »An diesen beiden Stellen schneide ich. Dadurch entsteht die Form eines Rohrs, sehen Sie?!« Er kritzelte etwas auf das Blatt und lächelte still vor sich hin. »Dann paßt hier nichts mehr rein, verstehen Sie? Und Sie können auch nicht mehr dasselbe essen, ist Ihnen das klar? Sie werden nie wieder dieselben Eßgewohnheiten haben. Ich wiederhole, nie wieder werden Sie auf diese Art essen können. Niemals! Es gibt kein Zurück. Ihr Leben verändert sich für immer.«

Er machte eine dramatische Pause und sah mich an. Er hatte mich nicht verschreckt. Ich wollte mein Leben für immer verändern.

Dann fuhr er fort. »Vergessen Sie die Lust am Essen. Das sind die Konsequenzen.« Er erklärte mir alles ausführlich, aber ich hörte kaum zu. Wollte einfach nur, daß er mich amputierte. »Sie müssen sich wirklich bewußtmachen, was ich Ihnen gerade sage. Die Erfolgsrate dieser OP ist hoch. Wollen Sie wirklich einen Termin vereinbaren?«

Ich faßte die für mich interessanten Teile seines Vortrags zusammen. »Also, Herr Doktor, Sie schneiden mir diese ganze Kurve da ab und verwandeln meinen Magen in einen Fortsatz der Speiseröhre. Und dann nähen Sie den Schnitt gut zu, richtig fest, damit er nicht wieder aufgeht. Auf diese Weise gelangt die Suppe – denn um Suppe geht es doch, oder? – tröpfchenweise in meinen Magen und von dort in den Darm, und ich sage ihr ciao und habe nicht mehr diese schädlichen, entstellenden Auswirkungen. Ohne Brot werde ich zum Vogel, schlage mit den Flügeln, steige auf in die Lüfte und fliege davon. Oder täusche ich mich etwa? So ist es doch, oder?«

»Symbolisch gesprochen, ja«, antwortete der Arzt lächelnd. Er war es gewohnt, sich alle möglichen Träume und Erwartungen anzuhören.

»Dann machen wir das. Auf zum letzten Schnitt. Mehr brauchen Sie mir nicht zu erklären. Ja, ich will eine Woche lang nichts essen und mich dann einen Monat lang nur von Wasser, Tee, Milch, Brühe und Joghurt ernähren und mein ganzes restliches Leben von Suppe, wie Sie gesagt haben, wenn es denn sein muß.«

Ich habe meinen Ungehorsam satt. Ich plane die Verstümmelung und spiele mit meiner Zukunft. Ich mache die Operation, und dann sehen wir weiter. Ich lege mit ihm den Tag fest, sage bei der Arbeit Bescheid und gehe am Vorabend des vereinbarten Tages, schon ziemlich spät, ins Krankenhaus.

Mein Körper hatte nicht erwartet, daß ich den Mut dazu aufbringen würde. Gleich am Morgen wurde ich überrumpelt. Sie brachten mich in die chirurgische Abteilung und los ging's.

Als ich aufwachte, legte ich meine rechte Hand auf die Stelle, wo früher die Bohne war, und das, was davon übrig war, schmerzte. Ich spürte das offene Loch des Fehlenden. Die Leere. Jetzt sah ich es. Die Leere. Ich würde es nicht mehr verstecken können, weder vor mir noch vor anderen. Ein riesiges tiefes Loch mitten in meinem Körper, mitten in mir. Ein paar Stunden lang erstickte ich fast an meinem Speichel und Blut. Ich rang nach Luft. Wollte atmen. »Was habe ich mir schon wieder angetan?« Es gab nur mich und meinen Körper, als wäre ich gerade erst zur Welt gekommen, aber mit Bewußtsein. Nur wir beide, in unserem Kampf. Ich wollte die verbotene Zärtlichkeit meiner Mutter, die zu Hause auf Nachricht wartete und der Meinung war, die Amputation sei das Beste, weil ich »meinen Körper auf brutale Art kontrollieren mußte«, wenn ich es auf die sanfte schon nicht geschafft hatte. Um nicht zu enden wie Papa. Ich wollte Mama bei mir haben. Es ging mir nicht um Zärtlichkeiten. Ich wollte ihre Stimme. Den festen Pfeiler. Das Dach, das mich schützt. Das Primäre. Den Felsen und den Grund, Mama eben.

Irgend jemand teilte ihr mit, daß alles gut verlaufen sei. Ich war großzügig beschnitten worden und immer noch blutbefleckt, doch ich atmete, und die einzige Gewißheit, die ich hatte, war: »Ich sage, wo es langgeht!« Und mein Körper fiepte leise. Ganz vorsichtig. War in sich zusammengefallen. Ich sagte zu ihm: »Du hast mich unterschätzt. Hast die Frau, mit der du dich angelegt hast, also doch nicht so gut gekannt.«

Als ich dann auf Station war, bekam die Patientin im Bett neben mir Besuch und aß zu Mittag, aß ihre Zwischenmahlzeit, ihr Abendessen, jeden Tag. Ich drehte den Kopf zur Seite und schlürfte zwanzig Milliliter Wasser, während mein Körper verzweifelte vor Hunger. Ich hatte Mitleid mit ihm, konnte aber nichts für ihn tun. Ich konnte ihn nicht mehr retten. »Akzeptiere dein Schicksal«, sagte ich zu ihm. »Du mußt dich damit abfinden. So, wie du es gern hättest, geht es nicht.« Er stöhnte vor Schmerzen, und seine Schmerzen waren auch meine.

Am fünften Tag wurde ich entlassen und kam mit meinem Restkörper und fünf Löchern im Bauch nach Hause. Durch eines davon war mein Magen herausgekommen. Weil ich es so eilig gehabt hatte, ihn loszuwerden, hatte ich mich in diese Sache hineinbegeben, ohne zu fragen, wie das amputierte Fleisch eigentlich herausgeholt wurde.

Als ich zu Hause ankam und Monate später endlich wieder bei Kräften war, wollte ich einen Tagebucheintrag über die Grausamkeit der OP machen. Ich schreibe über alles. Das ist meine Sucht. Es waren die ersten Worte, die ich über das Erlebte schrieb, und es ermüdete mich. Als ich fertig war, merkte ich, daß ich einen weiteren Liebesbrief geschrieben hatte und daß das, was ich gewesen, und das, was ich geworden war, sich auf denselben Augenblick in meiner Geschichte bezog. Hier der Text:

»Jetzt, wo ich vierzig Kilo verloren habe, kann ich dich da wieder besuchen, David? Ich mache die Tür zur Wohnung deiner Eltern auf, in der du schon nicht mehr lebst, komme herein und setze mich in irgendein Zimmer, auch wenn du gar nicht da bist. Ich störe nicht. Spreche die Bewohner nicht an. Du mußt mich auch nicht beachten, wenn du kommst, mußt keinen Kontakt aufnehmen. Es reicht, daß du mir die Möglichkeit gibst, auf deine Schulmappe zu schauen, auf deine Hefte, auf die Kleidung, die du zu Hause trägst, und daß ich sehe, wie du dir mit der Hand über den

Schädel streichst, die Klassenarbeiten korrigierst, dich am Bart kratzt, dir die Nase putzt, dir mit dieser kleinen Holzhand den Rücken reibst, ein Mitbringsel deines Vaters von einem Ausflug nach Sevilla. Ich möchte nur näher bei dir sein, wie eine kleine Statue, die die Luft schnuppert, die sie umgibt.

Ich weiß, ich bin ein Biest. Habe dich ohne Mitleid und Erbarmen schlechtgemacht. Aber du hast noch eine Rechnung zu begleichen. Ich schäme mich kein bißchen dafür. Irgendwann bin ich einfach entgleist. Ich wäre niemals eine Frau für dich. Ich habe einen unmöglichen Hunger zu töten. Du hast gut daran getan, mich zu verjagen. Warst vernünftig. Hast Widerstand geleistet, jawohl.

Im Jahr 2004 haben wir letztlich nicht gevögelt. Das war zwar schade, doch zu deiner eigenen Verteidigung solltest du dir das immer wieder furchtlos eingestehen. Wir wollten zwar vögeln, aber du mußtest ja immer nach Hause zurück. Hast dich beherrscht, wie es sich gehört. Es muß hart sein, so unfrei zu leben, aber vermutlich gibt es auch in der Gefangenschaft einen gewissen Trost. Man gewöhnt sich daran und will es nicht mehr anders.

Deine Entscheidung war legitim. Erlaube mir dennoch, dich um Entschuldigung zu bitten, denn eigentlich bin ich, wenngleich ungeladen, stets präsent in deinem Haus, an deinem Tisch, und die Nähe ist so groß, daß sogar ein Fettfleck von deinem Abendessen auf meiner Bluse zurückgeblieben ist. Ich habe schon die entsprechenden Waschmittel ausprobiert, habe geschrubbt, das Kleidungsstück gefärbt, doch die Liebe ist ein sturer Fleck.

Du hast eine Wimper im Gesicht. Auf der linken Seite hast du neue Muttermale. Du kaust noch immer an den Nägeln. Deine Hände sind unverändert. Du magst immer noch Blau und Braun. Deine Augen hängen mehr. Das mit dem Haare-Abrasieren war eine gute Idee. Das steht dir gut. Du siehst aus wie Yul Brynner.

›Wer ist das?‹ Frag nicht. Ich phantasiere nur.

›Ein Schauspieler, den mein Vater mochte. Er stammt schon nicht mehr aus deiner Zeit.‹ Ich antworte dir mit meinen Selbstgesprächen.

Du hast nicht mehr dieses frische Lachen wie mit achtzehn, es war wie Wasser, das aus Steinen sprudelt, aber das war ja nicht anders zu erwarten. Das Erwachsenenleben hinterläßt seine Spuren. Ich sehe, daß du alles hast, aber du haßt das Leben. Was fehlt dir? Mach dir nicht zu viele Sorgen. Du weißt doch, wir siegen über alles und können mit nichts leben. Vergiß die Gehaltskürzung, vergiß die Steuernachzahlung, vergiß die Lehrplanziele. Denk nur daran, daß ich hier bleibe, unwiderruflich, als einsame Wächterin über unsere Liebe. Wie du mich haßt, und wie gut dir das tut! Es heißt, es gibt ein weiteres Leben, und in dem wirst du mir nicht verbieten, dich zu Hause zu besuchen. Ich werde deine geliebte Dicke sein, und deine grausamen Freunde wirst du nicht zu unserer Hochzeit einladen. Laß uns auf das nächste Leben anstoßen!«

Ich habe mich komplett erholt von der Operation. Bin eine tolle Frau geworden! Finde ich. Heute ist es ein Jahr her, daß Mama gestorben ist, und das bedeutet, daß sie nicht mehr hier ist, um auf mich aufzupassen und darüber zu wachen, was ich esse. Ich bin jetzt allein auf der Welt, wie eine Katze oder ein Hund, irgendein Tier, das toleriert wird, solange es die Regeln achtet und sie einhält. Das macht angst, doch gleichzeitig ist es eine fast grenzenlose innere Freiheit. Die Hündin kennt keine Grenzen. Sie hält sich nicht an die Regeln. Die Hündin pinkelt an den Hauseingang. Aber ich bin vernünftig. Jetzt, wo Mama nicht mehr ist, muß ich erwachsen sein. Ich mache das, was sie mir raten würde. Ich versetze mich in ihre Haut. Stelle mir vor, daß sie in Afrika geblieben ist, daß sie nie mit einem Haufen Philodendren und altmodischem Mobiliar zurückgekehrt ist. Aus der Ferne koordiniert sie mein Leben, mach dies, sag jenes nicht. Sie tut so, als würde sie mir einen Brief schreiben, in dem sie mir sagt: »Maria Luísa, wir freuen uns über deine Noten. Papa ist stolz auf dich. Überleg dir, ob du nicht Nachhilfe in Mathe brauchst.«

Ich höre ihre beratende Stimme: »Du mußt lernen, für dich zu sorgen. Ich halte nicht mehr so lange durch.«

»Hör auf, Mama. Du weißt, ich hasse dieses Thema«, rege ich mich auf.

»Das ist die Wahrheit, Kind«, antwortet sie in dem Wissen, daß es nicht leicht ist, sich das, was sie gerade ausgesprochen hat, anzuhören. Es gibt Dinge, die spricht man einfach nicht aus. Man spricht nicht über den Tod, als würde man ausmachen, was es morgen zu Mittag oder zu Abend gibt. Man spricht nicht über das, an das man nicht denken will. Niemand möchte, daß der Schmerz vorzeitig einsetzt. Wenn es schmerzen muß, dann soll es eben schmerzen, aber vorerst ignorieren wir den Schmerz, laßt uns singen, lachen, essen und trinken. Später kommt, was kommen muß.

Mama ist Belastung und Erleichterung zugleich. Ich möchte, daß sie immer lebt. Ich möchte, daß sie stirbt und mich leben läßt. Daß sie zumindest verschwindet, nicht den Platz einnimmt, den sie in meinem Leben einnimmt, mich nicht erpreßt und Dinge von mir verlangt, die sich nicht lohnen. Von denen ich glaube, daß sie sich nicht lohnen.

Jetzt, da sie gestorben ist, bin ich allein in der Wohnung, die wir für meine Zukunft gekauft haben. Unsere Wohnung, meine Wohnung. Allein an dem Ort, an den sie und Papa nicht zurückkehren werden, weil sie nicht mehr in Afrika sind und an dem Staudamm arbeiten, um Dollars zu sparen, damit wir ein Auto kaufen, das Bankdarlehen abzahlen, in Würde leben können. Ich warte nicht auf den Tag, an dem sie zurückkehren mit dem Möbelcontainer und den Erinnerungen an eine Zeit, die vorbei ist, und an einen Ort, der nicht mehr unserer ist. Wo sie wohl gerade arbeiten? Ich warte auf niemanden, und alles, was sein sollte, ist bereits gewesen. Ich korrigiere mich: Ich bin immer noch. Ich korrigiere mich noch einmal: Ich orientiere mich zwischen dem, was ich träume, und dem, was das Schicksal mir zuweist.

Ich bin allein wie an dem Tag vor meiner Geburt, noch immer in Mamas Bauch, aber ohne sie zu kennen und ohne irgend etwas darüber zu wissen, wie der Tag aussieht, der mir bevorsteht. Ich, ein Geheimnis aus unzufriedenem Fleisch. Ich, ein Sturm über vier Jahreszeiten. Ich, stark und doch so schwach. Ich muß nicht mehr siegen, muß nicht mehr über dem Elend, dem Chaos und dem Schein stehen. Mich erwartet nichts mehr, aber ich sage mir, daß ich immer noch lebe. Ich zwinge mich, die Bohnensuppe zu essen, und sage mir immer wieder: Du mußt noch ein paar Jahre rumbringen. Reiß dich zusammen. Das wird wieder besser.

Und jetzt? Immer wieder dieselbe Frage, und jetzt? Was bleibt mir ohne meine Eltern, ohne etwas, auf das ich warten kann, dem ich gehorchen, das ich respektieren, für das ich sorgen muß?! Ohne Fesseln, ohne Anker, ohne die Lust zu flüchten? Wie lebt man da?!

Die Fleisch-Zeiten sind nach der OP absolut passé. Suppe und Obst, wenn ich Glück habe. An den Küchenbalkon gelehnt, esse ich Melonenstückchen aus einer Suppentasse, sie stammt aus meiner Aussteuer, und ich höre, wie jemand ruft. Es ist nicht Mamas Stimme, aber die Melodie, die Tonlage, ein dreisilbiger Name mit E, ähnlich dem meinen, vielleicht Elisa oder Lydia, es ist nicht zu verstehen. Ich lehne mich ans Fenster, die Tasse in der Hand. Vor meinen Augen erstreckt sich das glatte nachmittägliche Meer.

Jemand ruft seinen Sohn oder seine Tochter. Den Namen habe ich nicht verstanden, aber was ich meine, in dem Ruf gehört zu haben, war: »Komm her, komm zur Mama!« In der weiblichen Stimme lag eine Zärtlichkeit. Ein »du und ich, wir sind ein bittersüßes Ganzes, vom Anbeginn bis zum Ende aller Zeiten, komm«, und deshalb komme ich, obwohl ich weiß, daß ich gar nicht gemeint bin. Ich betrachte den Hinterhof und esse dabei mit den Fingern wie die Schwarzen. Ich zerbeiße das süße Fruchtfleisch der grobgeschnittenen Melonenwürfel, und mein Mund füllt sich mit Saft. Ich esse, um den alten Hunger abzutöten, der nie zufrieden sein wird. Mir fehlt etwas ganz Altes.

Wenn ich arbeiten gehe und wiederkomme, erwartet mich eine leere Wohnung und eine glückliche Hündin. Warum ist sie glücklich? Wovon träumt sie? Was erwartet sie sich für den nächsten Tag? Am Abend setzen wir uns auf den Küchenboden, und ich gebe ihr Trockenfutter. Sie ist alt. Der Boden ist kühler geworden, aber ihr ist heiß. Ich lege mich neben sie. Versinke in Gedanken und spüre die Liebkosung ihrer Zunge an meiner Handfläche. Wir legen spielerisch die Beine übereinander; ich rolle mich ein, sie rollt sich ein. Ich lege meinen Kopf an ihren Hals, sie legt ihre Schnauze in meine Achselhöhle. Ich weiß nicht, wer die Hündin und wer die Frau ist. Es spielt auch keine Rolle. Ich bin nicht ihre Mutter und auch nicht ihre Herrin. Sie ist nicht meine Tochter und kein Tier in meinem Besitz. Wir haben keine Spezies. Sind eine Verschmelzung aus allem und nichts. In diesem Moment sind wir einfach nur Freude. Und wie sie suche auch ich die ehrliche Frische des Bodens. Wenn ich ruhig geworden bin, lege ich mich ins Bett und schlafe, den rechten Arm ausgestreckt, auf ihrem Bauch ruhend, eingeklemmt zwischen ihren Pfoten. Ich packe ein Kissen zwischen meine Beine und ein anderes zwischen meinen linken Arm und die Taille, um die Hitze dieses beschränkenden Körpers nicht zu spüren, ohne den ich nicht hier wäre, diesen ganzen Horror und dieses Wunder nicht hätte erleben können.

Eßzimmer

Gelegen zwischen Küche und Badezimmer. Das Fenster geht auf den Küchenbalkon, wo Blumentöpfe mit Jasmin, Bogenhanf und Leopardenpflanzen das Morgenlicht empfangen. Es ist das größte Zimmer in der Wohnung.

In den portugiesischen Häusern ohne Dienstbotenzimmer bleibt das Eßzimmer stets geschlossen und wartet auf Besucher. Es ist der unnützeste und traurigste Raum, mit geschlossenen Fenstern und Vorhängen, bewohnt von den Geistern, die sich in den Schränken voller nicht verwendeter Steingutschüsseln, Kristallgläser und Silberbesteck verstecken, im Sommer ist er kühl, im Winter muffig.

Mama ist Portugiesin. Sie hatte nie die Absicht, sich vom Banalen abzugrenzen. Die Zeit der großen Salons in den Häusern der Weißen in Afrika, mit Gemeinschaftsräumen zum Essen und für Gesellschaften, ist vorbei, sie begnügt sich mit dem, was in dem Land, in dem sie geboren wurde und aufwuchs, üblich ist. Das Eßzimmer in Almada bleibt geschlossen, doch es trägt Lourenço Marques in sich.

Papa ist seit kurzem in Rente und hat jetzt ganz viel Zeit. In sechs Monaten wird er einen Schlaganfall erleiden, der sein Gehirn zerstören und ihn lähmen wird. Er steigt die Barrocas rauf und runter und plaudert mit den Ladenbesitzern. Er setzt sich in die Cafés und Restaurants, trinkt 7 Up und Coca-Cola, fragt nach den Speisekarten und den Preisen. Er kennt jeden, und jeder kennt ihn. Papa ist immer fröhlich, liebenswürdig und stets für ein Lächeln, einen Witz, einen Händedruck oder einen Gefallen zu haben, für den er keine Gegenleistung erwartet. Wenn er gut drauf ist, ist es ein Leichtes, Papa zu mögen.

Es hat ihm nicht gefallen, als er im Fernsehen die Bilder von der Inauguration Nelson Mandelas als neuer Präsident der Republik Südafrika sah. Er hat nur den Kopf geschüttelt. »Der Weg zur Hölle ist mit guten Vorsätzen gepflastert. Aus Südafrika kann niemand etwas machen. Die reitet der Teufel. Das wird ein Blutbad geben.« Aber ihn ging das nun nichts mehr an. »Sollen die Neger doch sehen, was sie sich da eingebrockt haben. Sollen sie doch alles niederbrennen. Kaputtschlagen. Nur zu. Es gehört alles ihnen.«

Zu diesem Zeitpunkt unseres Lebens in Almada liegt der Tejo in stabiler Seitenlage auf dem beigen Eßzimmerteppich und erbricht sich strahlweise. Er stirbt. Man hat ihn vergiftet. Ich habe ihn auf der Straße aufgelesen, die sein Reich ist, dort habe ich ihn entdeckt, er war krank, lag reglos auf dem Bürgersteig. Ich bückte mich, fuhr mit meinen Armen unter seinen Körper und hob die enorme schlafende Fleischmasse hoch. Mit Papas Hilfe packte ich ihn auf den Autorücksitz, und dann brachten wir ihn zum Tierarzt. Dort hängten sie ihn an den Tropf und gaben ihm Spritzen. Sie verschrieben Tabletten, doch die Lage ist ernst und sein Zustand kritisch. Sie versprechen nichts. Rümpfen die Nase.

Der Tejo kam durch den Sohn von Manca aus Cova da Piedade in unser Viertel. Ich traf den Jungen auf der Straße, er spielte mit dem Welpen, als ich mit unserer Hündin rausging, die Mama gleich nach ihrer Geburt zu uns geholt und wie ein Vögelchen mit der Pipette aufgezogen hatte.

»Was willst du mit ihm machen?« fragte ich den Jungen.

»Mitnehmen!« erwiderte er voller Überzeugung.

»Und deine Mama erlaubt das?«

»Weiß nicht. Muß sie noch fragen.«

Die Manca erlaubte es nicht. Sie wollte keine Hunde im Haus, das mache nur Dreck, und ich hatte ja schon meinen, also blieb der Tejo auf der Straße, schlief unter den Autos und aß das, was ich, meine Eltern und Mancas Sohn ihm brachten. Er war nur ein weiterer elender Hund.

Er wurde riesig. Ein schokoladenbrauner Köter mit kurzem Fell und honigfarbenen Augen. Ich nenne ihn »Streuner«. Küsse seinen Kopf, die Triefaugen und die von der Krankheit weiche Schnauze. Er riecht nach Tod.

»Küß die Hunde nicht, Kind. Du weißt nicht, was für Krankheiten sie haben. Geh nicht zu dicht ran mit dem Kopf. Man weiß nie, ob sie nicht beißen.« Mamas Stimme, jahrzehntelang immer derselbe Wortlaut.

Der Tejo riecht schlecht. Doppelt schlecht. Weil er ein Straßenköter ist, der außer Regenwasser nie Wasser an die Lenden bekommen hat, und weil seine Gedärme sich zersetzen durch das Gift, das er geschluckt hat. Das Tier ist ein einziges Elend. Mama will ihn nicht im Haus haben. Sie ist katholisch, aber alles hat seine Grenzen. Sie kann die Anwesenheit eines so großen Hundes in der Wohnung nicht gutheißen, noch dazu im geheiligten Eßzimmer, das immer perfekt aufgeräumt sein muß, und auf dem Teppich, aus dem sie die Flecken nie wieder rauskriegt und den sie dann wegschmeißen muß.

»Ihr seid verrückt, so was kann nur dir und deinem Vater einfallen«, schimpft sie.

Wir versuchen, dem Tejo etwas im Futter unterzujubeln. Die Tabletten verstecken wir in dem Fleisch, das wir ihm in den Mund schieben. Der Fleischgeruch siegt, und er frißt es instinktiv, aber ein paar Minuten später stößt der verletzte Magen das Eingenommene wieder aus, und unsere Freude ist von kurzer Dauer. Er trinkt ein wenig Wasser. Erbricht erneut. Pinkelt kaum. Der Magen eine einzige Wunde. Die Nieren versagen allmählich, und die Leber ist vergiftet. Papa und ich säubern ihn. Mama hat Mitleid. Besser wäre es, ihn einschläfern zu lassen. Man sieht doch, daß er leidet.

Wir haben bereits Erfahrung mit streunenden Hunden, die in unserer Straße enden. Bobi hat auch fast zwei Jahrzehnte in dem Hof hinter unserem Haus gewohnt. Vom sechsten Stock aus hatten wir gesehen, wie er sich unter den Autos versteckte, wenn er vor dem Regen flüchtete. Irgendwann hat Papa ihm dann eine Hundehütte aus Beton gekauft, die geliefert wurde. Bobi war fast so etwas wie unser Hund, aber er lebte auf der Straße. Manchmal tauchten Nachbarn am Fenster auf und lobten meinen Vater. Doch wir leben in dieser Welt, und wie üblich gab es auch Menschen, denen das mißfiel. Papa und ich haben den Ruf, Tierschützer zu sein. Und das ist ein schlechter Ruf. Sie beschweren sich, weil die Hunde bellen, weil sie beißen und Krankheiten übertragen können. Wir sind schuld, daß sie nicht mehr weggehen, weil wir sie füttern. Hinter unserem Rücken gibt es immer jemanden, der sie verscheucht oder

ihnen wehtut. Menschen, die wir treffen und die so tun, als
wären sie gut, die uns aber in den Rücken fallen. Sie melden
den streunenden Hund bei der Gemeinde, und dann kommt
frühmorgens der Wagen mit den Männern, die versuchen,
die Hunde mit Netzen einzufangen. Wenn Bobi ihnen nicht
entwischen kann, bringen sie ihn zum Hundezwinger von
Alto do Índio, wo er getötet wird, falls innerhalb von acht
Werktagen niemand nach ihm verlangt. Am nächsten Morgen fahren Papa und ich zum Zwinger und bekommen hinter den Gittern seine Anwesenheit bestätigt. Er erkennt
uns, bellt, wir fassen in das Gitter und streicheln ihn; dann
fahren wir weiter zur Gemeindeverwaltung von Almada,
bezahlen die Strafe, bekommen die Bewilligung und keh-
ren mit ordentlichen Papieren zurück, um ihn auszulösen.
Nach Hause gehen wir zu Fuß, ganz entspannt, er an unserer Seite. Bobi steigt in kein Auto. Papa und ich bitten ihn,
vorsichtig zu sein wegen der Krankheiten, die Menschen
übertragen können. Wir erklären ihm, daß der Stich oder
Biß eines Menschen tödlich ist. Auch wenn wir bei diesem
Gespräch lachen müssen, sind Papa und ich doch bedient
von den Menschen.

Als Bobis Häuschen ankam, beteiligten sich einige der
Nachbarn, so gut sie konnten. Es wurde eine kleine Koope-
rative gegründet. Letztlich war es also doch einfach, einen
Unterschlupf zu schaffen, in dem der alte Hund, der die
Kinder in der Straße hatte groß werden sehen, seine letz-
ten Tage verbringen konnte.

In der Hundehütte, die man für ihn besorgt hatte, blieb er,
bis sein Herz so schwach wurde, daß er nicht mehr laufen,

essen und seine Notdurft verrichten konnte. Als dies unerträglich wurde, rief Papa den Tierarzt an, der mit einem Koffer voll Chemie und Spritzen ankam und ihn einschläferte. Papa war dabei. Es hat ihn ziemlich mitgenommen.

Für Papa und mich sind die Hunde und wir zwei Welten, denen es vergönnt ist, daß sie sich verstehen und miteinander leben. Wir sind Gefährten im selben Haus und auf derselben Reise. Wir hätten auch gern noch einen Taubenschlag. Und einen Gemüsegarten. Und einen Ziergarten. Mama hält uns für verrückt. »Ihr seid euch so ähnlich. Und beide verrückt.« Sie sagt, Papa habe ihr mit dem Haus von Matola schon genügend Arbeit gemacht, und jetzt sei sie nicht mehr in dem Alter dafür.

Doch gerade geht es um den Tejo. Wir setzen uns auf den Teppich um ihn herum. Er ringt mit dem Tod. Spürt unsere Anwesenheit, hört die Stimmen, öffnet kurz die Augen, obwohl sein Leben erlischt und er das weiß, genau wie wir. Er atmet kaum noch. Ich bilde mir ein, daß er unsere Zärtlichkeit und unsere Gesellschaft spürt. Falls er es nicht spürt, ist es auch egal; was zählt, ist das, was unser Gewissen uns befiehlt. Es ist eine intime Mission zwischen unserem Köterherz und dem des Tejo. Schließlich haben sich unsere Wege gekreuzt, ohne daß wir darum gebeten haben.

»Dieser Hund ist nicht mehr zu retten«, prophezeit Mama und ärgert uns mit ihren Vorhersagen, ihrer ewigen Skepsis; doch sie führt uns die Tatsachen vor Augen.

Wir streicheln den Rücken des sterbenden Hundes. Die letzten Zärtlichkeiten für diesen Straßenhund, den guten Hund, den geliebten Streuner.

Papa ist nicht auf der Höhe. Er kommt mir so ernst vor. Der Tejo stirbt, aber es ist nicht nur das. Da ist noch was anderes. Ich frage ihn.

»Ich habe wieder von Lourenço Marques geträumt«, gesteht er.

»Erzähl!« Es tut ihm gut, wenn er seine Träume darlegt und die Gefühle zuläßt, die ihn in der Vergangenheit gefangenhalten. Ich weiß, Papa wird, solange er lebt, nicht aufhören, von Mosambik zu träumen.

Mama ist in der Küche und macht das Mittagessen. Sie hört uns und schaut kurz herein.

»Erzähl!«

»Ich stand kurz vor der Abreise, wollte alles, was ich dort aufgebaut hatte, für immer verlassen. Ich habe auf den letzten Transporter zum Flughafen gewartet und mußte ihn bekommen, aber er hatte Verspätung. Deswegen bin ich schnell noch mal ins Haus gerannt. Ich wollte noch ein bißchen Krempel zusammensuchen und mitnehmen. Ich gehe rein und stehe vor dem riesigen Küchenfenster. Zum letzten Mal sehe ich den Garten mit dem üppigen Mangobaum, der seinen Schatten auf das Haus wirft, und die Papayabäume rechts an der Mauer, sie tragen reife, melonengroße Früchte. Dreißig Sekunden. Ich höre, wie der Transporter vor dem Eingang anhält. Ich schnappe mir einen Kleiderbügel mit zwei Hosen und einer Jacke und renne hinaus. Für die Koffer, die ich gepackt habe und die dort auf dem Boden stehen, ist keine Zeit mehr. Als ich ankomme, sehe ich, daß der Transporter schon wieder losgefahren ist. Ich springe auf die Mitte der Fahrbahn und fuchtele mit den Armen und dem Kleiderbügel in der Luft herum. ›Anhalten, anhalten, bitte!‹ brülle ich. Die Passagiere, alles Weiße, sehen, wie ich gestikuliere, und wenden sich an den Fahrer. Ein paar Meter weiter hält der Transporter an. Ich laufe dorthin, bedanke mich und lasse mich auf eine lange Bank fallen, wo ich die Hände vors Gesicht schlage und zu weinen anfange. Als wollte ich sagen: Lebwohl Haus, Lebwohl Heimat. Es ist das Ende. Dann hat deine Mutter mich geweckt.«

Mama geht zurück in die Küche. Ich senke den Blick, starre auf den Tejo und murmele: »Laß uns nicht wieder davon anfangen. Das hat nie wirklich uns gehört, Papa. Träum was anderes. Das ist alles Vergangenheit.«

»Das beste dabei ist, daß ich, wenn ich das träume, immer noch dort bin. In diesen Momenten ist das immer noch unseres.« Er macht eine Pause und reagiert auf meine Worte. »Und du, krieg mal in dein blitzgescheites Köpfchen, daß das immer noch unseres sein könnte, und zwar für immer, wenn das alles nur besser geführt worden wäre.«

Es bringt nichts, darauf einzugehen. Ich weiß, es ist eine Sackgasse. Wir werden uns streiten. Es lohnt sich nicht. Ich denke insgeheim, daß die Geschichte schlecht angelegte Wege nicht verzeiht, deshalb hätte es auch nicht länger unseres sein können. Doch diesen Knoten wird man zu unseren Lebzeiten nicht mehr lösen, und auch die Kinder von denen, die zurückgekehrt sind, Menschen wie ich, werden ihn nicht lösen, wenn sie sich mit der Herkunft ihrer Eltern beschäftigen. Ich beende das Gespräch über Papas Traum im Geiste. »Lebwohl, du volle Dosis von mir. Lebwohl, geheiligte Erinnerung an Gesichter, Orte und Handlungen. Lebwohl, du Grundstein meines Glücks, lebwohl bis zu einem weiteren Traum, in dem ich alles noch einmal durchlebe.«

»Okay, Papa, das war nur ein Traum, und Träume sind nichts als Fiktion«, sage ich, um ihn zu trösten.

»Das stimmt. Und deine Mutter und du, ihr kamt gar nicht drin vor«, erwidert er. »Da war nur ich, als wärt ihr schon hier und ich allein zurückgeblieben, um die letzten Dinge zu regeln.«

»Siehst du, wie irreal das ist?! Du und allein?! Hast du je die Nerven gehabt, irgendwas allein zu regeln?! Für dich hat doch immer Mama alles geregelt.« Er weiß, daß ich recht habe. Lacht. Und Mama fügt aus der Küche hinzu: »Jemanden wie mich würde er heute nicht mehr finden, selbst wenn er mit einem brennenden Kerzlein rumlaufen würde!«

Ich sage zu ihnen: »Ihr seid schon süß, ihr beiden. Sagt, daß ihr ganz von vorn habt anfangen müssen, aber schaut euch doch dieses Wohnzimmer an, diese Wohnung. Ihr habt alles mitgebracht, was irgendwie möglich war. Und auch noch das, was auf dem Dachboden steht. Aussteuer, Messer, Gabeln und Löffel. Ihr habt meine Puppen, meine Kleider, die Schulbücher mitgebracht. Das Service mit den Kristallgläsern aus dem Geschirrschrank. Das Speiseservice aus Porzellan von der Anrichte. Alles unversehrt. Nichts ist kaputtgegangen.«

»Ich habe das mitgebracht«, berichtigt Mama. »Wenn es nach ihm gegangen wäre, würde er sich heute noch Scharmützel mit den Schwarzen liefern, bei denen wir schon nicht mehr gut gelitten waren, und wir hätten hier nichts gehabt zum Reinstellen. Dein Vater ist sehr aufbrausend und weiß nicht, wann man besser den Mund hält.«

»Deine Mutter ist eine Dame, ja, deine Mutter, die weiß, wie man mit Leuten redet und Dinge regelt. Deine Mutter kann gut packen. Sie weiß alles, deswegen habe ich sie ja auch geheiratet.«

Und Mama weiß wirklich alles. Sie kann kochen. Sie kann nähen. Sie kann putzen. Sie kann waschen. Sie erträgt uns.

An diesem Nachmittag ging es mit dem Tejo zu Ende. Ich nahm ihn wieder auf den Arm, brachte ihn zum Auto, und Papa machte mir die Türen auf. Mama sagte: »Du hast vielleicht eine Kraft.« Und er fügte hinzu: »Sie kommt nach ihrer Großmutter Josefa, die hat auch nie Hilfe gebraucht.« Mama dachte sich, da täuschst du dich, sie kommt nach mir, sprach es aber nicht aus. Ich ertappe sie dabei, wie sie mich voller Stolz anblickt. Und ich glaube nicht, daß ich mich täusche. Sonst schaut sie mich nie so an. Ständig tadelt sie mich nur, mit ihrem »sei vernünftig« oder »das gehört sich nicht«. Aber jetzt strahlen ihre Augen, sind mit mir zufrieden, als wäre ich wirklich ihre geliebte Tochter. Ich werde ganz verlegen. So etwas bin ich nicht gewohnt. Am liebsten würde ich sagen: »Schau mich besser an wie sonst. Sei nicht stolz auf mich. Sonst verziehst du mich noch.«

Noch bevor die Sonne untergeht, lege ich den Tejo beim Tierarzt auf die Metallbank, küsse ihn, gebe die Anweisung, ihn einzuschläfern und gehe hinaus. Papa bleibt bis zum Schluß in der Praxis.

Eigentlich sind wir nur deshalb in Almada geblieben, weil Tante Maria da Luz so großzügig war. Menschen, die nett zu uns sind, ziehen uns unweigerlich an. Als ich das Kolleg abgeschlossen hatte, nahm die Cousine meiner Mutter mich gern und liebevoll in Cova da Piedade in ihrer Wohnung am Largo da Escola Pública, zweiter Stock links, auf.

In Tante Maria da Luz' Wohnung sind Eß- und Wohnzimmer eins, wie in Lourenço Marques üblich, woher die Tante 1976 ebenfalls kam, aber man kann sich dort kaum bewegen wegen der ganzen Möbel, die einem den Weg versperren.

»Kleine Wohnungen, so kleine Wohnungen!« ruft die Tante verzweifelt aus.

Die Reparaturen in ihrem Haus erledigt Lunático, der Sohn von Dona Augusta aus dem Erdgeschoß rechts. Er lebt bei seiner Mutter und liebt Hunde. Er liebt sie so, als wären die Tiere und er aus demselben Fleisch und derselben Zucht. Er füttert die herumstreunenden Hunde, pflegt ihre Wunden, macht sie sauber, tätschelt sie am Rücken und kitzelt sie an Lenden, Bauch und Hals. Immer zieht er ein Rudel riesiger Straßenköter hinter sich her. Den Manchas, den Eusébio, die Boneca, den Bolotas und noch zwei oder drei namenlose. »Die Hunde bleiben bei mir. Die faßt mir keiner an«, sagt er. Er verteidigt sie wie seine eigenen, obwohl alle Straßenköter sind.

Zum Lernen hat er keinen Kopf. Er hat die Grundschule geschafft, aber gerade mal so. Sein Vater, ein Bauarbeiter, starb, als er in der großen Bauphase am Südufer in den 70er Jahren von einem Gerüst fiel und mit dem Kopf auf dem Betonmischer der illegalen Firma aufschlug, weshalb es auch keine Entschädigung gab. Sein Sohn, klein, dünn, häßlich, ist als Arbeiter bei der *Lisnave* beschäftigt, weil ein Onkel seine Beziehungen spielen ließ. Der Junge kann alles. Bei den Frauen hat er kein Glück, aber er nimmt gerne Nebenjobs bei verwitweten oder geschiedenen Damen an, die jemanden brauchen, der ihnen eine Vorhangstange montiert. Wer sonst wollte auch etwas wissen von einem Kerl, der weder gut aussieht noch Geld hat?!

Die Nachbarschaft profitiert von seiner Allround-Begabung und holt ihn für häusliche Reparaturen, Malerarbeiten, bei Feuchtigkeitsproblemen, Löchern und Rissen, für Wasserhähne, Rohre, Verstopfungen, Probleme mit der Elektrik, mit Vorhängen, Schlössern, Regalen, Markisen, Lampen und bei kaputten Haushaltsgeräten. Wie kann ein Mensch ohne Kopf fürs Lernen so viel Wissen ansammeln? Ich mag zwar viele Sprachen sprechen, viel Eça und Camilo gelesen haben, aber eine solche Intelligenz werde ich niemals erlangen.

Lunático kommt oft zu Tante Maria da Luz, auch wenn er dort nichts zu erledigen hat, denn seine Mutter ist Hausfrau und krank, sie muß die Hypothek für das Haus an die Bank abbezahlen und konnte daher noch nicht das Geld für einen vernünftigen Fernseher aufbringen. Er sieht gern die Serie *Fame,* am Sonntagnachmittag, und Tante Maria da Luz mit ihrer sozialen Ader und ihrer Sympathie für den hilfsbereiten und wohlerzogenen Jungen bietet ihm ihre Wohnung an. »Hübsch ist er nicht, aber so eine Seele ist heutzutage eine Seltenheit!« urteilt sie.

Zu den Folgen der Serie *Fame* setzt Lunático sich neben mich auf das rote Sofa, und wir hören die Tante in der Küche an der Waschmaschine herumwerkeln, ihre Wäsche aufhängen oder Näharbeiten für andere beenden.

Was Lúnatico erzählt, interessiert mich nicht, außer das über die Hunde. Er hat nie ein Buch gelesen und an Filmen nur die mit Bruce Lee gesehen. Für mich ist er ein wandelnder Felsbrocken, der an einem Gerüst hängend Boote ansprüht wie sein Vater. Hoffentlich beschert Gott ihm nicht dasselbe Schicksal!

Er legt seine Hand auf meine Beine, und ich lasse es zu. Seine Ohren sind weiterhin auf die Serie und die Arbeiten der Tante in der Küche ausgerichtet. Ich schaue auf den Fernseher und konzentriere meine Sinne auf diese unbenennbare Hand, lasse zu, daß sie den Rocksaum hebt, meine Knie und die Kniekehlen berührt und dann langsam, fast wie zerstreut, zur Innenseite meiner Schenkel weitergleitet. Mit den Ohren auf die Schritte der Tante lauschend, steigt Lunáticos Hand höher, während Leroy in der Serie gerade frech zu seiner Englischlehrerin ist und türenschlagend das Klassenzimmer verläßt. Er wurde ermahnt, weil er zu Hause nicht das Shakespeare-Stück gelesen hatte, das in der Schule besprochen wird. Um Erfolg zu haben, reiche es nicht, singen, tanzen und schauspielern zu können, erklärt die Lehrerin. Man müsse lesen. Die Lektüre nähre das Denken, und das bringe das Talent hervor. Nur so könne man vielleicht irgendwann einen Platz im Himmel dieser armen Schlucker erlangen, die die Kunst vereint, spottet die Englischlehrerin. Lunático ist auf Leroys

Seite. Natürlich ist Lesen doof. Wozu lesen? Warum muß man, um Künstler zu werden, Shakespeare kennen?! Was hat das eine mit dem anderen zu tun? Ich finde, die Englischlehrerin hat recht, und mache mir nicht die Mühe zu argumentieren. Das wären Perlen vor die Säue, das lohnt sich nicht. Man kann auch leben, ohne Shakespeare zu kennen, aber schlecht, das ist ein Leben zweiter oder dritter Klasse, finde ich. Lunático hat doch keine Ahnung, ist mir nicht ebenbürtig, ist bedeutungslos, nichts weiter als eine Fleischmasse, aber mit Händen.

Ich weiß, ich bin auch nicht viel wert für die Jungs, aber Lunático ist für mich kein echter Junge, sondern ein armer Kerl, der sich schnappt, was ihm ins Netz geht. Ich selbst bekomme auch nur Angebote zweiter oder dritter Klasse, glaube aber daran, daß es die Angebote erster Klasse gibt, und sehne mich danach – doch wo sind sie?! Vielleicht ist es ja Pedro Miguel, der Nachbar von gegenüber, mit seinen langen blonden Locken und den supergrünen Augen, immer in Levi's und den dazu passenden schwarzen Lederstiefeln, Fan der Doors mit Gitarre über der Schulter. Er wacht erst nach zwölf auf. Ich sehe ihn vom Balkon aus, wenn er am Nachmittag weggeht. Der, ja, der hätte die richtigen Nägel, um *The Crystal Ship* für mich zu spielen.

Ich weiß, Lunático und ich zählen nicht zu den Schönheiten dieses Kalibers, sind keine Kandidaten für die Kunstschule aus der Serie *Fame – Der Weg zum Ruhm*. Wir haben keine begehrenswerten Körper, deshalb ist es, als würden wir nicht existieren. Wir sind zwei Verschmähte, die sich nicht zeigen können, ohne sich zu schämen, wie zwei verbeulte Autos, die Dicke und der Doofe, die ihre Augen auf eine Fernsehserie mit begabten schönen Jugendlichen richten, die sie selbst nicht sind, mit interessanten, unabhängigen Existenzen, die sie selbst nicht haben, und deswegen machen sie das beste draus. Die Hand des Rohlings nähert sich meiner Vulva und berührt sie, ich öffne meine Beine im Rhythmus dieses magischen Streichelns, das meine kleinen Schamlippen zusammendrückt, mit ihnen spielt, werde immer blinder und ergebener und komme schließlich ganz still, ohne zu atmen, während Lunático seine Hand langsam wieder herauszieht, ohne ein Wort, ohne einen Blick, und sich die Finger an der fleckigen Jeans abwischt, die von der letzten Woche noch nach Frau stinkt. Wir haben nicht dieses undefinierbare Interesse an Schönheit, doch die Lust der Monster steht der der Schönen in keiner Weise nach. Und aus der Küche fragt die Tante: »Kinder, wollt ihr einen kleinen Imbiß?«

Ja, gerne. Ich atme, endlich, und esse mit Lunático am Tisch, als wäre nie etwas vorgefallen, Brot mit Frischkäse oder Himbeermarmelade und trinke den Melissen-, Zitronengras- oder Verbenentee, den die Tante uns hinstellt.

Im Gegensatz zu Lunático ist der Cousin Humberto, mit dem ich zur selben Zeit zu tun habe, ein gutaussehender und gutgekleideter Mann. Er ist charmant, älter als ich und mit der Cousine Lívia verheiratet. Geschäftsführer einer Import-Export-Firma. Ich besuche schon die Universität, kann gut redigieren und arbeite schnell, deshalb stellt der Cousin mich im August an, wenn seine Sekretärin in Urlaub ist, damit ich sie ersetze. Er diktiert mir die Briefe, die

ich in dem Steno, das ich in einem kleinen Sekretärinnen-
kurs in der Baixa gelernt habe, niederschreibe und dann
auf der elektrischen Schreibmaschine abtippe. Ein Luxus!
Es tut mir gut, die Literatur ein paar Wochen ruhen zu lassen und mich realeren Dingen zu widmen. Das entspannt
den Kopf.

Während ich Faxe verschicke und empfange, worin ich
sehr gut bin, und die Post vom Vortag ablege, kneift der
Cousin Umberto mich in die Pobacken, streift mit seinem
Unterarm über meine Brüste und richtet doppeldeutige, in
den Bürojargon verpackte Botschaften an mich. Ich informiere ihn darüber, daß die Teile aus Deutschland bei *Seattle
Triumph* angekommen und bereits bei der Zollinspektion
seien, weshalb am nächsten Tag unbedingt die Gebühren
bezahlt werden müßten. Er erwidert, er könne, falls ich
das wolle, auch meine Teile inspizieren und sogar ganz umsonst. Ich gehe zurück an die Schreibmaschine, damit er
nicht auf dumme Gedanken kommt. Ich weiß, eine Frau ist
nicht nur zum Zuhören, Mundhalten und Abhauen geboren, sie muß sich auch wehren. Aber ich bin noch nicht das,
was ich werden soll. Noch habe ich nicht die Kraft, mich allein zu verteidigen, ohne zu verlieren. Ich habe gelernt, das
Auflodern von Situationen, die für mich gefährlich werden könnten, zu vermeiden, indem ich so tue, als würde ich
nichts kapieren.

Der Cousin spendiert mir großzügig Mittagessen, und
im Gegenzug erwartet er nur, daß ich ihm zuhöre, als wäre
er geistreich, daß ich lächle, wenn er seine Verführungs-
künste verfeinert. Er vergleicht mich mit dem Frischkä-

se, der auf der Zunge zergeht, mit der süßen Weintraube, die man zerbeißt, mit den »Melonen- und Aprikosenschnitzen und dem im Süßwein getränkten Biskuit«. Ich bin eine einzige Mahlzeit. Sehe mich verwandelt in eßbare, nährende Materie verschiedenster Beschaffenheit, mal süß, mal weich, im Mund zu Wasser zerfließend, oder in festes, stets schmackhaftes Fleisch, gesalzen oder auch scharf genossen, je nach Geschmack.

Der Cousin Humberto verhilft mir, ohne dies zu wollen, zu einem Instrumentarium, um diese folgenlose portugiesische Anmache zu verstehen, und macht mich zu einer Spezialistin im Fangenspielen: Er rennt los, ich flüchte. Mehr kann ich nicht tun, denn die Frau von Cousin Humberto ist Lívia, Tochter eines Onkels von Mama. Und ich muß auch zugeben, nach den schrecklichen Jahren im Kolleg, in denen ich mir wie ein Monster vorkam, ist es nicht unangenehm, wenn jemand, ganz gleich wer, die Schönheit deiner Augen und Lippen preist. Und auch alles andere, aus dem ich bestehe. Mein Fehler ist, daß ich es nicht schaffe, eine klare Grenze zu ziehen zwischen dem, was ich ablehne, und dem, was ich mag.

Am Nachmittag schließt der Cousin immer die Fenster des Büros an der Praça da Alegria und läßt wegen der Hitze und des Lärms die Rolläden herunter. Im kühlen Halbdunkel arbeitet es sich besser. Ich habe ihm gerade den Anruf eines Kunden weitergeleitet. Er nimmt ihn entgegen, spricht eine halbe Stunde, und ein paar Minuten später kommt er in Hemdsärmeln aus seinem Büro, wie immer, wenn ich einen Brief oder eine Nachricht für ihn schreiben oder ein dringendes Fax verschicken soll. Doch darum geht es jetzt nicht. Er hat anderes im Sinn, und ich verstehe es in dem Augenblick, in dem er mich umarmt, mich von meinem Drehstuhl hochreißt, zu dem Gästesofa zerrt und mit seinem ganzen Gewicht und seinem fauligen Atem über mich herfällt mit den Worten: »Wenn deine Cousine nur so hübsch wäre wie du ...«

Ich stoße ihn weg, winde mich, schaffe es, die Position unserer Körper umzukehren und trete und beiße ihn, damit er mich losläßt. Ich schüttle ihn ab, flüchte türenknallend und fahre zurück nach Cova da Piedade, wo ich meine Import-Export-Karriere an den Nagel hänge.

Zwei Tage später rief der Cousin Tante Maria da Luz an und zeigte sich verärgert, sagte, mein Problem sei, »daß ich nur an den Strand, aber nicht arbeiten wolle«, doch für den restlichen Monat mußte er ohne Sekretärin klarkommen. Ich war völlig verstört nach Hause gekommen und hatte der Tante alles erzählt. Sie hörte ihm zu, ohne groß etwas zu erwidern. »Nun denn. Dann ist es so«, sagte sie. Und obwohl sie zu mir hielt, rief sie mir dennoch das in Erinnerung, was ich schon nicht mehr hören konnte. Daß »eine anständige Frau die Ohren verschließt«, und vor allem, »daß man diese Vorfälle niemandem erzählt, weil am Ende immer wir verlieren«.

Seiner Frau, der gegenüber er sich so lobend über mich geäußert hatte, erklärte der Cousin Humberto zur Begründung, ich hätte mich letztlich doch nur als eigennützig, faul und verantwortungslos erwiesen und habe zudem einen Hang zur Zügellosigkeit, und das könne er nicht brauchen. Die Cousine rief mich an und sagte, ich solle ihr den Gefallen tun und Mama nichts davon erzählen, um ihr keinen Kummer zu bereiten, aber sie wäre dankbar, wenn ich sie nicht mehr besuchen würde. Ich sagte: ja, sicher, und verlor nie ein Wort darüber. Mama durfte nichts von diesen Geschichten erfahren. Es war ihre Familie. Später erzählte sie mir zuweilen, daß die Cousine offensichtlich nicht an meinen beruflichen Ehrgeiz glaube und sich wundere, daß ich meine Jobs so lange behielt. Tante Maria da Luz und ich verloren nie ein Wort darüber, und Arbeit hatte ich zum Glück immer mehr als genug.

Als Tony sich wieder meldete, war ich schon mit David zusammen, studierte Philosophie, unterrichtete, arbeitete im Radio und schlief wenig, das alles zusammen. Sie schrieb mir an die Adresse der Tante und wollte den Kontakt wieder aufnehmen. Sie vermisse mich, behauptete sie. Wir hatten lange nichts voneinander gehört. Ich wohnte bei den Eltern in Almada. Die Tante kam mich besuchen und reichte mir den Brief mit den Worten: »Deine Freundin schlägt wieder zu. Wahrscheinlich will sie irgendwas.« Ja. So war es. Tony hatte das Kolleg abgeschlossen und mit dem Mitschüler mit der orangefarbenen Regenjacke ein paar Jahre im Zirkus gelebt und stand nun kurz davor, eine Tochter zur Welt zu bringen. Sie wollte unbedingt, daß ich die Patin des Kindes würde.

Ich antwortete ihr kurz darauf, wie ich das immer tat, bedankte mich für den Gruß, lehnte jedoch das Angebot ab. Ich gab ihr meine aktuelle Adresse und Telefonnummer, weil sie mich darum gebeten hatte, aber ich gehörte bereits nicht mehr zu ihrer Welt und sie nicht mehr zu meiner. Sie war mir fremd. Ich vermißte sie nicht und verspürte auch keine Neugier auf das, was aus ihr geworden war. Nicht bedacht hatte ich, als ich ihr meine Kontaktdaten gab, daß ich wieder Zielscheibe ihrer ständigen Forderungen werden könnte, vor allem über das Telefon. Ich hatte keine Lust, sie über Dinge reden zu hören, die mich nicht interessierten, und es gab nichts, das ich ihr gern erzählt hätte. Wieso verstand Tony nicht mal über diese vielen Schweigepausen am Telefon, daß sich unsere Interessen und Leben völlig anders entwickelt hatten?! Daß wir einander nichts mehr zu sagen hatten! Ich ließ Mama rangehen und mich verleugnen. Das war einfach. Für Mama war mein Verhalten normal, sie glaubte ja nicht an Freundinnen.

Daraufhin versuchte Tony es schriftlich. Ich erhielt Briefe, vollgepackt mit Nachrichten und Fotos, die sie hier und da aufgenommen hatte, alle wunderschön. Sie wollte mich immer noch um jeden Preis in ihr Leben einbeziehen. Ich überflog ihre Briefe, antwortete knapp und lieblos oder ignorierte sie einfach. Irgendwann antwortete ich gar nicht mehr. Ich hatte keine Lust auf weitere Reinfälle.

Kurz darauf erhielt Mama einen Anruf, in dem Tony einfach einen Tag und eine Uhrzeit festlegte, zu der sie mich besuchen würde. Mama stimmte zu, ja natürlich, gern, weil sie sich nicht vorstellen konnte, daß das nicht mit mir ausgemacht worden war.

Ich sagte Mama, daß ich an dem Tag nicht zu Hause sein würde. Ich wollte sie einfach nicht empfangen. Es war ein

Samstag, ich mußte nicht an die Uni und auch nicht zum Radio, und David hatte etwas anderes vor, aber ich fand irgendeine Beschäftigung für den Nachmittag und verschwand.

Ich war gespannt. Würde Tony wirklich aufkreuzen? Als ich nach Hause zurückkam, erstattete Mama mir Bericht. Tony hatte zur vereinbarten Uhrzeit geklingelt und stand mit einem wunderschönen Blumenstrauß vor der Tür. Mama hatte die Blumen bereits in einem Alcobaça-Steinkrug auf den Wohnzimmertisch gestellt. Ja, sie waren schön. Mama empfing Tony im Wohnzimmer, und danach gingen sie ins Eßzimmer, um Tee zu trinken und Orangenbiskuits zu essen, die Mamas Spezialität waren. Ich wußte, Mama wäre nicht in der Lage, Tony abzuweisen, sondern würde sie freundlich empfangen, obwohl sie ihr nicht bekannt war und keine Vertrautheit zwischen ihnen bestand. Mama hatte einfach einen edlen Charakter, und das zeigte sich in der Art, wie sie mit anderen Menschen umging, sie war einfach unfähig, grob zu sein oder harte Worte zu wählen, wie es meine Art ist.

»Aber ist Luísa gar nicht da?« hatte Tony enttäuscht gefragt. »Ich habe doch gesagt, daß ich heute komme.«

»Sie arbeitet sehr viel und kann jederzeit abberufen werden«, begründete Mama.

»Ich würde sie so gern als Patin für meine Andreia haben.« Sie hatte das Baby mitgebracht, dessen perfektes Aussehen Mama sehr lobte.

»Luísa hat für gar nichts mehr Zeit, was nicht Arbeit ist. Sie kann das nicht machen«, war Mamas Ausrede.

»Aber Luísa ist die einzige Freundin, die ich habe. Und ich habe sie nicht vergessen. Ich weiß nicht, warum sie mich auf Distanz hält.«

Mama log und sagte die Wahrheit, alles in einem. »Sie hält Sie nicht wirklich auf Distanz. Aber sie arbeitet einfach so viel, wissen Sie. Richtig viel. Sie arbeitet in der Schule und im Radio. Nach Hause kommt sie nur zum Schlafen. Und da sie keine Geschwister hat, ist sie es auch nicht gewohnt, Umgang mit Menschen zu pflegen. So ist Luísa nun mal, das müssen Sie ihr nachsehen.«

»Das tut mir so weh. Luísa hat sich von mir abgekehrt. Will unsere Freundschaft nicht mehr. Hat mir den Laufpaß gegeben. Nach der Taufe gehe ich zurück nach Angola, und ich würde mich zumindest gern von ihr verabschieden.«

»Ach, Sie gehen nach Angola? Haben Sie da keine Angst, wo dort doch alles so kompliziert ist?« fragte Mama und lenkte das Gespräch von mir ab.

Ich weiß noch, daß ich nach diesem Bericht zu Mama gesagt habe: »Findest du es normal, daß eine junge Frau, die eine enge Freundin von John Travolta und Emerson Fittipaldi war, nur mich als Patin für ihre Tochter hat?! Meinst du nicht, daß sie sich da ein bißchen klein macht?!« Papa hörte zu und lachte. Mama antwortete: »Die Menschen haben eben komplizierte Leben.«

»Das mag ja sein, aber es sind ihre Leben. Sie sollen nicht meinem im Weg stehen«, rief ich aus.

Es gibt Menschen wie Tony, die treten durch irgendeine Tür in unser Leben ein und finden dann den Ausgang nicht mehr, obwohl es für beide Seiten besser wäre, sie würden verschwinden und zulassen, daß man sie vergißt. Viele Jahre später ahnen wir, warum das so war. Bei genauem Hinsehen erkennen wir, daß sie deshalb nicht früher verschwunden sind, weil wir sie nicht gehen lassen wollten. Wir verfügen über die Macht, Menschen an uns zu binden oder sie loszulassen, auch wenn wir Spezialisten darin geworden sind, anderen die Schuld dafür in die Schuhe zu schieben.

Tony schrieb in den 90er Jahren noch einmal aus Angola, in dieser Höllenzeit nach David. Ich habe ihr nicht geantwortet. Weil ich keine Lust hatte und auch gar nicht in der Lage dazu war. Dann hörte ich nichts mehr von ihr. Ich habe das unbestimmte Gefühl, daß sie in irgendeinem Außenbezirk Luandas von bewaffneten Banditen erstochen wurde, Mitgliedern der MPLA oder der UNITA. Ich hatte immer schon das Gefühl, daß Tony zu den Menschen zählt, die früh sterben müssen.

Als ich klein war, hat Mama immer zu mir gesagt: »Du bist so wild, so ungezogen.« Ich mochte es, wenn sie mich hart anfaßte, mich piesackte wie ein Tier, das gebändigt werden muß. Das mochte ich einfach. Es war unser Krieg, unsere bittere Liebe. Ich trug mein Teil dazu bei, indem ich nicht gehorchte, indem ich Verbote und Regeln mißachtete, indem ich wild und ungezogen war und alles, was sie von mir erwartete, für mich ablehnte. Ab dem Augenblick, in dem die Zwillingstürme und Papa implodierten, also ab dem Jahr 2001, waren Mama und ich gefangen in unserem jeweiligen Temperament und unserer Zeit, waren unnachgiebig und hart, lernten uns als Menschenfresser kennen und konnten unseren Kampf einfach nicht beenden. Eigentlich wollen wir so nicht leben, aber wir können nicht anders.

Ich bin erwachsen, und Mama sagt: »Heirate nicht, Kind, die Männer sind alle Hurenböcke.« Sie sagt: »Das mit den Kindern ist doch auch nur ein Traum von dir: Sie machen nur Arbeit, kosten Geld und bringen Sorgen mit sich, und in deinem Alter hättest du sowieso keine Geduld dafür.« Sie sagt: »Zieh nicht die weiße Bluse an; sie macht dich nur noch dicker. Röcke stehen dir nicht. Was für eine Creme benutzt du fürs Gesicht? Deine Haut ist ein Graus. Probier mal die *Benamor*-Creme, die nehme ich seit meiner Jugend. Die macht die Haut hell und läßt Flecken verschwinden. Ein bißchen Make-up, eine Grundierung, ein Puder, ein bißchen Rouge würden dir guttun. Früher hast du dir wenigstens die Lippen angemalt, heute machst du nicht mal mehr das.« Sie fragt das Kind, ob es das Auto gewaschen, ob es die Steuererklärung abgegeben, ob es die Grundsteuer, die Versicherung bezahlt hat, ob es das Wohngeld und den Monatslohn für die Putzfrau beglichen hat, die ihrerseits ordentlich gearbeitet hat, denn die Wohnung muß schließlich aufgeräumt und ordentlich sein, falls jemand kommt. Mama hat die Kontrolle und die Macht.

»Wenn ich du wäre, würde ich mich kämmen, Maria Luísa«, rät sie mir.

»Hab ich doch schon«, antworte ich ihr müde.

»Sieht aber nicht so aus. Deine Haare stehen richtig zu Berge.«

»Ich habe mich gerade gekämmt, Mama!«

»Und so willst du jetzt rausgehen?!« empört sie sich.

»Warum? Läßt du mich etwa nicht?! Werde ich dann verhaftet?!« rege ich mich auf.

»Du siehst aus wie eine Verrückte. Solltest ein Spray verwenden, das die Haare zusammenhält, sie sind so dünn. Einmal sprühen auf jeder Seite. So taugt das nichts. Wenn ich du wäre, würde ich mir die Haare ganz kurz schneiden und einen Pony stehen lassen. Der Pony stand dir immer schon gut.«

Ich seufze. Gebe auf.

Frage sie: »Hast du heute früh das *Lasix* genommen?«

Sie antwortet nicht, als hätte ich sie in einer Fremdsprache angesprochen.

»Hast du heute morgen dein Diuretikum genommen?«

Sie antwortet immer noch nicht. Ist taub oder tut so, als würde sie nicht hören. Ich wiederhole es lauter, schreie fast, habe keine Geduld mehr. »Mama, hast du heute das Medikament zum Pinkeln genommen?«

»Ja, ja. Gleich morgens. Ich nehme es doch jeden Tag. Seit Doktor Paulino es mir zum ersten Mal verschrieben hat. Ich vergesse es nicht. Nehme es jeden Morgen. Die kleine Tablette?! Die habe ich genommen. Die vergesse ich nie. Seit Jahren nicht! Doktor Paulino ist ein großartiger Arzt. Ja, er hat sie mir verschrieben. Er hatte diesen auffälligen Schnurrbart. Anfangs mochte ich ihn nicht. Dann habe ich mich daran gewöhnt.«

»Da siehst du mal wieder, daß die Menschen anders sind, als sie aussehen«, erwidere ich.

Sie ignoriert mich und fährt fort. »Er hat mir das vor wer weiß wie vielen Jahren schon verschrieben. Das ist eine Tablette, die ich niemals vergesse. Mit der verstehe ich mich gut. Es ist die zweite, die ich nehme. Die erste ist die für den Magen, dann kommt die und danach das Cortison und die fürs Herz. Gleich morgens. Das rettet mich. Wehe mir, wenn ich sie nicht nehmen würde! Doktor Paulino ist meine Rettung. Ja, ich habe sie genommen. Am schlimmsten ist gerade das mit der Verdauung. Das Abführmittel wirkt nicht mehr. Du müßtest mir Kiwis mitbringen. Das könnte mir helfen, mich zu erleichtern.«

Sie hat Schmerzen in sämtlichen Knochen, in der Leber, im Magen, im Darm und im Kopf. Sie sieht nicht mehr gut und hört immer schlechter. Hat fürchterliche Träume mit Raben, Eiern und Federn, und alles bringt nur Unglück. »Federn bringen Leiden.« Sie betet und bekreuzigt sich. Ich höre den ganzen Tag ihre Litanei. Sie kann nicht mehr laufen. Hat den Appetit verloren. Ißt wenig. Gerade hat sie den gebratenen Seehecht mit Kartoffeln und Möhren gekostet. »Eine großartige Vorspeise, aber mir schmeckt schon nichts mehr, früher war das anders ...« Sie legt das Besteck weg und stößt ein lautstarkes, deutliches »fertig, *finito*« aus.

Ich reinige ihr Gebiß, gebe ihr Suppe, den zweiten Gang, den Nachtisch, koche ihr Tee, bereite die Zwischenmahlzeit und das Abendessen zu, frage sie, was in ihren Fernsehserien passiert, was der Pfarrer in der Messe gepredigt hat, bitte sie um die Liste für die Mittagessen der nächsten Woche, höre mir zum tausendsten Mal die Litanei der Beschwerden an, unter denen sie leidet, erzähle ihr harmlose Geschichten: Dieses Restaurant hat zugemacht; ich war bei der Mammographie, habe aber das Ergebnis noch nicht abgeholt; die Trockenheit geht schon viel zu lang, es regnet einfach nicht; die Kälte. Ich schneide ihr die Nägel und die Haare. Ich spreche ganz ruhig mit ihr, als liefe alles wie geschmiert, denn Mama ist ein Kind in der Trotzphase, man muß es behüten. Sie glaubt an mich. Sagt es nicht, aber ich weiß es.

Ich versuche sie dazu zu bewegen, mir eine Pause zu gewähren, ein bißchen Freizeit, die Möglichkeit, mein Leben zu leben. Ich sage: »Ich bin total erkältet. Kann heute kaum aus den Augen gucken, Mama, mein Kopf tut weh, der ganze Körper ...« Ihre Antwort ist: »Komm mir nicht damit. Ich konnte heute kaum aufstehen. Mich nicht mal mehr anziehen. Wenn du die Schmerzen hättest, die ich in den Armen und im Rücken habe, bis hoch zum Kopf ... Wie Messer, die mich durchbohren. Ich habe schon zwei *Voltaren* genommen, aber davon kriege ich Magenschmerzen! Du mußt mir mehr *Omeprazol* bringen. Meine Leber ist auch nicht ganz in Ordnung; sie sticht immer wieder mal. Und dann die Verdauung, du weißt ja, immer dasselbe Problem. Du mußt zu der Apotheke gehen, die Dona Luciana mir genannt hat, und fragen, ob sie dort dieses neue Medikament haben, das sie mir noch nennen wird. Es gibt einfach nichts, was meinen Darm entleert, mein Bauch ist schon ganz hart, drück mal hier! Deswegen habe ich auch kein Auge zugetan.«

Die Welt ist dazu da, um ihr zu dienen. Einfach unerträglich! Sie hat wunde Stellen an den Knöcheln, der Hüfte und auf der rechten Körperseite, und ich behandle sie mit *Betadine* und mit Cremes. Ich mag sie. Und ich ertrage sie nicht. Wenn sie stirbt, habe ich niemanden mehr. Sie stirbt einfach nicht. Stirb nicht.

»Wenn ich sterbe, hast du niemanden mehr.« Hat Papa mir nicht dasselbe gesagt, oder irre ich mich? »Wenn ich, sterbe, wirst du mich vermissen.«

Ich komme von der Schule. Sie hat Hunger. Ich beeile mich mit dem Kochen. Habe ihr das Fleisch als Ganzes gegeben und hätte es kleinschneiden müssen, wegen des Gebisses. Warum habe ich die Brühe mit Reis und nicht mit Nudeln gemacht? Sie beschwert sich, daß die Suppe zu dick sei oder zu dünn. Die Verpackung des Diltiazem sieht anders aus als früher, also ist das Medikament auch anders und hat nicht mehr dieselbe Wirkung. Der Blutdruck ist entgleist wegen des Drucks auf die Aorta. Sie braucht *Cholagutt*-Tropfen. Dringend. Sie hat noch ein ganzes Glas voll, aber das reicht nur zwei bis drei Wochen. Ich schimpfe: »Dir ist überhaupt nicht klar, was für ein Leben ich führe, und du siehst einfach nicht, was ich alles für dich mache. Du hast kein Mitleid mit mir, Mama, nur mit den anderen.« Ich sage das, bereue es aber sofort wieder und setze mich aufs Sofa, wo ich tief durchatme und daran denke, daß Papa und ich auch kein Mitleid mit ihr hatten. Sie war unsere bedingungslose Sklavin, hatte nie eine Pause, ihr ganzes Leben lang. Trotzdem will ich ihr immer noch die Illusion vermitteln, daß ich eine Tochter wie alle anderen bin, die Tochter, die sie sich immer gewünscht hat. Oder versteht sie, daß ich einfach nur ich bin? Daß ich anders bin, weil ich nicht wie die anderen bin. Ihr ist heiß. Ich nehme ihr die Decke weg. Ihr ist kalt. Ich bewerfe sie mit der Dekke. Entschuldige mich. Ich denke: »Geh doch endlich, wenn dein Körper sowieso schon am Ende ist. Laß mich endlich leben. Nein, warte, geh nicht. Warte noch ein bißchen. Halt noch aus. Hältst du noch aus? Wie lange muß ich mich noch für dich aufopfern? Ich kann nicht ohne dich leben. Geh! Wir überleben uns alle gegenseitig.«

Und Mama ist wirklich gestorben, ohne es zu schaffen, gelassen in die stille Nacht zu gehen und den Tod des Lichts zu verfluchen. Wie ich sie verstehe! Wie schwierig muß es sein, alles hinter sich zu lassen, sich von dem Ballast zu befreien, den wir bewahren wollen, weil er immer zu uns gehört hat und uns umgebracht und im selben Augenblick auch beschützt hat, weil alles ist, was es ist, und gleichzeitig sein Gegenteil. Wie entsagt man dem Leben?!

Eigentlich wollte ich sie am Tag davor noch um ein paar Ratschläge bitten, aber es war schon zu spät. Dieses Gespräch wird auf einen künftigen Traum verschoben. Ich habe ihr keinen Gutenachtkuß gegeben. Es gibt einen Tag, an dem alle Nächte enden.

Ich habe sie auf dem Friedhof von Vale Flores in Feijó in einem Reihengrab bestatten lassen, gekennzeichnet mit einer schwarzen Metalltafel, auf die mit weißer Tinte die Nummer 880 gemalt war. Abschnitt B, Grab 880. Mama war bereits kein Name mehr zugeordnet, kein Geburtsdatum, sie war nicht mehr Tochter von dem und dem, geboren in der Gemeinde, dem Landkreis soundso. Das schmerzt mich,

196

weil Mama nie eine Zahlenkombination war. Mama hat Leben und Ozeane durchlaufen. Mama hat den Schleier der Existenz gelüftet und sich ins Leben eingeschrieben, für immer. Mama eine Nummer?!

Ich muß einen Grabstein für Mama kaufen, damit sie von dort, wo sie jetzt ist, sieht, daß ich allein klarkomme, auch wenn sie weg ist, daß sie stolz sein kann auf mich, die ganzen Jahrhunderte lang. Aber der Stolz muß noch warten. Die Gehaltskürzungen, die Steuern und die Nachforderungen bei der Einkommenssteuer lassen mir kaum Luft zum Atmen. Es reicht zwar zum Leben, aber nicht für Extra-Ausgaben. Meine Cousine Fá hat mir das Geld für die Beerdigung geliehen. Wenn Mama das wüßte, mein Gott, wenn sie das wüßte! Nur gut, daß sie nicht mehr ist.

Zweihundert Euro kostet der glatte weiße Grabstein, auf den ich ihren Namen, den Geburtsort, das Sterbedatum und den Satz eingravieren lassen will, den ich für sie geschrieben habe, als ich bei einer Physik- und Chemieprüfung Aufsicht hatte und über einen Satz von Einstein zu den Achterbahnen und zum Abbremsen eines in Bewegung befindlichen Körpers nachdachte. Zu den zweihundert Euro kommen noch zwanzig für den Totengräber hinzu, der den Stein präparieren und auf dem Grab anbringen wird. Zweihundertzwanzig Euro sind viel Geld, und jeden Monat sind da die Rechnungen, über deren Bezahlung Mama gewacht hat: die Grundsteuer, die Steuer für das Auto, die Einkommenssteuer, zwei Reifen und ein Scheinwerfer, vier Augenoperationen, eine Lesebrille, eine Gleitsichtbrille, das Wohngeld, der Tierarzt, das Gold im Pfandhaus, die Rückzahlung von Darlehen an Familienmitglieder und nette Freunde. Ich erinnere mich nicht mehr, wieviel die Totenstätte gekostet hat, auf der Papas Überreste liegen, zusammen mit denen von Großmutter Maria Josefa. Ich habe sie damals in bar bezahlt. Damals konnte man eine Gruft für den Tod noch in bar bezahlen; heute haben wir kaum noch genug zum Leben. Zum Glück schicken sie mir erst in fünf Jahren den Brief, in dem es um die Aushebung von Mamas Knochen geht. Ich habe fünf Jahre Zeit, um das Geld für ein zweites Beinhaus zusammenzubringen. Später ist dann bestimmt ein bißchen Platz in dem Grab, und sie können meine Knochen dazulegen. In vielen Jahren, wenn das brasilianische Portugiesisch bereits offiziell eine andere Sprache ist. Es ist schade, daß wir nicht alle zusammenbleiben können, Großmutter Josefa, Papa, Mama und ich. Alle zusammen und immer einer Meinung, in allergrößter Liebe. Das wäre doch was!

Und dann kam die Gelegenheit für Mamas Grabstein: Die ADSE zahlte mir den Zuschuß zu ein paar Brillen aus, und ich ging zu dem Mann mit den Grabsteinen. Das war's dann. Geld bleibt nie lange liegen. Über den Preis und das Aussehen des Steins hatten wir vorher schon gesprochen. Ich drückte ihm eine DIN-A5-Seite in die Hand, auf der ich von Hand und in Druckbuchstaben, damit keine Fehler unterliefen, aufgeschrieben hatte, was in Schwarz auf den weißen Marmor eingraviert werden sollte. Mamas vollständiger Name, ihr Geburtsdatum, der Todestag und zwei Sätze von mir. Der Mann liest sie in meiner Anwesenheit laut vor, und das ist mir peinlich. Es sind private Sätze, auch wenn sie für die Öffentlichkeit bestimmt sind. Trotzdem sind sie privat. Ich möchte sie nicht hören. Sie gehören nur mir und ihr, ganz im Stillen. Es war, als hätte der Mann in einer ganz privaten Angelegenheit zwischen Mutter und Tochter eine Nachricht für Mama vorgelesen. Doch er tat es und sagte: »Ja, das geht in Ordnung.«

Dann fragte er: »Wollen Sie nichts mehr hinzufügen?« Ich verneinte.

»Wollen sie kein ›in Erinnerung an‹ vor ihrem Namen haben?«

»Nein.«

»Und ein ›Ruhe in Frieden‹«?

»Auch nicht! Nur das, was ich auf dieses Blatt geschrieben habe! Ich bin mir sicher, meine Mutter ruht in allergrößtem Frieden.«

»Ganz bestimmt«, antwortete er. Dann sah er auf Mamas Foto und sagte: »Ich glaube, ich habe diese Dame gekannt ...« Ich zuckte nur mit den Achseln. »Es gibt so viele ähnlich aussehende Damen.« Und der Mann bestand nicht darauf. Meine Mutter war durch und durch eine »ähnlich aussehende Dame«. Sie hob sich durch nichts von den anderen ab. War die Sanftheit in Person. Sie konnte warten, war nie beleidigend oder verletzend. Sie wußte über Ereignisse in der Zukunft Bescheid, bevor diese eintrafen, als hätte sie das alles schon einmal erlebt. Ich war nie wie Mama. Ich habe nie gelernt, mich damit zu begnügen, nichts zu sein.

Als Mama starb, habe ich das Eßzimmer abgebaut und zum Vierten Reich umgewandelt. In diesem riesigen Raum bewahre ich die Möbel und Gegenstände aus dem Rückkehrer-Container auf, denen ich zu einer Bestimmung verhelfen möchte. Das Vierte Reich ist der Container, der aus Mosambik kam, nunmehr bereit, in die Welt hinauszugehen. Ich möchte alles, was er enthielt, an Freunde verschenken oder verkaufen. Ich möchte, daß die Gegenstände, deren Anblick ich nicht ertragen kann, in guten Händen sind; daß dieser Nachlaß wertgeschätzt wird, für den Mama sich geopfert hat, damit er zu uns gelangt, vor allem zu mir, zu meinem Wohl, den ich aber immer gehaßt habe, weil ich eine so schlechte Tochter, ein so schlechter Mensch war, so verquer, so arrogant, egozentrisch und narzißtisch.

Ich behalte eine Skulptur, die bestimmt für ein paar Escudos oder Meticals von hungrigen Schwarzen geschnitzt wurde. Ich denke: »Vergiß nicht, Maria Luísa, vergiß nicht. Das warst auch du.« Ich behalte kleine Dinge. Behalte das, was eine Verwendung hat und mich mit dem verbindet, was verlorengegangen ist, dieser Verlust, den ich spüren werde, wenn ich Papa und Mama wiedersehe und wir uns mit süßen Küssen und heftigen Umarmungen vergeben können.

Ich bitte Leonel, der inzwischen mit einem Krankenpfleger zusammenlebt, daß er mir mit Mamas Möbeln hilft. Ich möchte alle Möbel aus dem Wohnzimmer, aus meinem und ihrem Schlafzimmer ins Vierte Reich schaffen, zusätzlich zu denen, die dort bereits stehen. Das Vierte Reich wird zu einem Sack, bis obenhin vollgestopft mit materiellen Erinnerungen. Man kann sich gar nicht mehr darin bewegen. Ich bat meine Freunde, mir Möbel abzunehmen. »Nehmt sie mit. Bitte!« Sie nahmen sie mit. Das Mobiliar aus dem

Rückkehrer-Container ist inzwischen über das Alentejo und ganz Galicien verstreut. Das ist fast die ganze Iberische Halbinsel, von Norden nach Süden. Mamas Bett ging ins Alentejo. Mögen darin viele Kinder gezeugt werden, von Menschen, die welche kriegen können. Es werden auch meine Kinder sein. Die Truhen, Tische und Spiegel gingen nach Galicien, wo sie von Menschen benutzt werden, die sie wertschätzen, und deswegen bin ich glücklich. Ich habe auch Möbel kaputtgemacht, die, die niemand haben wollte. Habe sie weggeworfen. Wir werden alle irgendwann sterben, und wenn ich selbst, gegen meinen Willen, zu Staub werde, welche Moral hindert mich dann daran, einen Kleiderschrank zu zerstückeln, auch wenn Mama ihre Würde aufgeben mußte, damit er ins Mutterland gelangte?

Das Eßzimmer ist das Lager an Arterien, DNA und Synapsen, die uns verbinden und durchlaufen. Mama und mich. Papa und mich. Papa, Mama und mich. Mich und die Hunde. Papa, mich und die Hunde. Papa, Mama, mich und die Hunde. Mich und die Hunde. Und alle fahren in einem dunkelblauen Opel Corsa spazieren. Papa vorn auf dem Beifahrersitz. Er lacht mit seinem vom Schlaganfall schiefen Mund. Der Rollstuhl im Kofferraum, superschwer, ich habe schon blaue Flecken auf Armen und Beinen davon, spüre sie aber nicht mal. Nur ich weiß, wie man ihn in den kleinen Kofferraum rein- und wieder rausbekommt, niemand sonst. Es gibt da einen Trick. Ich bin aus irgendeinem Grund ruppig zu Mama, sie verdient nicht so viel Wut, aber ich kann mich nicht beherrschen, als ginge gleich die Welt unter. Die Hunde zur Beruhigung, ohne die alles andere nicht möglich wäre. Die Hunde, die ich umarme, nachdem ich Papa geschleppt habe, nachdem ich ruppig zu Mama war. Die Hunde mit ihrer feuchten Schnauze. Die weichen Hunde, deren Fell ich an der Berührung erkenne und die ich in meinen Träumen rufe. Alle zusammen oder auch einzeln, wie ein unverrückbarer riesiger Stein, den ich nicht aus meinem Fegefeuer hinausschieben kann. Und ich verneige mich vor dem Bild der beiden an einer Wand des Vierten Reichs, das ich nicht mehr betreten kann, bete für ihre so großartigen Seelen, die besser sind als meine so sehr nach Leben gierende, danke ihnen für die Stärke und Widerstandskraft des Körpers, den sie mir geschenkt haben und der entweiht wurde, als ich das wollte und weil ich es wollte, und erinnere mich an Mamas seltenes, mit ihrer so ruhigen Stimme geäußertes Lob: »Du hast vielleicht eine Kraft, Maria Luísa, hast immer schon so viel Kraft gehabt!«

Badezimmer

Zwischen Eßzimmer und Wohnzimmer gelegen. Es verfügt über die übliche Sanitäreinrichtung eines Badezimmers.

Aldo Moro wurde am Ende des Frühjahrs 1978 ermordet, und der Herbst jenes Jahres ging sehr heiß weiter. In diesem Jahr hat Papa mich ins Internat gebracht, und ich lernte Tony kennen.

Laut Hausordnung sollen wir um sechs Uhr morgens von den Präfektinnen geweckt werden, damit wir in den Waschsaal gehen. Und so geschieht es. Schlaftrunken quälen wir uns aus dem Bett, vertrieben aus diesem süßen Ort, an dem man in Frieden stirbt. Im Waschsaal gibt es Schlangen für die Dusche, die Waschbecken und Bidets ohne jede Privatsphäre. Nur die Klokabinen haben Zwischenwände, die uns vor den ständigen fremden Blicken schützen.

Die ersten Internatsschülerinnen, die aus dem Bett kommen, die mutigsten in dieser schwierigen Kunst, für die man eine gewisse Begabung haben muß, bekommen in der Dusche noch heißes Wasser ab. Die übrigen genießen die therapeutische Wirkung des eiskalten Wassers. Die Präfektinnen sagen, das härtet ab. Wir werden nie Falten bekommen. Eine Haut wie Stahl. Der 50-Liter-Boiler hat nicht die Kapazität, in einer so knapp bemessenen Waschzeit heißes Wasser für eine so große Anzahl von Internatsschülerinnen zu liefern. Die ersten drei Mädchen duschen, und die Kapazität ist erschöpft. Wir anderen müssen dann die Waschbecken und Bidets mit kaltem Wasser füllen, um unserer täglichen Körperpflege nachzukommen. Die meisten Mädchen laufen nackt oder halbnackt herum, stellen ihre strahlende jugendliche Schönheit im Waschsaal zur Schau. Ich weiß, daß ich das nicht machen kann. Ich bin zwar jugendlich, aber alles andere ist eine einzige Peinlichkeit; meine riesigen Brüste, der Schwimmreifen um die Taille und die dicken Schenkel. Ich kann mich nicht vor ihnen ausziehen, kann mich nicht zeigen. Ich möchte keine kritischen Blicke spüren, möchte nicht Zielscheibe von Spott und Grausamkeit werden und auch keine Ratschläge für Cremes und Seifen erhalten, die Bauch und Beine schlanker machen und die Brust verkleinern. Trotzdem bestelle ich sie über eine Adresse, die ich auf den Werbeseiten der *Crónica Feminina* entdeckt habe. Ich schütze mich auf bewährte Art. Das Sich-Zeigen im Waschsaal ist eine Tortur. Tony erklärt mir, »daß es Frauen gibt, die sich operieren lassen, um die Brust zu verkleinern«. Tony rät mir: »Du mußt dich auf den Boden legen, mußt Fahrrad fahren und Rumpfbeugen machen.«

Ich erfinde eine Möglichkeit, wie ich mich waschen kann, ohne meinen Körper zu zeigen: Ich fülle eine Plastikschüssel mit kaltem Wasser und verstecke mich in einer der Klokabinen, wo ich mich wasche, so gut es eben geht. Mit demselben Wasser seife ich mir das Gesicht ein und putze mir die Zähne, dann gehe ich über zu den Achselhöhlen, zum Geschlecht und zu den Füßen. In dieser Reihenfolge. Die übrigen Mädchen bemerken mein Fehlen. Sie sehen mich nicht in der Schlange zu den Waschbecken. Die schlauesten kapieren, was ich heimlich mache. Schüssel füllen, rein ins Klo, raus aus dem Klo. Sie reden darüber. Verhöhnen mich, wenn ich vorbeikomme. Hinter meinem Rücken bin ich Zielscheibe von Spott. Ich bin das Schwein. Der Liebling vom Herrn Direktor wäscht sich nicht. Das Gerücht verbreitet sich und kommt der Präfektin zu Ohren. Ich werde zu ihr gerufen und erkläre mein Verhalten. Die Präfektin hört mir zu, ohne sich dazu zu äußern. Ohne zu beschönigen, sage ich die Wahrheit. Die ganze Wahrheit. Ich schäme mich, meinen Körper zu zeigen. Ich ertrage es nicht, verspottet zu werden. Es ist mir nicht peinlich, dies einer älteren Frau zu gestehen, die meine Mutter oder Großmutter sein könnte. Sie ist die einzige, die mich verstehen kann. Sie antwortet mir, ohne Gefühlsduselei oder Mitleid, ich solle es so machen, wie ich es für richtig halte, Hauptsache, ich wasche mich. »Ja, ich wasche mich immer«, versichere ich. Der Herr Direktor erfährt von der Sache und verspricht, mich in einen kleineren Schlafsaal zu verlegen, mit nur vier Betten, der über ein Badezimmer verfügt, das zwar auch gemeinschaftlich ist, aber dennoch privater, mit Toilette, Bidet und zwei Waschbecken.

Einen Monat später werde ich auch aus diesem Schlafsaal verlegt, und mit mir Tony als mein neues Gepäckstück. Ich beginne das morgendliche Ritual, indem ich als Erste aufstehe, sobald die Präfektin zum Wecken kommt. Ich schnappe mir die Schüsseln, die ich unterm Bett aufbewahre, gehe in unser Badezimmer, fülle sie mit Wasser aus dem Kessel, solange es noch heiß ist, stelle sie in eine Ecke des Raums und decke sie mit den Sitzflächen von kaputten Stühlen aus dem Gemeinschaftsraum ab. Dieses Schnellsein verhilft mir zu warmem Wasser – nach dem Motto: Wer zuerst aufsteht, gewinnt. Auf diese Weise kann ich mich noch mal für eine gute Stunde ins Bett legen, dann wecke ich Tony, wir waschen uns gemeinsam, ich verstecke meine häßlichen Brüste mit meinen Armen und dem Handtuch vor ihren Blicken, sehe ihre Brüste, die sie offen präsentiert, indem sie ihren Oberkörper aufrichtet. Dann kleiden wir uns rasch an und stellen uns in die Frühstücksschlange.

Mama hat ihren Körper auch nie gern gezeigt. Es war eine Tortur für sie, wenn sie ihren Badeanzug anziehen mußte, sobald Papa verkündete, daß wir an den Strand fahren. Sie hat ihren Körper gehaßt. Sie war schlank, hat ihn aber gehaßt. Gesagt hat sie mir das nie, aber das brauchte sie auch nicht. Es gibt Dinge, die versteht man ohne Worte.

In der Zeit kurz vor ihrem Tod muß sie ihren Körper zeigen. Jemand muß sie waschen, ankleiden, behandeln, pflegen. Mama bewegt sich kaum noch. Sie kann nicht mehr allein ins Bad gehen. Ihr Herz läßt das nicht zu. Und ihre Knochen auch nicht. Im Winter wird alles schlimmer. Ich setze sie auf einen Hocker in der Badewanne. Mache ihren Körper mit der Handdusche naß. Reiche ihr die *Alfazema*-Seife, ihre Lieblingsseife. Sie seift sich vorne ein. Ich kümmere mich um den Rücken, die Beine und die Füße. Dann spüle ich sie ab, um den Schaum zu entfernen, und beende das Bad mit schön warmem Wasser.

»Gehen wir wieder raus?« schlage ich vor.

»Ja, Kind. Vorsichtig, damit ich nicht falle. Ich kann das

rechte Bein nur schlecht heben. Deck mich zu. Es ist kalt.« Sie scheint so zufrieden zu sein mit der Pflege, die ich ihr zukommen lasse, daß es mich rührt. Von der Wiege bis zum Sarg brauchen wir Menschen, die sich um uns kümmern, uns anleiten und uns zuhören.

Ich bedecke ihre Schultern mit einem Frotteehandtuch aus ihrer Aussteuer, das ich bereits geerbt habe. Dann helfe ich ihr aus der Badewanne. Setze sie auf einen Hocker vor den Spiegel, während ich ihr das dünne Unterhemd, den dicken Unterziehpulli, die Unterhose, die Strümpfe, das Schlafanzugoberteil und die Hose anziehe. Ganz zum Schluß das Schlafjäckchen.

»Ist dir kalt?« frage ich.

»Ein bißchen.« Die übliche Antwort.

Sie hat eine sehr feine, trockene und brüchige Haut, und ihr Rücken ist unwiderruflich krumm; an der Hüfte und am rechten Fuß Scheuerstellen, die nur mühsam zuheilen.

»Halt die Schlafanzugärmel fest, damit sie nicht in der Jacke hängenbleiben«, bitte ich.

»Das habe ich immer zu dir gesagt, als du klein warst, halt die Ärmel fest, Maria Luísa, halt die Ärmel fest. Und du hast so getan, als würdest du nicht hören, warst verquer wie ein Baum, der ständig im Seitenwind steht, du wußtest, daß sie nach oben rutschen würden und es eine Mordsarbeit macht, sie wieder runterzuziehen, aber du hattest einfach keine Lust. Hast nie das gemacht, was ich von dir verlangt habe.«

»Aber mach du es jetzt«, antworte ich, während ich sie fertig ankleide. »Du bist anders als ich. Besser.«

Ja, ich habe dieses vage Bild vor Augen. Ich, noch ganz klein, zerbrechlich, widerspenstig, ihrem Willen ausgeliefert. Während sie das Loch für den Jackenärmel sucht, beobachte ich uns im Spiegel. Ich sehe uns. Betrachte uns. Ich, die Erwachsene, die Kraftstrotzende, kleide sie an. Sie, alt, gebrechlich, krumm, das Haus, aus dem ich geboren wurde, nunmehr mir ausgeliefert, als hätten wir unsere Identitäten getauscht. Ich bin nicht nur ich. Ich bin sie, wie sie früher war. Ich bin die Mama. Ich sehe mich als sie in dieser Zeit. Und aus Respekt wende ich die Augen ab von ihrem Spiegelbild, das ebenso ich bin. Von dieser getrennten Einheit, in der wir leben müssen. Ich wurde spät geboren in ihrem Leben und nicht gestillt, weil ihre Milch keine Substanz hatte. Und ich war immer auf ihre Brust fixiert, als würde mir meine eigene nicht genügen. Ich will sie immer noch küssen. Die alten Brüste meiner Mutter, so weiß, so schön! Wie ich sie küssen würde! Meine ungehörige Nase würde ich darin vergraben, würde ihren lauen Fleischgeruch einatmen, den Geruch meines eigenen Fleisches, nur vollkommen.

In Mamas Schlafzimmer, das sowohl in Lourenço Marques als auch in Almada hellblau gestrichen ist, steht ein mit weißem Nappaleder bezogener Palisanderholzstuhl, auf den ich mich setze, um ihr zu helfen, hypnotisiert von dem Schauspiel, wie sie sich an- und auskleidet: Sie hebt mit der Hand und dem rechten Unterarm ihre schweren Brüste hoch und bettet sie in die Körbchen des Büstenhalters. Ich sage kein Wort, damit sie nicht merkt, daß ich sie beobachte; wenn sie sich auszieht, sehe ich, wie die magische Brust herabfällt. Ihre extrem weißen bis rosafarbenen Brüste hängen für ein paar Sekunden, mächtig, wie reife Früchte. Ich glaube, sie strömen einen Saft aus, eine weibliche Feuchtigkeit. Der Körper meiner Mutter ist das große Geheimnis; um ihn zu entdecken, habe ich früh meinen eigenen Körper untersucht. Um die Sprache des Fleisches zu verstehen, quetschte ich meine Brüste zwischen den Händen und saugte kräftig an den Brustwarzen. Mit den Fingerspitzen zeichnete ich ihre kurvige Form nach, bis ich Gänsehaut bekam. Ohne müde zu werden, verlor ich mich im Schmodder meines Körpers und lernte ihn gänzlich kennen, weshalb ich nun sagen kann: Nehmet hin und esset. Das ist mein Leib. Nehmet hin und trinket, denn das ist mein Blut.

Ich habe Mamas Brüste nie berührt. Jetzt lege ich Mama ins Bett. Sie bleibt in Embryostellung auf der rechten Seite liegen, die Zickzackform ihres Körpers hat sich bereits in die Matratze eingedrückt, die noch aus der Zeit mit Papa stammt. Ich decke sie mit dem Laken und den Decken zu.

»Ist alles gut so? Ist dir schön warm?« Ich bin mir sicher, daß alles in Ordnung ist.

»Ja, alles ist gut. Bleib noch ein bißchen hier. Und stell den Fernseher leise.«

»Ich kann nicht, Mama, ich muß ins Bett. Weil ich morgen früh raus muß.«

»Dann geh. Geh, mein Kind.«

Ich ziehe die Kleider aus, die meinen geliebten häßlichen Körper verstecken, er ist zerstückelt, weist aber noch keine Schürfwunden auf, und doch wurde er zerstört von

Hunger und Übersättigung. Die zerstörten Reste meines begehrten und verweigerten Körpers. Ich ziehe den Schlafanzug an. Nehme ein Benzodiazepin-Generikum. Es gibt immer einen neuen Tag. Morgen.

Einmal habe ich David meinen Körper verweigert.

Unsere Beziehung verschlechterte sich zunehmend, seit er mir verboten hatte, ihn zu besuchen. Die Clique. Die Kommilitonen. Akzeptiert werden. Er hatte sich für sie entschieden. Nur Freundinnen, die seine Freunde gutheißen und die ihm einen Platz im Olymp der Weiberhelden sichern. Die Tatsache, daß er sich für mich schämte, wurde wegen der eingestandenen Ablehnung, die weniger von ihm kam als von den anderen, zu einer nicht heilenden, ständig wieder aufreißenden Wunde, und sie beinhaltete ein Vorurteil, das die Liebe hätte überwinden müssen, andernfalls war es eben keine, davon war ich überzeugt. Damals war ich noch nicht in der Lage zu vergessen oder ihm zu verzeihen. Es war zu früh dafür. David wußte nicht, daß sein Sich-Schämen nicht nur seine eigene Zurückweisung enthielt, sondern die einer ganzen Kultur, die sich über ihn auf uns übertrug. Die Worte der Freunde, die für alle Menschen standen, waren ihm wichtiger als unsere Beziehung, unser Lachen. Ich wußte nicht, wie ich reagieren sollte, außer mich zu verweigern, mich zu entziehen und anzugreifen, wann immer das möglich war, mich zu wehren wie ein gehetztes Tier. Wir waren beide Sündenböcke und Scharfrichter zugleich. Er bekräftigte das Vorurteil mit seinem unschuldigen Sich-Schämen, und ich bekräftigte es, indem ich sein Schämen ernst nahm. David zu sehen hieß, der Realität ins Auge zu blicken. Und diese ganze Diskussion bestätigte mir, daß ich unmöglich in die weibliche Welt aufgenommen werden konnte. Ich war keine Frau, sondern eine wertlose unförmige Fleischmasse.

David liebte mich, und gleichzeitig lehnte er mich ab. »Ich liebe deine schweren Brüste«, sagte er und prüfte ihr Gewicht. »Ich liebe deinen Bauchumfang«, und er leckte ihn. »Laß mich in dieses Stück Schenkel beißen«, und er biß zu. »Komm nicht zu mir. Wegen dir machen meine Freunde sich lustig über mich.« Und ich ging nicht hin. Mein Körper war weder gut genug für David noch für jemand anderen. Es lohnte nicht, sich Illusionen zu machen, daß alles, was geboren wird auf Erden, auch ein würdiges Schicksal verdient. Wenn ich für David nicht gut genug war, war ich in diesem Leben für niemanden gut genug. Und wenn mein Körper nicht gut genug war, dann war auch nichts anderes von mir brauchbar, und ich ließ es gar nicht erst zu; deshalb mußte ich mich von dem zurückziehen, was mich zurückwies.

Ich wurde sehr hart im Umgang mit ihm. Unerbittlich. Verletzte ihn bei jeder Gelegenheit. Fragte ihn: »Kommst du mit der Dicken mit oder lieber mit den normalen Menschen?« Sagte zu ihm: »Geh schon mal los; ich komm dann nach, damit du dich nicht schämen mußt, wenn du mit einer Dicken unterwegs bist. Tu einfach so, als würden wir uns nicht kennen.«

Er wurde auch mir gegenüber hart. Wir machten Schluß und fingen wieder neu an, ohne Erklärungen oder Entschuldigungen. Wir behandelten uns am Freitag schlecht und drückten uns am Montag mit drängenden Händen gegen die Werbeplakate am Bahnhof von Caçilhas, fürchteten uns vor dem endgültigen Aus, das keiner von uns wollte, denn wir wußten, ein Leben ohne den anderen wäre nicht möglich. Er liebte mich. Ich genügte ihm nicht. Ich liebte ihn. Der Narziß in mir war zerbrochen am Stolz und den nicht erfüllten Erwartungen.

Am Ende des Sommersemesters 1988 machten wir Schluß, und ich fuhr mit Zelt und Rucksack in den Urlaub, wie das damals üblich war. David hatte kein Geld, deshalb konnte er im Sommer nicht mit mir oder anderen Freunden verreisen. In den Ferienmonaten konnte er sich gerade mal das Geld zusammensparen, um sich die teurere Monatskarte zu leisten, mit der man bis an die Costa da Caparica kam, oder auch das eine oder andere Busticket nach Sesimbra. Damit wäre der Sommer gerettet.

Er war finanziell von seinen Eltern abhängig, die ihrem einzigen Sohn nicht das Recht auf einen Urlaub mit der korpulenten und viel zu selbstsicheren Freundin zusprachen. Sie hatten ihr Leben lang gearbeitet, ohne jedes Recht auf Urlaub, sparten brav fürs Alter und die Zukunft ihres wunderbaren Sohnes, der es einmal besser haben sollte als sie, denen aufgrund ihrer Armut wenig vergönnt gewesen war. Sie stammten nicht aus der Zeit der Freizeitaktivitäten und verstanden daher auch diese sekundären Rechte nicht. In den Ferien hatte man zu arbeiten, auf dem Bau wie ein Sklave, damit man Geld verdiente und sich Hosen und Hemden für das restliche Jahr kaufen konnte, ja, damit trug man zur Familienökonomie bei und diente der Kernfamilie.

Wir liebten uns im Wasser und im Unterholz. Die Lust machte uns völlig verrückt. Wir liebten uns sehr, und wir hatten viel Sex. Meine Lust, seine, unsere, sie wurde zu einer brutalen, universellen Kraft. Doch wir konnten nicht gemeinsam die Schönheit der üppig belaubten Sommerbäume kennenlernen und auch nicht den wildschwarzen Geschmack der Brombeeren. In den Osterferien hatten wir es geschafft, mit dem Zug zu den Bungalows von São Jacinto zu fahren, die zwischen der Flußmündung und dem Ozean lagen – sie gehörten einem Franzosen mit portugiesischen Wurzeln, den uns eine Freundin empfohlen hatte. Wir gingen spazieren, schliefen, lasen und vögelten im Bungalow und in den Dünen, wollten nichts wissen von der Welt. Im Winter war dort niemand am Strand. Der eine oder andere Ausländer, mehr nicht. Wir waren so unschuldig und so tierisch wie der herrenlose Hund, den wir auf dem Weg zum Strand fotografierten. Ein gelehriger dünner Schäferhund, dessen Schnauze voller Sand war. Wir machten sie sauber. Kümmerten uns um ihn, solange wir dort waren, und reisten ab in der Hoffnung, daß andere wie wir nach dem schutzlosen Tier schauen würden. Von uns haben wir in São Jacinto keine Fotos gemacht. Doch wir haben uns in Évora aufgenommen, in Schwarzweiß, wie wir uns mit offenen Armen anlächeln, das war irgendwann im September. Hübsch waren wir und sahen immer gut aus. Wir hatten den Bus am *Centro Sul* genommen. Es regnete. Wir hatten Spaß. Ich kaufte ein Holztablett für Mama, mit dem ich ihren Unmut über meine kurzen inoffiziellen und heimlichen Flitterwochen besänftigen wollte. Als Urlaub mußte das reichen.

Kurz vor den Sommerferien im Jahr 1988 hatte ich gesehen, wie er mit einer Kommilitonin flirtete, sie war aus Queluz, Massamá oder Mem Martins, aus einem dieser Vororte jedenfalls; sie hatte ihn gebeten, ihr das Haus der ausgewanderten Eltern zu streichen. Sie war berühmt in der Clique. Die Kommilitonen fanden sie hübsch. Das mit dem Streichen war ein Vorwand. Es ging nicht um diesen Job, sondern um den Flirt. Mir gefiel das nicht. Ich konnte nicht zulassen, daß er so etwas vor meinen Augen tat.

»Du wirst schon noch sehen, wer zuletzt lacht«, dachte ich und fuhr in den Urlaub. »Du wirst schon noch sehen«, wiederholte ich wütend in der brodelnden Lavamasse meines Gehirns, wenn ich an ihn dachte, und ich dachte ständig an ihn. »Mit eingezogenem Schwanz wirst du zu mir zurückkommen, weil du ohne meine Lust, ohne die Wärme von meinem Bauch nicht leben kannst.« Ich ließ ihn sitzen und brach mit dem Rucksack auf dem Rücken an Orte auf, wo ich üppig belaubte Bäume und dicke Brombeeren finden würde.

Der Campingführer brachte mich in ein Dorf im Minho, verloren zwischen Bergen, Wäldern und Quellen mit glasklarem Wasser, das aus den Felsen am Straßenrand sprudelte. Der Garten Eden. Am zweiten Abend verhalf mir meine Sprachbegabung im Café-Restaurant des Campingplatzes zu der Bekanntschaft mit einem Engländer, der am Nebentisch einen Tee bestellte und sich nicht verständlich machen konnte. »Black tea«, erklärte er, und der Kellner antwortete: »Einen Espresso wollen Sie, oder?!« Ich mischte mich ein und ermöglichte die Kommunikation. Der Engländer nannte sich Nigel und schleppte seine eigene unglückliche Liebesgeschichte mit sich herum. Er erzählte sie mir. Sie rührte mich.

Er lebte in der Nähe von London, seit er Neuseeland mit der Absicht verlassen hatte, eine Sekte der New-Age-Bewegung zu propagieren und die Kontingente in England einzubinden. Er war nach Nordportugal gereist, um seine Freundin zu suchen, die nach einem Streit ohne jede Erklärung verschwunden war. Sie sei nicht so spirituell wie er. Das Mädchen sei rebellisch und habe noch viele Spinnennetze im Kopf und Tränen in den Augen. Er nicht mehr. Alles, was er aus unsicherer Quelle wußte, war, daß seine Margaret sich irgendwo im Minho aufhielt. Und dort waren auch wir, aber ich machte ihm nichts vor. Ich erklärte ihm, daß der Minho zwar klein wirke, dennoch aber eine zu große Region sei, um dort jemanden ohne Adresse zu finden. Das hatte Nigel auch schon begriffen, trotzdem suchte er weiter nach seiner besseren Hälfte und fuhr von Campingplatz zu Campingplatz. An diesem Abend aßen wir gut, redeten nach seinem *black tea* lange und tranken Schnaps und Brandy bis um zwei Uhr morgens, bis das Café-Restaurant zumachte und wir gehen mußten. Draußen war es frisch. Ich bekam eine Gänsehaut. Um uns herum nur Nebel. Man hörte das Rauschen des Flusses, die auf die Äste am Ufer prallenden Wassermassen, die sprudelnde Strömung und das Tröpfeln von Wasser in den umliegenden

Quellen. Die Luft war getränkt mit Feuchtigkeit, und Nigel schlug vor, daß wir in einem Zelt schliefen, damit wir es warm und gemütlich hätten. Ich antwortete, das komme nicht in Frage. Meine instinktive Strategie zur Verteidigung meines Terrains. Nein. Und nochmal nein. Doch dann dachte ich inmitten der ganzen Alkoholdünste an David und fand Gefallen an der Situation. Das wäre die Rache. Der Neuseeländer war ein Augenstern, die Augustnacht schon sehr feucht und kalt, zwei Schlafsäcke zusammen hielten besser warm, und wer sagte überhaupt, daß das Angebot unsittlich war?!

Der Mann hatte eine magnetische, exzessive Persönlichkeit, die mich anzog. An diesem Morgen hatte er sich nach dem Aufwachen die Haare abrasiert, ohne Spiegel, nur nach Gefühl, weil er sich nach einer symbolischen Wiedergeburt sehnte, während er Margaret, die Verursacherin seines Kummers, suchte. Sein Kopf wies Kerben auf, und diese blutverkrusteten Linien zeichneten Bilder auf seine helle Kopfhaut. Es war erbarmenswert. Ich hatte schließlich auch meine romantische Ader. Dachte an die Poesie, immer nur an die Poesie und an die Welten, die wir durchlaufen, in denen wir siegen und verlieren im Namen der Liebe, wenngleich alles, was ich wußte, reine Intuition war. Nur Hochmut. Nur Begehren und Angst. Ich dachte an all die Universen, die wir in unseren kleinen Körpern beherbergen. Und es gab eine Sekunde, in der meine Abwehr einen Riß erfuhr. Und da mein bisheriges Leben ein einziger Kampf gewesen war zwischen dem, was ich richtig fand – und dem ich vertrauen wollte –, und dem, was Mama verteidigte – dem ich mißtrauen wollte –, dachte ich, es wäre nun an der Zeit, dem Vertrauen eine Chance zu geben. Es würde nichts passieren. Das war zwar reine Intuition, doch Frauen täuschen sich nicht. Nigel war ein Typ aus einer anderen Kultur, mit offenem Geist, er suchte seine Freundin, die ihn verlassen hatte, und sah aus wie Bon Jovi ohne Haare. Mein Geist hörte im Hintergrund die Klänge von *Bed of Roses*. Mehr war da nicht. Wir suchten meinen Schlafsack und schlüpften in sein Zelt, das viel größer war, deckten uns zu, hatten es warm, keine Aktivitäten, keine Versuchungen.

In den darauffolgenden Wochen suchten wir Margaret an allen bewohnten Orten des Minho, und irgendwann fing das an, was zu erwarten gewesen war, morgens und auch abends, je nachdem, was Gott für den Tag geplant hatte und wie gut es uns schmeckte.

Der Engländer schien nicht zu merken, daß die Dicke dick war. In diesem August wurde ich normal. Ich fühlte mich geborgen. In diesem August wollte ich, daß David in Massamá und Queluz und Mem Martins sämtliche Wände für sämtliche Kommilitoninnen mit Nastassja-Kinski-Figur bemalte, mit Wasser- oder Ölfarbe, je nach Auftrag, es war mir so egal, und in den Pausen sollte er ruhig auf dem Zeitungspapier vögeln, mit dem er das Parkett zur Vermeidung von Farbspritzern abgedeckt hatte. Ich war es so leid. Sollte er doch mit Hunderten von Mädchen flirten, mich eifersüchtig machen, so viel er nur wollte, sich für den Winter eine Monatskarte bis nach Cascais oder Sintra kaufen, zum Teufel mit ihm, sollte er doch aus meinem Leben verschwinden. In diesem Sommer hatte ich Nigel. Am Tag des großen Brandes vom Chiado bauten der Neuseeländer und ich gerade unser Zelt in São Jacinto auf, wohin ich ihn gebracht hatte. Wir hatten uns am Morgen geliebt, in demselben Erdloch in den Dünen, in dem auch David und ich uns versteckt hatten. Ich folgte, ohne es zu wissen, seiner Spur.

Im Fernsehen sah ich an diesem Tag, daß der Himmel über Lissabon voller Rauch war, und der erreichte auch das andere Ufer und die Lungen desjenigen, der sich für mich schämte. Nur zu. Sollte er doch leiden, durch meine Hand oder die unseres Schöpfers, der mich nie im Stich ließ. Ich fuhr mit Nigel nach Évora, und wir fuhren über Lissabon. Wir schossen in denselben Straßen Fotos, schliefen im selben Hotel, ich küßte ihn an denselben Orten, ohne Liebe, und spürte bei dieser Rache eine solche Genugtuung, vermischt mit Schmerz und Wut, eine Genugtuung, die nie ausgesprochen wurde, die aber stets über unserer unvollständigen Beziehung schwebte. Über der wahren. Der zwischen mir und David.

»Du wirst schon noch sehen, wirst schon noch sehen«, und in diesem unendlichen Groll, dieser Eifersucht, empfand ich Mitleid und Verachtung für diesen dünnen Jungen, diese halbe Portion, die nicht mithalten konnte mit dem großen, vollkommenen neuseeländischen Bon Jovi mit blauen Augen und rotblondem Bart. Gab es etwas Besseres?

Es war kein schlechter August, doch er ging zu Ende. Nigel fand seine Freundin nicht, nahm einen Flieger der British Airways, kehrte zurück nach London und ich nach

Hause. Wir hielten Kontakt auf die Entfernung, über Telefon und Briefe, aber es war zuwenig. Er hatte in seiner New-Age-Sekte viel zu tun, sie lebten alle in einer Gemeinschaft mit viel Kontemplation, mußten ständig nach Finanzierungen suchen, und das Schicksal und Mama mit ihren magischen Gebeten taten ein Übriges, nachdem ich ihr erzählt hatte, daß ich vielleicht nach England gehen würde.

Kurz darauf begann das Semester, und ich sollte meiner großen Liebe begegnen, die vor meinen Augen sämtliche Mädchen anmachte, weil ich büßen sollte, und ich büßte, doch das war erst der Anfang. Ich sollte schon noch sehen. Er wollte mich so lange fertigmachen, bis ich ihm aus der Hand fraß. Ich sollte mich in Luft auflösen, sollte dorthin gehen, wo der Pfeffer wächst, denn ich würde ja sowieso wiederkommen, könnte eh nicht leben ohne ihn, ohne seinen Geruch nach Maschinen, nach Steinen und Vorstadt. Ich war dennoch wild entschlossen, ihn zu vergessen. Ihn nicht zu beachten. Nicht mit ihm zu reden. Er spürte meine Distanziertheit und lehnte sich dagegen auf.

Er rief an und wollte sich mit mir treffen, die Schwierigkeiten ausräumen.

»Ich dachte, es wäre vielleicht nicht schlecht, wenn wir mal reden würden. Sind deine Eltern da?« erkundigte er sich.

»Nein. Ich bin allein.« Meine Eltern waren in ihren Heimatort gefahren, wie üblich.

»Dann komm ich vorbei. Wir reden und klären das.«

»Ich will nicht mit dir reden, David. Ich will dich nicht sehen. Komm nicht.« Und ich legte auf.

Ein paar Stunden später stand er vor der Tür, dickköpfig wie er war. Er klingelte. Ich machte widerwillig auf. Ich mag es nicht, wenn man mir widerspricht. Ich ertrage es nicht, wenn man meine Pläne durchkreuzt, und was ich sage, ist wie ein Urteil, also hatte ich nicht vor, ihn hereinzulassen.

»Sag, was du mir zu sagen hast. Sag es schnell und geh wieder«, sagte ich schroff.

Er drückt mich weg, um hereinzukommen, und schafft es auch. Er packt mich. Will mich umarmen. Mich küssen. Er ist geil. Stößt mich vorwärts. Ich leiste Widerstand. Wir kämpfen. Ich will ihn nicht. Ich weiß, daß ich ihn nicht will. Ein Schmerz durchzuckt meinen ganzen Körper. Wir streiten uns von der Wohnungstür an, während er mich weiterschubst, weil er so einen Drang mitbringt, wir durchqueren die Diele, ich weiche zurück, wir liefern uns ein Wortgefecht aus Anschuldigungen, Schuldzuweisungen, Verteidigungen. Er sagt, wir können bei null anfangen, als wäre nichts gesagt und getan worden. »Nein, das können wir nicht«, schreie ich ihn an. »Was einmal gesagt ist, kann man nicht mehr ausradieren. Niemals, verstehst du?« Er weiß nicht, was er will. Er mag mich und haßt mich, und was vorherrscht, ist nicht erkennbar, ist nicht faßbar. »Das Schwergewicht hat deine Worte aus dem Bus nicht vergessen. Wird sie nie vergessen.« Will er etwa in diesem ganzen Anschuldigungschaos mit mir schlafen?! Ich sage ihm, daß wir nie wieder miteinander schlafen werden. »Es ist aus. Für immer. Absolut aus. Verstehst du, was ich dir sage?!

Such dir eine normale Freundin. Die Dicke hat dir gegeben, was sie zu geben hatte.« Ich bin aggressiv. Brutal. Wütend auf ihn. David ist außer sich über meine Worte. Akzeptiert sie nicht. Er zerrt mich zum Badezimmer, dessen Tür aufgeht, als mein von ihm bedrängter Körper daraufprallt. Wir streiten weiter. Unsere Arme sind Schwerter. Ich stürze auf den Fliesenboden, weil er mich niederdrückt. Er legt sich auf mich, hält meine Hände fest, mit denen ich ihn schlage und wegzuschieben versuche. Er hat mehr Kraft, als ich dachte, eine Kraft, gegen die ich nicht ankomme und die mich besiegt. Er küßt mich und beißt mir in die Lippen und Schultern, während er meine Arme mit seinen Händen festhält und ich ihn mit Knien und Beinen trete. Ein Feuer von Geilheit und Verzweiflung hat sich in ihm entzündet. Wir sind mitten in diesem Kampf, als ich begreife, daß ich aufgeben muß. Besser lasse ich ihn machen, was er will. Begehrt er meinen verachteten Körper, für den er sich so schämt? Dann soll er ihn sich nehmen und wieder gehen. Ich ergebe mich körperlich, bleibe reglos, unbeweglich auf den Badezimmerfliesen liegen und ertrage, daß er mein Fleisch mit dem Hunger, der ihn überkommen hat, verschlingt. Er holt seinen Penis heraus, steckt ihn in mich rein und vögelt allein.

»Du willst mich doch. Willst du mich? Du willst mich. Sag, daß du mich willst«, bettelt er.

Ich antworte nicht. Nein, ich will ihn nicht. Will ihn in diesem Augenblick und auf diese Art nicht. Das ist einzig seine Sache. Ein einsamer Akt.

Und ich frage mich: »Was du jetzt gerade suchst, ist es

das, was du gestern wolltest? Was für ein Mann bist du? Hau doch ab. Ich brauche dich nicht. Ich habe ein ganzes Leben vor mir. Ein Leben ohne dich. Dich will ich darin gar nicht haben.«

Er ejakuliert, bleibt erschöpft und nach Luft schnappend auf mir liegen. Dann öffnet er die Augen, sieht mich an und begreift, was passiert ist. Alles umsonst. Er hat mich nicht besessen. Er zieht seinen schlaffen, noch immer triefenden Penis heraus. Dann macht er sich los, steht auf, packt sein Glied in die Unterhose und macht den Hosenschlitz zu. Ich stehe auf. Sage: »Verschwinde!« Bringe ihn zur Wohnungstür. Er leistet keinen Widerstand, schweigt. Sieht mich traurig an. Geht hinaus. Ruft den Aufzug. Ich sage: »Komm nicht wieder!« Dann schließe ich die Tür. Gehe zurück ins Badezimmer. Ziehe den spermafeuchten Schlüpfer aus und wasche mich. Meine Scheide schmerzt. Dann wasche ich den Schlüpfer, lege mich hin und weine nicht.

Seit diesem traurigen Treffen Ende 1988 war David nicht mehr in Mamas Wohnung. Kurz darauf zeigte er sich mit dem Erstsemester von der Wette. Bis zum Jahr 2004, als der Zufall es wollte und wir Lehrer an derselben Schule wurden, sahen wir uns nicht wieder. Doch dann entflammten wir erneut füreinander und trafen uns, wenn der Unterricht vorbei war und wir am Spätnachmittag die Schule verließen, in Cafés und in den vier Wänden der viel zu öffentlichen Karosserien unserer Autos. Schnell. Bevor er nach Hause fuhr. Und wieder war ich es gewesen, die die Initiative ergriffen, die ihn herausgefordert hatte. Ich war der Motor. Er kam mit, weil er es wollte, aber er kam nicht von sich aus, ohne daß er gerufen oder gezogen worden wäre, als wäre sein Wille zweitrangig.

Es ist wenige Tage vor Weihnachten im Jahr 2004, und gerade ist er gegangen, hat mich ein zweites Mal verstoßen. »Es geht nicht mit uns, Luísa. Ich würde es nicht ertragen, nicht mehr jeden Tag meine Töchter im Arm zu halten.« Er küßte mich mit diesen Lippen, die ich aus der Vergangenheit kenne, und ging fort. Sein Mund schmeckte immer noch gleich. Ich sah, wie er losfuhr. Flüsterte ohne jede Kraft vor mich hin: »Komm wieder. Ich sehne mich nach unserer Zukunft. Es wird eine Zeit für uns geben! Warte noch ein wenig. Wir müssen nur warten.« Ich blieb mit vorgerecktem Kopf zurück und sah dem Toyota nach, der sich entfernte und immer kleiner wurde. Ich dachte an das, was ich nun zum zweiten Mal verlor, und wußte nicht, was ich mit diesem Verlust anfangen sollte. »Ich bin noch jung, habe noch ein ganzes Leben vor mir. Kann eine andere Liebe finden. Vielleicht nicht gerade *die* Liebe, man muß ja nicht gleich nach den Sternen greifen, das ist vorbei, ist gelebt, aber ein anderes Leben, eine ruhige Liebe, Kinder, ja, die Kinder, die wir nicht bekommen haben.« David hatte zu mir gesagt: »Leb dein Leben, bekomm deine Kinder. Wir nicht.« Das waren seine letzten Worte in diesem Leben gewesen. Und dann zerplatzte mein Gehirn. Schmerz, Enttäuschung, was tun, wie nach Hause kommen, wie weitermachen? Ich konnte weder denken noch Auto fahren. Aus den Lautsprechern auf der Straße ertönte Musik, damit der Weihnachtseinkauf mehr Spaß machte. David hörte nicht, was ich flüsterte, das war unmöglich, doch selbst wenn er es gehört hätte, er hätte sich nicht umgedreht. David hat sich nie umgedreht. David hatte beschlossen, sich nicht zu mir umzudrehen, obwohl seine Entscheidung ihn selbst hart traf. Doch er glaubte nicht an unsere Küsse und wollte sie nicht mehr. Wollte mich nicht mehr. Selbst wenn sein Herz und sein Körper mich wollten. Mich nicht.

Hat er das gesagt, oder habe ich das in dem Moment, als er sich von mir entfernte, nur gedacht? Ich weiß es nicht. Ich war zu verstört. Ich hielt am Straßenrand an, bis ich mich soweit beruhigt hatte, daß ich nach Hause fahren konnte, wo ich Mama die Schuld für alles gab, für den ganzen Groll, das Scheitern und den Schmerz, der zwar kein körperlicher war, dennoch aber im Körper schmerzte und sich in ihm spiegelte. Danach brach ich zusammen. Ich wurde krank, starb und erwachte ein halbes Jahr später wieder zum Leben. Es gibt Wunderheiler: die heilige Medizin, unterstützt von der Pharmaindustrie mit ihren blau-gelb-weiß gestreiften Tabletten oder Kapseln. Ich hatte überlebt und erinnerte mich noch gut an Davids Worte, die mir den Weg zeigten: »Leb dein Leben, bekomm deine Kinder. Wir nicht.«

Damit begann meine fruchtbare Zeit, so wie Picasso seine blaue oder rosa Periode hatte. Ich war einundvierzig und mußte möglichst schnell schwanger werden. Ich plante die nächsten Schritte und bündelte meine Anstrengungen. Mein Delirium begann im Juni oder Juli, so gegen drei Uhr morgens.

Ich sah, wie mein Zimmer sich mit einem violetten Licht füllte, und dachte, ich hätte vergessen, den Fernseher auszumachen. Erschrocken über soviel Neon setzte ich meine Brille auf und entdeckte einen wunderschönen Engel mit weißen Flügeln und einem Gesicht wie Mark Ruffalo. Er war die Lichtquelle und sprach zu mir mit sanfter, tiefer Stimme, in seinem typischen verschliffenen Englisch mit undefinierbarem Akzent: »Dieses Jahr hast du viel durchgemacht, aber du hast gelernt, ein guter Mensch zu sein.«

»Ich?! Ich habe gelernt, ein guter Mensch zu sein?!« Der Engel sprach zu mir: »Ja, Maria Luísa, Gott ist zufrieden mit dir, weil du dir die Reinheit des Herzens bewahrt hast, und da er mit dir zufrieden ist, hat er mich geschickt, damit ich dir einen Sohn schenke.«

»Einen Sohn!? Bist du etwa der Engel der Verkündigung? Hebst deinen Arm, und aus deiner Handfläche kommt ein Strahl, der mich durchbohrt und befruchtet?!«

»Ja, ich werde den Samen in dein Herz pflanzen. Dein Sohn wird ein Spatz von den Dächern sein, so gebietet es der Herr, und wenn er geboren ist, wirst du mit all deiner Liebe für ihn sorgen, als wäre er ein Kind aus deinem Leib. Er wird im Frühjahr zur Welt kommen, und wenn du ihn aufgezogen hast, dann entlasse ihn in die Freiheit, in den Himmel der Vögel, denn er ist zwar dein, aber du wirst ihn niemals besitzen, er wird nie dir gehören.«

Auf einmal spürte ich in meinem Herzen eine große Liebe für dieses Vögelchen, das mir zugesprochen worden war, und nahm es an.

Ich begann ein winziges, schwaches Spätzchen im rechten Vorhof meines Herzens zu zeugen. So vergingen die erforderlichen Monate, und mein Herz schlug langsam, um das Vögelchen nicht zu erschrecken. Ich schlief nie auf der linken Seite, um den Jungen nicht zu zerquetschen. Anfang März, ja, ungefähr zu dieser Zeit, spürte ich einen Druck auf dem Herzen. Einen heftigen Schmerz. Ich krümmte mich. Konnte nicht mehr atmen, was für eine Qual! Ich öffnete den Mund, ganz weit, ganz weit, kämpfte, mir war übel, was für eine Gefühlsverwirrung, und das Spätzchen gelangte blutüberströmt in meinen Hals. Ich zog es mit Daumen und Zeigefinger heraus, und da war er, der schönste Sohn auf Erden, perfekt, wie jede Mutter ihn sich wünscht. Das Schnäbelchen. Die Füßchen. Die feuchten Flügelchen. Die geschlossenen Äuglein. Er schüttelte sich, und man spürte das anbrechende Leben. Was für ein Glück, mein Sohn! Ich wickelte den Jungen in ein Baumwolltuch, säuberte ihn ganz vorsichtig und bettete ihn in eine Schuhschachtel, die ich mit Lappen auspolsterte, damit er es schön warm hatte. Der Junge wuchs mit meiner Liebe und Fürsorge heran. Ich gab ihm keinen Namen, denn ich wußte, obwohl er mein war, gehörte er doch nicht mir, sondern der Welt. Ich nannte ihn nur Vögelchen, mein Vögelchen, meine Liebe, die ich nicht festhalten konnte.

Im Mai, als ich merkte, daß er anfing, das Fliegen auszuprobieren, nahm ich ihn an den Händen, führte ihn zum Küchenbalkon, machte die Tür weit auf und sagte: »Flieg los, du bist frei, aber versprich mir, daß du zu jeder Sommersonnenwende zur Liebe deiner Mutter zurückkehrst.« Und er flog Richtung Osten, bis ich ihn mit meinen Augen nicht mehr verfolgen konnte.

Ich schloß das Fenster, ging wieder hinein und dachte,

daß Gott nun sicher zufrieden wäre mit meinem Dienst. Er hatte mir das Vögelchen geschenkt und sich zurückgezogen, es meinen Lehrlingshänden übergeben.

Nach dieser Erscheinung Mark Ruffalos wurde ich in den nächsten Jahren tatsächlich zweimal schwanger. Eigentlich war ich in der Zeit fast durchgehend schwanger, real oder nur im Geiste, außer an den Tagen, die ich im Krankenhaus in der Gynäkologie auf der Liege zubrachte und auf die Ausschabungen wegen der Fehlgeburten wartete, die von einer Schicht auf die nächste verschoben wurden.

Als ich mich von der Krankheit wegen des Verlusts von David erholt hatte, heckte ich meinen Plan aus. Für seine Umsetzung brauchte ich die Hilfe eines Mannes. Doch wie sah die Ausgangslage zur Erreichung meines Ziels aus? Nigel war vermutlich in England oder Neuseeland. Hatte sich verloren auf den langen Pfaden seiner Reise. Google fand nirgendwo eine Spur von ihm. Konnte man also vergessen. Lunático war 1986 nach Kanada ausgewandert, als die Krise in den Werften von Margueira ihren Höhepunkt erreicht hatte und sein beruflicher Horizont sich immer mehr bewölkte. Dort hatte er eine gutgehende Autolackiererei aufgebaut. Die *South Car Spirit,* hatte mir seine Mutter auf dem Markt von Cova da Piedade am Stand für Kartoffeln und Zwiebeln erzählt. Die Kanadier mochten seine Umgangsformen, er hatte geheiratet und inzwischen zwei schöne Kinder, die nach der Schwiegertochter kamen. Dort in der neuen Welt hatte er seinen Bungalow, wo die Mutter ihn jeden Sommer besuchte. Lunático, seine Frau und Kinder arbeiteten in Toronto ehrenamtlich in einem Zentrum zur Rettung, Behandlung und Adoption von streunenden und mißhandelten Tieren, und er selbst hielt sich immer noch seine außerordentliche Meute von elenden Straßenkötern. Ein Hoch auf Lunático! Der Beste von uns allen. Konnte man aber vergessen.

Der Cousin Humberto hatte bei einem geschäftlichen Aufenthalt in Bangkok eine Hirnembolie erlitten und eine untröstliche Witwe hinterlassen, die aber inzwischen gestützt wurde von einem evangelikalen Priester der Universalkirche vom Reich Gottes. Es war eine hartes Stück Arbeit gewesen, die Leiche per Luftfracht herzubringen, in einem versiegelten Zinksarg, und Mama erzählte mir, die Cousine Lívia habe angerufen und gesagt, wir sollten uns nicht die Umstände machen, zur Beerdigung zu kommen. Mama konnte sich kaum noch rühren und stimmte zu. Nicht daß ich Sehnsucht nach dem Cousin Humberto gehabt hätte, aber ich hatte ein Ziel, und man mußte schließlich praktisch vorgehen. Und wie man sieht, war ich zu allem bereit. Ich wußte, von Cousin Humberto würde ich alles bekommen, was ich von ihm verlangte. Alles und sogar noch mehr. Ich war ihm noch mehrmals begegnet, wenn er die Avenida da Liberdade hinuntergegangen war. Der Mann war unverbesserlich. Würde er noch leben, wäre er eine leichte Zielscheibe. Doch er lebte nicht mehr. Konnte man also vergessen.

So blieb also nur noch Leonel aus dem Café Colina, er war nach dem Tod seines Vaters nach Deutschland ausgewandert, hatte dort als Kassierer in einem Kino gearbeitet und war mit ein bißchen Schotter zurückgekommen, den er aber gleich in den ersten Monaten verpraßte, indem er einem jüngeren Liebhaber seine Launen befriedigte – das war ein echter Vollblüter, der ihn teuer zu stehen kam. In Deutschland hatte er nämlich seine Homosexualität entdeckt, was für mich aber nichts Neues war. Er arbeitete nun in Leiria in einer Versicherungsgesellschaft und hatte einen festen Freund, der offensichtlich ein feiner Mensch war, Krankenpfleger im städtischen Krankenhaus. Die Versicherungen interessierten ihn nicht. Er liebte weiterhin die Literatur, das Kino, die Fotografie und die Malerei. Las alle großen linken Zeitungen. Das war seine Welt. Wir hatten den Kontakt gehalten, und er schien mir die praktikabelste Möglichkeit zu sein. Ich versuchte es. Schrieb ihm eine E-Mail. »Können wir uns treffen? Ich möchte dir einen Vorschlag machen.« Er antwortete sofort. »Ja, komm, sobald du kannst. Ich vermisse dich. Und ich möchte, daß du Tiago kennenlernst. Wir haben so viel zu reden.«

An einem Samstagnachmittag im August fuhr ich nach Leiria, auf der A1 mit Bränden zu beiden Seiten der Autobahn, man sah die Straße kaum noch, und die Nasenlöcher waren trocken vom Aschestaub, der in der Luft lag. Ich traf ihn auf den Stufen vor dem Gericht, und wir umarmten uns. Er wirkte älter als ich. Faltig, mit Narben auf Stirn und Nase. »Hartes Leben!« sagte ich lachend. Er bestätigte es. Er hatte immer noch dasselbe Lächeln und in den Augen dieselbe reine Wahrheit. Es war der Leonel aus dem Café Colina, der Leonel von *Querelle*. Das Leben konnte ihm so übel mitspielen, wie es wollte. Er würde überleben. Wir aßen zu Abend, und zu späterer Stunde brachte ich ihn auf den neuesten Stand zu David, erklärte ihm mein Drama und meinen Plan und erinnerte ihn an unser altes Abkommen zum Kinderkriegen, an einen Schwur, den keiner von uns vergessen hatte: gemeinsam Eltern zu sein, falls das Schicksal uns kein Kind in einem traditionellen Familienzusammenhang bescherte. War es nur ein Scherz gewesen oder Ernst? »Denn es ist höchste Zeit«, sagte ich. Manchmal müsse man das Schicksal ein wenig anschubsen. Wir hätten einen Schwur geleistet, und der gelte. Er antwortete, das sei ihm sehr ernst gewesen, aber nun gebe es Tiago, der eben auch da war. Sie müßten gemeinsam über meinen Vorschlag nachdenken, Vater sein sei eine große Verantwortung. Er wolle es, ja, das sei ein alter Traum von ihm, doch er könne diese Entscheidung nicht allein treffen. Er bat mich um einen Monat Bedenkzeit. Ich gewährte sie ihm. Ich war mir sicher, er würde annehmen. Leonel und ich haben einander niemals enttäuscht. Wie erwartet, nahm er mein Angebot an, und wir gingen zur logistischen Phase über. Da Tiago Krankenpfleger war, konnte er eine große Hilfe sein, und das war er auch. Ich kontrollierte die Menstruationszyklen, berechnete die Eisprungphasen, und wir trafen uns jeden Monat an den erfolgversprechendsten Tagen der fruchtbaren Zeit. Wir hatten ein Abkommen, das genau meinen Wünschen entsprach. Wir wären Vater und Mutter eines gemeinsamen Kindes. Er würde für das Kind da sein und mich finanziell unterstützen, aber ich würde das Kind aufziehen. Ich bewunderte Leonel für den Mut, auf meinen Wunsch einzugehen und mir zu vertrauen. Es gefiel mir, daß mein Vorschlag ihn ehrte, daß er stolz darauf war, mit mir zusammen ein Kind zu zeugen, daß er ganz offen sagte, meine Gene seien die Garantie dafür, daß es das allerschönste Kind würde. Ich war also doch hübsch. Für Leonel zumindest. Es gab also doch Männer, die Kinder mit mir zeugen wollten, schöne Kinder. Tiago begeisterte sich auch für die Idee und bestätigte mir, daß ich niemand Besseres hätte wählen können. Die Götter waren auf meiner Seite. Und ich wartete auf den Tag, an dem ich mit dem Jungen zu David gehen und ihn ihm unter die Nase halten und sagen könnte: »Hier hast du ihn, das ist der Sohn, von dem du wolltest, daß ich ihn bekomme. Hier hast du ihn. So ist das Leben. Ich habe mit anderen gevögelt, mit Männern, die ich wollte, mit vielen, im großen Stil und auf französisch. Es war toll. Sie waren alle besser als du!« Meine Beziehung zu Leonel war rein brüderlich und diente allein der Fortpflanzung. Deswegen war das, was ich David zeigen wollte, lediglich ein Szenario, in dem ich als letzte lachte. Ich, immer nur ich. Was sollte diese Lüge?! David einen vollkommenen Sohn unter die Nase zu halten war typisch Frau!

Als ich beim ersten Ausbleiben der Regel, was nach den ersten Versuchen sehr schnell der Fall war, zur Gynäkologin ging, erklärte sie mir, ich sei mit Zwillingen schwanger, die sich eine Plazenta teilten, und das sei eine Schwangerschaft mit zu hohem Risiko für eine Frau mit meinem Profil, wobei sie mein Alter und die Fettleibigkeit meinte. Weder ich noch Leonel verstanden diese Zwillingssituation. Keiner von uns hatte Zwillinge in der Familie. Erlaubten sich die Götter einen Scherz mit uns? In den darauffolgenden Wochen lief alles schief, und wir sahen nur ungläubig und traurig zu. Das Herz eines der Föten hörte auf zu schlagen. Nach einem Monat bestätigte sich, daß er gestorben war. Da der Arzt mir nichts vormachen wollte, sagte er mir, daß dieser Tod sich auf die Entwicklung des überlebenden Fötus auswirken würde, sollte er denn durchkommen. Eine Woche später erklärte er mir, daß der zweite Fötus nicht mehr zu retten sei, ich sollte also die spontane Fehlgeburt abwarten, die in den nächsten Wochen erfolgen würde, und dann sofort ins Krankenhaus gehen. Ich glaubte ihm nicht. Ich klammerte mich an meinen Bauch, in dem Glauben, das alles sei nur ein Irrtum, es gebe doch noch eine andere, wenn auch unwahrscheinliche Möglichkeit. Der Arzt hatte mir nicht gesagt, daß ich blutüberströmt im Bett aufwachen, daß ich aufstehen und ins Bad rennen und dabei eine dunkelrote Blutspur hinterlassen würde, von der Lebensflüssigkeit, die zwischen meinen Beinen herausflief, daß ich mich aufs Klo setzen und blutige Brocken auspinkeln würde, die das Klo wie mit Steinen füllten, und daß die Blutung nicht aufhören würde, bis ich im Krankenhaus wäre, und auch danach noch nicht, bis zur Ausschabung, und gesagt hatte er mir auch nicht, daß ich Wehen haben würde wie bei einer Geburt und die Krankenschwester um Schmerzmittel anbetteln würde – eine Heilige wie Mark Ruffalo –, die meine Venen mit Paracetamol vollpumpte, und auch nicht, daß ich mich schämen würde vor den Ehemännern, die ihre Frauen trösteten, die aus demselben Grund dort lagen, denn wegen der Wehen wand ich mich im Bett, richtete mich auf und rollte mich wieder ein, wobei das Krankenhausnachthemd verrutschte und meine ganze Nacktheit und Einsamkeit offenbarte.

Leonel war auf Ibiza, machte Urlaub mit seinem schönen dunkelhaarigen Freund, und ich wollte ihnen nicht die Ferien verderben. Außerdem ist so eine Ausschabung ja nicht weiter schlimm. Man macht einfach die Beine breit, beißt die Zähne zusammen und ballt die Finger zu Fäusten. Wenn alles gut läuft, sind es zehn, fünfzehn, zwanzig Minuten. Schwer zu ertragen ist das Geräusch, wenn das metallene Messer auf die Schüssel trifft, Metall gegen Metall, wie ein Messer, das geschliffen wird. Das alles sagte ich mir, um den Verlust abzumildern.

Auf den gynäkologischen Stationen gibt es neben den Frauen mit Geburtswehen auch diejenigen, die blutüberströmt und mit totem Embryo oder Fötus ankommen. Ich war eine davon.

Sie sprechen wenig miteinander. Es gibt keine Freude zu teilen. Keine gesteht sich den Verlust ein, bis zum Schluß nicht. Es gibt immer die Hoffnung, daß jemand kommt und sagt, der Ultraschall sei ungenau gewesen, es sei zwar nicht einfach, aber noch sei nicht alles verloren, weil das geliebte Herzchen dieses Gotteskindes in unserem Uterus immer noch schlägt und uns nichts unterscheidet von den Gebärenden im Nebensaal, nur noch ein paar Monate, dann sind auch wir dort. Bis zum Schluß. Bis zum letzten Augenblick. Doch ich war eine dieser Geschlagenen, nichts anderes.

Ich brauchte Monate, um mich zu erholen, dann startete ich mit Leonel den zweiten Versuch. In dieser Zeit erschien mir kein Mark Ruffalo mehr, sondern der Engel der Verneinung, Gestalt geworden in Benicio del Toro, groß, dick, fett und ohne Flügel. Er hob die Arme über den Kopf und ließ sie langsam wieder sinken, wobei er ein Fenster öffnete, durch das ich einen Blick in die Zukunft werfen konnte. Und ich sah.

Ich hatte ein wunderschönes Kind zur Welt gebracht. Der Junge weinte im Nebenzimmer und mußte getröstet werden. Ich fühlte mich gefangen. Konnte nicht aufstehen, hatte solche Angst. Seit Tagen hatte ich nicht mehr geschlafen und daher keine Kraft und auch keinen Lebenswillen mehr, doch das Baby weinte ohne Erbarmen. Stolpernd stand ich auf, nahm den Jungen auf den Arm, stillte ihn, gab ihm den Schnuller. Ich wollte ihn nicht mehr, doch das war verboten. Über ihn war ich ans Leben gefesselt, und das war ein ewiges Gefängnis ohne Rettung. Ich würde ihn niemals wegwerfen können, so wie man eine Puppe wegwirft, die man nicht mehr braucht.

Ich hatte diesen Sohn bekommen und mußte mich um ihn kümmern. Es war meine Entscheidung gewesen, eine bewußte Entscheidung für einen sehr schwierigen Weg, obwohl ich mir nie, nicht einmal in meinen schlimmsten Befürchtungen, diese große Angst ausgemalt hatte: Ein Leben, das abhing von meiner Fürsorge und meiner Umarmung. Das Kind, das da weinte, war meinem Körper entsprungen, ich hatte es mir so sehr gewünscht, hatte es geliebt, es mir vorgestellt, als es noch im Bauch war und das Unangenehmste mal eine Wehe hier und da gewesen war. Und nun war mir dieses kleine Menschenkind, das so viele Bedürfnisse befriedigt haben wollte, das so unerbittlich schrie und mich zu seiner Dienerin machte, so fremd. Ich liebte es nicht und spürte nicht, daß es meines war. Es war nur ein Hemmschuh, der meine schlecht auskurierte Krankheit wieder aufleben ließ. Die Verantwortung zerriß mich. Ich mußte es zur Adoption freigeben, mußte vergessen, daß es existiert hatte, und an eine andere Zukunft glauben. Dann hoffte ich, daß sich dieser Klammergriff der Angst löste, der sich in meiner Brust anfühlte wie ein nach Luft und Licht pickender Adler. Und im Traum formulierte ich es um. Vielleicht war das alles nur diese postnatale Depression, so etwas sollte es ja geben. Vielleicht würde ich mich mit der Zeit an den Jungen gewöhnen. Vielleicht würde er mich schlafen und arbeiten lassen, die Wunden der Geburt, der Einsamkeit und der Dickköpfigkeit würden heilen. Vielleicht könnte ich ihn irgendwann lieben. Ich rechnete mir laut vor, wie lange ich dazu verdammt wäre, Mutter dieses egoistischen Kerlchens zu sein, das mich umbrachte. Wie lange würde es dauern, bis ich mich wieder frei fühlte? Die Angst breitete sich aus, lähmte mich.

Andererseits war da auch der Stolz, ihn vorzeigen zu können, und der ermutigte mich. Ich mußte durchhalten. Auch wenn ich die elendste aller Kreaturen war, ich würde aus der Erde aufsteigen wie eine lebendig Begrabene, um dieses rosige Wesen zufriedenzustellen und es trockenen Auges, mit einem schiefen Lächeln auf den Lippen herzuzeigen, sobald ich dazu in der Lage wäre.

»Darf ich euch meinen Sohn vorstellen. Schaut ihn euch an! Komm, David! Betrachte den Sohn, der eigentlich von dir und dieser Kindsmutter hätte sein sollen, die du abgelehnt hast, deren Brüste Milch für tausend Kinder haben, die nicht dir gehören werden! Nein, es fällt mir nicht schwer, ein Kind aufzuziehen. Alles ganz easy. Nachts schläft es durch, es ist eine wahre Freude. Ein so ruhiges Baby. Aber warum hat es dein Gesicht, deine Sanftheit, wenn es doch gar nicht von dir ist?! Wie hattest du dir unser Leben in zehn Jahren vorgestellt? Sieh her, hier hast du es! Ein Kind ist ein Wunder. Diese Beinchen. Diese Ärmchen. Wie ich dich jetzt verstehe! Das Leben bekommt eine Berechtigung, und wir erfüllen einen Sinn, eine Funktion, ein Schicksal. Jetzt wissen wir, wofür wir auf der Welt sind. Das war schon immer in uns angelegt. Und nun leben wir für unser Kind, für sein Wohl und seine Sicherheit, wie unsere Eltern für uns. Ja, du hattest recht, wie könnte ich nur einschlafen oder aufwachen, ohne es in meinen Armen zu spüren? Wie gut ich dich verstehe! Es lohnt sich, Tag für Tag zu arbeiten, die Erniedrigung seitens der Chefs, die Verspätungen bei den Verkehrsmitteln und das beschissene Gehalt zu ertragen, damit wir auch etwas haben, mit dem wir sie ernähren, bekleiden und zur Schule, zum Judo, zur Sprachschule bringen können. Es lohnt sich, Zwängen nachzugeben, keinen anderen Ausweg zu sehen, dem Leben zu entsagen, um anderen ein Leben zu bieten. Denn gibt es im Leben etwas Wertvolleres als die Liebe eines Sohnes, dieses Wunder?!

Und in der Wiege lag schreiend und sich windend meine Legitimierung. Es war ein schwieriger Prozeß gewesen, denn die Angst ist ein heißes Eisen, das sich in unser

Fleisch brennt, doch alles hat seinen Preis, Luísa. Ich hatte es geschafft mich fortzupflanzen, und das winzige Geschöpf war diesen Preis wert. Ich mußte nur noch durchhalten. Es schaffen, die Augen zu öffnen, in das Zimmer zu gehen, in dem das Geschöpf brüllte, mußte ihm Milch geben, ihm die Windel wechseln und es zum Schweigen bringen. Und ich brauchte Beruhigungsmittel, um die Hölle der Mutterschaft zu ertragen. Um mich selbst zu ertragen. Ja, mich zu ertragen. Das Kind zum Schweigen bringen, während der Raubvogel in meiner Brust herumpickte und ich nichts sah außer einem Nebel aus schmerzlichen Nächten und Tagen, während das Kind auf meine Kosten dick wurde und mich mit Pipi und Kacka belohnte, die ich zu säubern hatte.

»Steh auf, los. Geh schon, du Tote. Du wolltest es, und hier hast du es.«

Entsetzt, keuchend öffnete ich die Augen. Ich lag im Bett und war völlig verängstigt. Wollte diese Enthüllung auslöschen. Ich mußte aufstehen und arbeiten gehen. War es wirklich die richtige Entscheidung, ein Kind zu bekommen? War mir wirklich klar, daß dieser Alptraum Realität werden könnte? Würde ich den Schmerz aushalten? Aber hatten ihn die anderen Frauen nicht auch ausgehalten?

»Benicio del Toro, um Himmels willen! Wie böse von dir! So einen Traum schenkt man niemandem«, sagte ich.

Ich sollte ihn besser vergessen und weitermachen. Dieses Kind war in Planung und sollte sein. Das Projekt ging also weiter, und beim vierten Versuch mit Leonel wurde ich wieder schwanger. Wir gingen mit wissenschaftlicher Präzision vor. An den besagten Tagen fuhr ich nach Leiria oder er kam nach Almada. Es war alles durchdacht.

Ich kaufte den Schwangerschaftstest in der Apotheke, kaum daß die Periode ausblieb. Ich machte ihn im Badezimmer, nach der Arbeit, und lächelte glücklich. Er war positiv. Ich rief Leonel an. Er freute sich, machte Pläne für unseren Erbfolger. Ein paar Tage lang hielt ich es geheim, lachte und trällerte, träumte von der Zukunft, und dann erzählte ich es Mama. Sie sagte: »Mal sehen, ob ich meinen Enkel noch kennenlerne, bevor ich sterbe.« Ich wollte ihr so gern einen Enkel schenken, etwas, das eine Fortsetzung ihrer selbst wäre, über mich. Ihre Fußstapfen für immer im Leben, denn irgendwann würde auch ich sterben. Mama, meine Heimat!

Es war ein kurzer Traum. Drei Monate später spürte ich, wie mir wieder das Blut über die Beine lief, während des Unterrichts mit der 10. um acht Uhr morgens. Entsetzt rannte ich aus der Klasse. Die Schüler lachten über meine Menstruation. Ich fuhr sofort zur Notaufnahme im Krankenhaus, in der Hoffnung, sie könnten den Prozeß stoppen und mein Kind am Leben erhalten. Sie untersuchten mich und ließen mich warten. Ich rief Leonel an, der diesmal auf einer Fortbildung in Frankfurt war, aber sein Freund hatte Dienst im Krankenhaus von Leiria. Er rief die Kollegen in Almada an, und sie taten ihm den großen Gefallen und brachten mich auf Station, nach ungefähr zwölf Stunden Warten, in denen ich mich unter Schmerzen und kaltem

Schweiß an meinen Bauch klammerte. Meine Gebärmutter brannte. Sie hatten mich mit irgendeiner Chemikalie verätzt, die sie mir in dem Durcheinander der Sonden und Untersuchungen eingeführt hatten. Ich rief Mama an und erklärte ihr, daß ich im Krankenhaus sei und darauf wartete, daß der Muttermund sich weitete und den Embryo, der wieder nicht lebensfähig war, ohne chirurgischen Eingriff ausstieß. In der Nacht würden die Wehen einsetzen, und am nächsten Morgen würde alles natürlich ablaufen: eine Geburt blutiger Brocken, das kannte ich bereits. Mama drückte mir ihr Bedauern aus und sagte, rational wie sie war: »Nur gut, daß es diesmal nicht zu Hause passiert ist. Du bist nicht dafür geschaffen, Kind. Das ist Gottes Wille.« Und mir liefen stille, dicke Tränen herab. »Ja, Mama, es ist gut, alles gut.«

Die Götter trieben weiterhin ihren Schabernack mit mir.

Ich dachte: »Ich mach das nie wieder. Ich halte es einfach nicht aus. Jetzt ist Schluß, endgültig Schluß.« Und die andere Gehirnhälfte erwiderte: »Wie kannst du nur aufgeben?! Wie kannst du dieses geliebte Dingelchen vergessen, das du dir so sehr wünschst?! Du gehörst also zu denen, die aufgeben, zu denen, die nicht durchhalten?! Bist du etwa ein Schwächling?! Sonst würde dein Körper sich doch wehren. Ein Körper, der nichts wert ist, der nicht mal ein Kind im Bauch behalten kann. Was bist du wert, Luísa, du elende Frau?!« Aber vielleicht konnte ich ja doch noch zu einer Frau wie alle anderen werden und ein Leben wie die anderen leben. Ich kämpfte unentwegt mit mir selbst.

Auf der Station waren zwei Großmütter, die sich darüber freuten, endlich die Hysterektomie machen zu können, mit der ihnen diese unnützen Innereien, die doch nur gynäkologische Probleme verursachten, entnommen würden. Ich lauschte unter Schmerzen ihrer Unterhaltung. Sagte nichts dazu. Die gute und die schlechte Hälfte in meinem Gehirn kämpften ohne Erbarmen, und ich wollte auch gar nicht reden. Ich war nicht wie sie. War nie wie die anderen gewesen. Nicht wie die Alten, nicht wie die Jungen. Ich wollte nie reden.

Doch die Damen waren neugierig und konnten es nicht lassen. Sie nutzten meinen schmerzbedingten Stellungswechsel auf ihre Seite aus und fragten mich, was ich dort im Krankenhaus mache. Eine Sterilisation? Gab es nicht schon genügend Idioten um mich herum? Ich lächelte. Was für eine Ironie! »Nein, Fehlgeburt«, erklärte ich. »Die zweite in eineinhalb Jahren.« Und die Großmutter vom anderen Ende des Zimmers rief aus: »Lassen Sie es bleiben, meine Dame! Sie sind schon nicht mehr in dem Alter. Geben Sie auf! Adoptieren Sie! Es gibt so viele Kinder auf der Welt, die Eltern brauchen.«

Die Worte der Alten taten weh. Ich hörte sie und dachte mir: »Das habe ich jetzt nicht gehört, ist schon vergessen.« Wer hatte sie nach ihrer Meinung gefragt? Wie können wir die sibyllinischen Stimmen ausschalten, die an unser Ohr dringen?! Hätte denn nicht jemand sagen können: »Versuchen Sie es so oft wie nötig. Versuchen Sie es, Sie werden es schaffen, versuchen Sie es!« Die Frau in dem mittleren Bett, die etwas vernünftiger war, übernahm diesen Part. »Sie sind zwar schon in den Vierzigern, ja, aber es gibt viele

Frauen, die ihre ersten Kinder in diesem Alter bekommen. Geben Sie nicht auf! Das geht immer noch.« Ich dankte der guten Alten. Doch die andere, die skeptische, insistierte: »Sie kriegen sie mit Vierzig, ja, aber nicht das erste. Wie viele Frauen kriegen das erste Kind mit ... wie alt sind Sie? Mit Zweiundvierzig!? Das sind ganz wenige. Und dann ist da ja noch das Problem mit den Krankheiten. Man weiß ja nie. Machen Sie, was ich Ihnen sage, meine Liebe, geben Sie auf!«

Wie konnte man diese Hexe, deren Stimme in die Gehirnhälfte drang, die ihr recht gab, nur zum Schweigen bringen?

Meine Wehenschmerzen unterbrachen das Gespräch, und die Krankenschwester kam mit dem Schmerzmittel.

Am nächsten Morgen um acht wurde ich im Flur der Notaufnahme auf eine Liege gelegt; der Fötus hatte sich in der Nacht nicht gelöst, nun war ein medizinischer Eingriff nötig; es mußte eine Ausschabung vorgenommen werden, wie üblich, raspel, raspel, das kannte ich schon.

Ich wartete im Flur darauf, daß man sich um mich kümmerte, und dreißig Stunden nach meiner Ankunft im Krankenhaus, die ich größtenteils auf der Patientenliege verbracht hatte, kurzsichtig und ohne Brille, nur die Stimmen des Personals und der ankommenden schreienden und gebärenden Frauen im Ohr, begann eine kleine Ärztin ihren Dienst, eine junge Frau, deren Gesicht ich nicht klar sehen konnte, die aber meine Tochter hätte sein können, das spürte ich. Sie stellte mir Fragen und sagte, sie werde sich um mich kümmern, meine Sache zu Ende bringen. Sie schob mich in die entsprechende Abteilung, spritzte mir ein leichtes Beruhigungsmittel, das mich schläfrig machen würde, bat mich, die Beine zu spreizen, und sagte: »Sie werden ein bißchen was spüren, aber ich schwöre, es geht schnell.«

»Bekomme ich keine Betäubung?« fragte ich. »Beim letzten Mal hat man mir ein bißchen was gegeben.«

»Nein, in solchen Fällen geben wir das nicht mehr. Die Leitung erlaubt es nicht. Fangen wir also an!«

Und sie fing an. Leicht gedämpft spürte ich das Schaben des Messers. Ich biß die Zähne zusammen. Rollte mein Taschentuch zwischen den Fingern ein und preßte es zusammen. Gebetsmühlenartig wiederholte ich die Worte, die man mir gesagt hatte: »Es geht schnell, es geht schnell, es geht schnell.«

Als sie fertig war, hörte ich, wie das Skalpell in die Metallschüssel fiel und die junge Ärztin zu mir sagte: »Das war's. Sie können sich ankleiden, und ich rufe Ihren Mann an.«

»Ich habe keinen Mann«, antwortete ich.

»Wen sollen wir dann anrufen?«

»Rufen Sie mir ein Taxi, bitte.«

Die Alte hatte mich überzeugt. Ich gab mein geliebtes Dingelchen auf. Und teilte Leonel mit, daß wir es nicht mehr versuchen würden. Ich glaube an Warnungen. Und ich wollte nicht das Risiko eingehen, dreimal denselben Fehler zu machen. Er war enttäuscht. Am Tag von Mamas Beerdigung tröstete er mich mit den Worten: »Wir könnten es ja noch mal versuchen.« Ich mußte lachen. Und das tat gut.

Seitdem sind wir unzertrennlich. Er ist wichtig für mich. Er und Tiago.

Als mein Körper sich von der zweiten Fehlgeburt erholt hatte, fuhr ich an einem verregneten Wochenende mit dem Auto nach São Jacinto. Ich suchte diese Bungalowsiedlung, in der David und ich die Osterferien verbracht hatten und wie zwei Kinder, die das Atmen lernen, miteinander geschlafen hatten. Es war ein besonderer Ort in meiner Erinnerung und unserer Liebe. Es gab ihn nicht mehr. Ich lief durch die Ruinen des Landsitzes *Chez Edouard,* auf dem sich die Bungalows befunden hatten, in der Nähe der Straße und der Flußmündung, und gelangte in die Dünen am Strand.

An genau dem Ort, wohin wir uns viele Jahre zuvor zurückgezogen, wo wir uns geliebt hatten, wo die Erde sich aufgelöst hatte unter meinem Körper und wohin ich später, aus Rache, Nigel geführt hatte, verspürte ich ein unkontrollierbares Bedürfnis zu pinkeln. Ich hockte mich hin, zog mit zwei Fingern die Unterhose herunter, hielt sie fest und pinkelte ins Dünengras. Ich pinkelte ewig lang, weil meine Blase so voll war, und bespritzte meine Knöchel, die ich hinterher nicht saubermachte. Ich weiß, daß ich mit dem Schmutz der schlimmsten und der besten Tage leben will. Mit den getrockneten Urinflecken auf den Knöcheln.

Diele

Aus dem Aufzug kommend, ist unsere Wohnung die linke.
Alle Türen in unserer Wohnung führen auf die Diele. Sie ist
ein quadratischer kleiner Raum ohne Tageslicht. Will man
von einem Zimmer ins andere, muß man die Diele durch-
queren.

Mama hat neben die Wohnungstür zwei Sessel aus Jam-
birre-Holz gestellt, die Polster sind mit dem traditionellen
Capulana-Stoff aus Mosambik bezogen, in Grün, Orange
und Braun. Wir haben sie selbst bezogen, an einem Nachmittag voll exotischer Euphorie. Zwischen die beiden Sessel hat sie ein niedriges Tischchen für das Telefon gestellt.
Daneben werden die Schlüssel und die Post abgelegt. Außerdem gibt es in der Diele einen hohen Garderobenstän-
der für Taschen, Jacken und Schals sowie einen Spiegel
mit geschnitztem Rahmen im indoafrikanischen Stil. Alles
aus demselben Holz.

Die Diele wird als Empfangsraum für schnelle Besuche
von Nachbarinnen genutzt, die um zwei Eier bitten, etwas
ausrichten oder irgendeine Geschichte erzählen wollen.
»Setzen Sie sich doch einen Augenblick, Dona Guiomar«,
bittet Mama höflich und liebenswert. Sie ist kein Mensch
plötzlicher Wutanfälle oder unbedachter, spontan geäu-
ßerter Worte. Vielleicht gehört sie ja trotzdem derselben
tierischen Spezies an wie Papa, die Hunde und ich, doch
dann versteckt sie das gut. Mangel an Vernunft findet man
bei ihr nicht.

Die Diele sichert die Wohnung und ist Zeuge ihres Alltags, wie ein allgegenwärtiger Aufpasser. Sie sieht, wer kommt und wer geht. Wer bleibt. Welche Schritte zwischen den Zimmern gemacht werden und wie der Verlauf der jeweiligen Strecken ist.

Viele Jahre vor Almada, in den 70ern – ich bin gerade aus dem Exil bei Großmutter Maria Josefa gekommen – besuche ich mit meiner Cousine Fá die Tanzveranstaltungen des Freizeit- und Musikvereins von Alcobaça.

Sie finden am Samstagabend statt. Die Vereinsmitglieder stellen Stühle an der Wand auf, und die Bands treffen ein und bauen ihre Anlage und Instrumente auf. Am beliebtesten ist die Gruppe *Fenómeno*, weil sie so viele Stehblues spielt. Die Paare lieben das. Zum Karneval wird die Gruppe *Ritmo Total* eingeladen. Meistens zumindest. Dann kommen die Mädchen ohne Freund, mit ihren Müttern, Schwestern, Tanten, Cousinen und Freundinnen, in Scharen; im Anschluß erscheinen die Jungs, allein, zu Fuß, die Hände in den Taschen der Schlaghosen, auf Mopeds oder sogar im Morris Mini oder Fiat 127. Die Reichsten. Die Begehrtesten.

Die Mädchen setzen sich auf die Stühle und schwatzen untereinander, sie sind dem Anlaß entsprechend zurechtgemacht und mit dem Eau de Cologne *Bien-être* oder *Heno de Pravia* parfümiert, je nach Geschmack und Geldbeutel; die Jungs, bärtig, frisch geduscht und mit einem Tropfen *Eau de toilette Pino Silvestre* oder *Agua Brava Puig* beträufelt, lehnen an der Bar, von der aus man den ganzen Salon kontrollieren kann, sie trinken Bier aus kleinen Flaschen und klären manchmal schon untereinander, wer mit wem tanzt. Die Mütter und Tanten verlassen ihre Plätze nicht, es sei denn, die Mädchen verlieren sich während der Musik oder der Pausen aus den Augen. Die Jungs setzen sich nicht an die Tische: Sie machen es sich bequem, wo immer es geht, oder bleiben einfach stehen, ohne sich zu rühren, wie das Raubtier, das seinen Blick fest auf die Beute richtet. Es ist beängstigend.

Die Mutigen setzen sich den Blicken des Saals aus und gehen zu der Begehrten, verbeugen sich leicht und fragen, ob sie tanzen möchte, aber das muß gar nicht verbal geäußert werden. Die Initiative des Annäherns und der Blickwechsel beinhalten bereits die Aufforderung zum Tanz. Die Schüchternen machen Gesten in Richtung der ins Visier Genommenen, von weitem, sie zeichnen mit dem nach unten ausgestreckten Zeigefinger ein bis zwei schnelle Kreise oder mit dem Zeigefinger nach oben eine kurze diagonale Linie. Ein diskretes Winken mit dem Zeigefinger. Die Mädchen halten die Augen auf, warten auf Signale. Ihre Aufmerksamkeit ist im Raum zu spüren, doch sie tun so, als würden sie die Zuschauer ignorieren. Keine möchte sitzen bleiben. Das ist ein schlechtes Zeichen: Makel oder schlechter Ruf.

Die Mädchen nicken kaum sichtbar, ein einmaliges Bejahen. Sie stehen auf, nehmen Haltung an, lassen sich an der Hand, am Arm oder um die Taille fassen und warten darauf, daß der Junge sie führt. Oder sie lehnen die Aufforderung mit einem diskreten Kopfschütteln oder Blickabwenden ab. Alle Gesten sind nahezu unmerklich, außer für die ins Visier Genommenen.

246

Interessiert man sich für einen Jungen, so zeigt man es nicht. Lächelt ein Mädchen viel, macht sie ihm Hoffnung; der Junge wird mutig und fordert sie noch einmal auf, redet mehr. Tanzt ein Mädchen mehr als zwei Songs mit demselben Jungen, besteht gegenseitiges Interesse. Andernfalls wechseln die Paare, checken das Terrain. Man lehnt sich an, drückt sich, steife Penisse sind in den Hosen zu spüren, harte Brustwarzen unter den Blusen, Hände streicheln über Taillen, verstecken sich unter der verschwitzten Kleidung, Küsse werden geraubt und geschenkt in dem Wirbeln der kreisenden Paare. Mütter und Tanten erfüllen ihre Rolle, sie passen auf, beraten und warnen.

Die Regeln des Balls und des Flirtens sind streng und komplex. Ich gehe mit der Cousine Fá, die mich einführt. Bin eine Neuheit, und die Jungs tigern um mich herum.

Die Bälle, die ich mit der Cousine besuche, bringen mir zwei Freunde hintereinander ein, aber auch einen schlechten Ruf: Der erste ist Fanha. Fanhas Familie besteht aus einem Haufen Geschwister, und sie leben in einem sehr armseligen Haus mit Lehmboden. Die Cousine Fá verspottet mich. Ob ich denn keine Ansprüche hätte, nicht sehen würde, daß die nichts taugten?! Fanha ist lustig, aber klein, man nennt ihn »den Zwerg«. Er geht schon nicht mehr zur Schule und arbeitet in der Glasfabrik. Ich würde Fanha gern heiraten.

Der zweite ist Bisonho, groß und breitschultrig, und er brettert mit einer *Casal* durch die Gegend, einer richtig guten. Er arbeitet in einer Werkstatt im Stadtzentrum. Ist schon in den Zwanzigern und Einzelkind, hat aber kein

Glück bei den Mädchen. Das Problem ist sein Schielen. Aber ich finde ihn lustig. Lustig? Aber hast du denn keine Ansprüche?! Willst du etwa schielende Kinder kriegen?! Zu wenig wählerisch sei ich, doch ich finde trotzdem Mittel und Wege, wie ich ihn auf dem Nachhauseweg von der Schule treffen und mit ihm rummachen kann. Alle warnen mich, ich soll mich nicht unglücklich machen. Ich würde Bisonho gern heiraten, doch dann schickt Papa mich aufs Kolleg von Lourinhã.

Die drei Kollegjahre vergingen wie im Flug. Bestimmt bin ich gewachsen und dicker geworden, wegen der Brathähnchen mit Kartoffelpüree. Im Kolleg gab es die zarten Mädchen, die sanften mit riesigen braunen Augen, die brutalen, die burschikosen, die, die über die Mauer kletterten und abhauten, die, die versuchten, sich mit Tabletten umzubringen und Schaum vorm Mund hatten, wenn man sie dann auf dem Schlafsaalboden fand, es gab die gehässigen Geierjungs, Tonys Brüste, den Herrn Direktor und die glänzenden Noten. Es gab alles. Die Jugend ist ein tiefer Brunnen voller Grausamkeit, Atrium des späteren Lebens, aus dem man nicht ohne blaue Flecken rauskommt.

Nach vollendeter Oberstufe gab es den sehnsüchtig erwarteten Abschlußball, der für alle Schüler und Schülerinnen offen war. Ich kaufte mir einen schwarzen Satinrock mit Schlitzen vorn und hinten und eine dunkelgoldene weite Bluse mit V-Ausschnitt und Plisseefalten über den Schultern, vorne geknöpft. Sie kaschierte die Größe meiner Brust. Ich zog Nylonstrümpfe an und Sandalen mit hohen Absätzen aus schwarzem Wildleder, wie sie damals in den 70ern gerade modern waren, alles aus der besten Boutique von Lourinhã. Ich kämmte meine feinen langen Haare und befestigte ein paar Strähnchen mit Glitzerspangen im Nacken. Ich schminkte mich mäßig und fühlte mich für meine Maßstäbe elegant. Man bereitete sich auf einen großen Ball vor. Es gab keine festen Paare. Jeder Schüler würde eine Mitschülerin wählen oder ein Mädchen, das ihm gefiel, aber es gab mehr Jungs als Mädchen, weshalb Konkurrenz erwartet wurde. Im Knaben-Kolleg gab es einen Haufen Jungs jeglicher Art, Klasse, Hautfarbe und Schönheit. Und natürlich wären die Präfektinnen an diesem Abend nachsichtig, schließlich verließen die Internen die Einrichtung.

Interne wie Externe erfreuten sich am Anblick der eigens dafür geschmückten Turnhalle, sie setzten sich an die über den Raum verteilten runden Tische. Wir waren so hübsch! Mit richtigen Kleidern. Ohne diese karierten Schürzen. Das Direktorat hatte eine ordentliche Anlage besorgt und den besten Discjockey der Stadt unter Vertrag genommen. Sie hatten einen Tisch mit Kuchen, belegten Brötchen und Erfrischungsgetränken aufgestellt, denn Tanzen macht hungrig und durstig, und auf diesem denkwürdigen Ball lief die ganze Zeit meine Lieblingsmusik: Bee Gees, Nazareth, Rod Stewart, Pink Floyd, Cyndi Lauper … Tony tanzte die ganze Nacht mit dem zukünftigen Vater ihrer Tochter. Manchmal kam sie zurück an den Tisch, um ihren Lippenstift nachzuziehen oder einen Zettel mit einer Telefonnummer zu verstauen. Die Mädchen amüsierten sich grandios in diesen vier langen Stunden mit Rockmusik, Disco Sound und am Schluß auch noch Reggae. Teresinha und ich blieben in der ersten Stunde sitzen, dann in der zweiten, und die Hoffnung schwand. Wir wurden nicht zum Tanzen aufgefordert. Nicht von Schülern aus unserer Klasse, nicht von denen aus einer anderen, auch nicht von Schülern aus einem anderen Jahrgang, weder von Internen noch von Externen. Wir waren für niemanden gut genug. Für keinen der Jungs.

Teresinha hatte eine Adlernase und ein plattes Gesicht. Und sie war sehr kräftig. Wir brauchten kein Wort zu wechseln, mußten es uns nicht gegenseitig sagen. Wir hätten zusammen tanzen können, doch diese Erniedrigung ersparten wir uns stillschweigend. Wir tanzten auch nicht allein zu den Stücken, bei denen das möglich war, obwohl wir zu den wenigen zählten, die jedes einzelne Wort der englischen Texte auswendig konnten. Besser wir zeigten uns nicht. Besser wir blieben am Tisch sitzen, im Schutz der Dunkelheit, neben der Präfektin. Vielleicht hat mein komplexes Unterbewußtsein auf diesem Ball ja eine Entscheidung getroffen, die meine ganze Zukunft bestimmte. Mein Leben sollte alles oder nichts sein. Ein Leben mit Stolz.

Als ich das Kolleg abgeschlossen hatte und zu Tante Maria da Luz zog, war ich gar nicht mehr daran gewöhnt, das Haus zu verlassen, und ich spürte auch keine Notwendigkeit, es zu tun. Ich war es gewohnt, für mich allein zu sein. Und ich lernte nur ganz langsam wieder, auf die Straße zu gehen und ohne Uniform zu leben.

Vor sechs Monaten ist Mama gestorben. Ich habe es geschafft, den Stein für ihr Grab zu kaufen, auf dem nun ihr Name steht, aber außer mir und der Frau, die zum Ende hin im Haushalt und bei Mamas Pflege mithalf, besucht niemand das Grab. Niemand auf der ganzen Welt. Ich beginne mich damit abzufinden. So ist das eben. Wir müssen weitermachen. Es ist Samstag, aber ich wache früh auf. Der Rhythmus der Arbeitswoche setzt sich durch. Ich bleibe noch liegen, denke daran, daß ich nun schon ziemlich lange gelebt habe und mein Leben dennoch von David bestimmt wird, als wäre er eine Prägeform, die mir Stunden des Friedens und des Kriegs, der Entbehrung und der Ruhe bringt, die diese Stunden auslöst und ihnen eine Berechtigung gibt, wogegen ich mich auflehne, wofür ich bete, noch immer. Ich lebe weiterhin gegen ihn, für ihn oder in seinem Namen. Und es reicht. Es reicht! Ich gebe auf. Ich muß es schaffen, ihn zu einer nicht schmerzenden Erinnerung zu machen, wie João Mário oder Nigel oder den Inder von dem Gewürzstand auf dem Markt von Lourenço Marques. David hat mein Leben durchlaufen, hat mir seinen Stempel eingebrannt, darf es aber nicht länger dominieren. Ich will die Narbe in meiner Seele vergessen. Mein Leben muß mehr sein als nur der Abdruck, den David darin hinterlassen hat. Ich muß die Zeit nutzen, die mir noch bleibt. Mein Leben muß weitergehen. Und etwas beschämt über diese neue Gewohnheit bete ich: »Herr, ich danke dir für diesen Samstagmorgen! Danke, Mama, daß du von dort oben auf mich schaust. Ich war dickköpfig und flatterhaft. Habe Fehler gemacht. Mich im Kreis gedreht. Habe beleidigt. Die

Fehler eines Menschen gemacht, der nicht aufgeben will. Was für ein Wahn!«

Ich springe aus dem Bett, mache mich fertig, schnappe mir die Tasche, die in der Diele am Kleiderständer hängt, und verlasse das Haus, um auf der Terrasse des Café Colina, das um diese Uhrzeit noch leer, windig und schattig ist, einen Kaffee zu trinken. Ich bin dort Stammkundin. Alle kennen mich. Die Angestellte räumt Tassen und Untertassen von früheren Espressi sowie leere und volle Zuckerpäckchen weg. Sie wischt den Tisch mit einem feuchten Lappen ab. Der Wind weht ihr die Haare ins Gesicht, und sie schüttelt den Kopf. Ihre Hände sind beschäftigt. Sie fragt mich: »Wollen Sie sonst noch was, meine Liebe?«

Ich lächle. Sie hat meine Liebe gesagt. Ja, die Götter dort oben sind mir hold. »Nein, alles gut.«

»Auf ein neues«, sagt sie.

»Auf ein neues«, antworte ich.

Aus dem Café erklingt das Geräusch des Fernsehers. Der Wind entblättert die Zeitung, die ich noch nicht gelesen habe. Auf der Straße fahren Autos vorbei, doch das höre ich nicht. Eine unbeschwerte Stille wirft vereinzelte Strahlen auf die Terrasse. Ich lausche und liebe sie.

Heute regle ich das mit David. Heute ist es soweit. Es ist vorbei. Das habe ich vor dem Aufstehen beschlossen. Die Idee gärt schon seit einiger Zeit in meinem Kopf. »Ich werde nie mehr an ihn denken. Ihm nie mehr Briefe schreiben, die ich nicht abschicken kann und die sich in dem Pappkarton stapeln, den er niemals annehmen oder abholen wird, wenn ich ihn ihm zuschicke. Nie wieder werde ich eine Glosse schreiben und daran denken, daß er sie auf meinem Blog oder bei Facebook lesen und mich hassen wird und daß dieser Haß mein Triumph ist. Das ist vorbei!«

Ich weiß ganz genau, wo er wohnt, schließlich bin ich täglicher Gast in seinem Haus, unsichtbar wie ein guter Geist. An den schlimmsten Tagen parke ich vor seinem Zimmer, um es aus der Ferne zu betrachten. Ich sehe seine Kinder im Garten. Seine Frau gießt am Spätnachmittag, wenn die Sonne sich schon versteckt hat und der Schatten des Hauses auf die Beete fällt, die Blumen. Ich sehe, wie er mit seiner Mappe aus der Schule kommt, lächelnd, und sie alle ins Haus gehen. Dann atme ich tief durch und fahre los, wie abwesend, auf Autopilot, erfüllt von Liebe und gleichzeitig leer, als könnte ich unsere Liebe über das weiterleben, was er mit den Seinen lebt. Unsichtbar und still bin ich Teil seiner Familie, wie ein Hausgeist, der nicht weggeht, der sich weigert, das Haus zu verlassen.

Heute werde ich ihn treffen. Ja. Ich kenne seine Wege durch die Straßen seines Viertels. Nicht einmal nach seiner Heirat ist er aus dem Ort weggezogen, in dem er geboren wurde. Von Arrentela nach Arrentela. Vielleicht verbringt er seine Ferien in der Algarve. Bestimmt ist er auch mal nach Paris oder London gefahren, eine kurze Flucht. David ist aus Granit. Seine Resilienz und Resignation ärgern und berühren mich! Ich muß den Mut finden. Bin doch sonst immer mutig. »Los, Maria Luísa, tu, was du tun mußt«, sage ich zu mir selbst. Am Samstag geht David kurz vor zehn los, um Brot zu kaufen und einen Kaffee zu trinken. Ich weiß alles. Ihn zu erwischen ist einfach.

Ich parke an der üblichen Stelle. Nicht zu dicht dran, nicht zu weit weg, doch in ausreichender Entfernung, um zu sehen, ohne gesehen zu werden. Vom Auto aus beobachte ich zunächst, wie er das Haus verläßt, das er gekauft und restauriert hat, es steht neben der Kirche, ist weiß verputzt und hat diese für die Häuser im Alentejo so typischen blauen Streifen. Er ist hinuntergegangen zu den Cafés an der Straße. Ich muß nur abwarten. Ich setze mich auf die Steinbank vor der Kirchenmauer und warte, bis er zurückkommt, neben mir der Aussichtspavillon mit den weißen Glyzinien und roten Bougainvilleen, die noch immer einen Geruch nach nächtlicher Frische verströmen. Die Pflanzen haben die Mauer erklommen und schmiegen sich an sie an. Ich atme ihren süßlichen Duft ein und betrachte den Flußarm, der sich bis Arrentela erstreckt, atme die noch immer milde und ungewöhnlich heitere morgendliche Augustluft ein. Nur Farbe, Licht und Ruhe. Ich fühle mich gut. »Ich will nicht aufhören zu leben. Niemals! Will mir für immer die Erfahrung dieses Augenblicks bewahren und von weiteren, zukünftigen, die ich noch nicht kenne.« Diese geistige Erklärung ruft mir einen Vers von Cesário Verde in Erinnerung, der am Eingang der U-Bahn-Station Cidade Universitária steht. *Se eu não morresse, nunca! E eternamente buscasse e conseguisse a perfeição das cousas!* (Wenn ich nur niemals sterben würde! Und ewig die Perfektion der Dinge suchen und erlangen könnte!)

»Das wäre interessant. Sehr interessant, wirklich«, überlege ich. »Ein ewiges Leben würde vielleicht ausreichen für das Feuer, die Glut und die Asche der irdischen Kurzlebigkeit. Oder vielleicht auch nicht. Vielleicht würden wir uns in der Ewigkeit in neue Feuer stürzen. Wie ewig kann die Ewigkeit sein? Und zwei Ewigkeiten?!« Ich grinste innerlich. »Zwei Ewigkeiten!« Ich stieß ein kurzes Lachen aus. Immer noch phantasierte ich allein vor mich hin, flüchtete mich in mich selbst, in meine Unterhaltungen. »Mein Gehirn kommt einfach nicht zur Ruhe. Diese verdammte Maschine! Hör auf, Maria Luísa, hör auf! Lebe das Hier und Jetzt. Lebe nur das. Mehr nicht.« Ich zwinge mich zu atmen. Mich auf die Sinne und nur auf sie zu konzentrieren. Auf die Blüten und ihren Duft. Auf das immer noch sanfte Licht, das meine Augen nicht verletzt.

Auf der anderen Seite des Flusses sieht man Amora, wo wir uns früher so oft geküßt haben, wenn wir vor dem Regen, der Kälte, den fremden Blicken geflüchtet sind. Alles so ordentlich, so hübsch jetzt.

Ich lasse los, lasse David in Ruhe seinen Kaffee trinken und erst mal richtig aufwachen. Ich habe viel Zeit. Warte seit einem Vierteljahrhundert auf ihn. Wie alt ist er jetzt? Ich berechne anhand seines Geburtsdatums sein Alter und komme zu dem Schluß, er wird alt!

Eine halbe Stunde später sehe ich, wie er auf meiner Seite den Bürgersteig entlangkommt. Ich sehe ihn in der Ferne. Er ist es, ja. Ich weiß, daß er es ist, obwohl man seine Gesichtszüge noch nicht erkennt. Der Schädel. Der Gang. Die Tüte mit dem Brot. Ich habe mich nicht geirrt. Der Mensch ist ein Gewohnheitstier.

Er hat den Blick auf den Boden gerichtet, denkt nach. Und einen Meter vor mir bleibt er wie angewurzelt stehen, mit offenem Mund. Er kann nicht glauben, daß ich dort bin. Daß ich es wage ... wie schamlos, wie respektlos! In seinem Gesicht zeichnen sich Erstaunen, Verwirrung, Empörung und Mißfallen ab. Und Angst. Ich sage nichts. Er spricht.

»Reicht es dir immer noch nicht?« wirft er mir wütend an den Kopf. »Reicht es dir immer noch nicht? Hast du nichts dazugelernt!? Nach allem, was du in den sozialen Netzwerken über mich geschrieben hast?! Schämst du dich gar nicht?!« Ich antworte ihm nicht. Ich kann nicht sagen, daß ich etwas dazugelernt hätte. Mir wäre es lieber gewesen, er hätte mich gefragt: »Hast du immer noch nicht aufgegeben?!« In diesem Fall hätte ich geantwortet: »Doch, ich habe aufgegeben, ja, ich habe aufgegeben.« Aber diese Frage stellt er mir nicht. Ich kenne keine Scham, nein, tut mir leid. Scham empfindet höchstens er. Sie gehört zu seinem Leben. Doch diesen Weg schlagen wir besser nicht ein. Ich bin nicht gekommen, damit wir uns gegenseitig Vorwürfe machen, und auch nicht, um darauf zu antworten. Wichtig ist, daß ich Frieden bringe. Das ist mein Ziel, und nur das muß er wissen. Der Rest ist nichts weiter als das Lärmen wachgerufener Gefühle.

Ich schweige und deute eine Umarmung an, die er instinktiv ablehnt. Er empfindet mich als Bedrohung. Schüttelt mich. »Bist du verrückt?! Du bist verrückt! Hier sind Leute, Leute, die uns sehen. Verschwinde, Luísa. Was machst du hier?«

Ich antworte ohne Groll oder Schroffheit. »Das hier ist das Ende, David, wirklich das Ende, glaub mir. Für mich endet es hier.« Und ich lüge, um ihn zu beruhigen: »Ich habe

jetzt eine feste Beziehung. Und ich weiß, ich habe dich verletzt. Aus purer Absicht, weil ich selbst so verletzt war. Ich
möchte, daß du mir verzeihst, falls du das schaffst. Vielleicht schaffst du es ja mit der Zeit. Ich muß wieder ohne
deinen Schatten leben. Und habe schon damit angefangen.«

Er sieht mich an, ohne zu antworten. Ich versuche wieder, ihn zu umarmen, und er läßt sich umschlingen, stellt
die Tüte auf dem Boden ab, steht stocksteif da, berührt
mich nicht. Und das für gerade mal zehn Sekunden. Ich
umarme ihn, spüre, wie schnell unsere Herzen schlagen,
aus unterschiedlichen Gründen. Die Zeit läuft nicht rück-
wärts und nicht vorwärts. Es ist dieser Augenblick. Ich bin
entschlossen. An diesem Samstag gehe ich. Lasse ihn in
Ruhe. Es ist vorbei. Ich überlasse ihn dem, was kommt und
was einzig Gott weiß, gebe ihn ohne Bitterkeit an das zurück, was einmal war.

»Geh jetzt«, sage ich zu ihm. »Du mußt jetzt gehen«, wiederhole ich. »Warte nicht länger.« In meinen Worten liegt
keine Wut und auch kein Schmerz. All das wurde weggedrückt, weil mir die Zeit bewußt wurde, die mir noch zum
Leben bleibt.

Wir lassen uns los. Er schnappt sich seine Einkaufstüte,
zupft sein T-Shirt zurecht und setzt seinen Heimweg fort.
Ich weiß, wenn ich ihn nicht umarmt hätte, wäre er einfach
so weitergegangen. Ich beobachte, wie er geht, genau wie
an dem Tag, an dem wir uns im Auto verabschiedeten. Er
dreht sich nicht um. David dreht sich nie um. Ich betrachte ihn von hinten. Sehe, wie er sein Haus betritt. Ich möch-

te nur sehen, was noch kommt, bis zum Schluß. Das ist eine Sucht von mir. Alles. Oder nichts.

»Du gehst, weil ich möchte, daß du gehst«, flüstere ich, während er sich entfernt. »Du gehst, weil ich aufgebe, weil es nicht sein sollte, nicht sein konnte, wir nicht gefragt wurden bei der Liebe, die uns zusammen- und wieder auseinandergebracht, die mit unseren Leben gespielt hat. Du gehst, weil ich erwachsen geworden bin.«

Ich gehe zum Auto, das ich schlecht geparkt habe, mache die Tür auf, setze mich hinein, atme tief durch und fahre los.

Das Leben geht weiter wie immer. Ich wache jeden Tag auf, wasche mich, ziehe mich an, kämme mich, gehe mit dem Hund raus, gehe arbeiten. Ich rede, handle, erfülle meine Pflicht. Tue so, als würde ich nicht denken, nur gehorchen. Beamte werden dafür bezahlt, daß sie ihre Aufgabe verrichten. Also verrichte ich sie. Ich bin eine Nummer, genau wie meine Kollegen und Mitbürger. Die wurde uns zwar nicht in den Unterarm tätowiert, aber wir spüren sie eingraviert in unserer Seele, die beschränkt ist auf die tägliche Zwangsarbeit im Gefangenenlager, fast immer ohne Sinn und Hoffnung. Ich bin die Nummer 320879, und die Kollegin neben mir an der Kaffeetheke im Lehrerzimmer ist die Nummer 989135, und beide sind wir genau gleich wie die Nummer 210865. Wir leben dieselbe Art von Routine, leben in derselben Art von Wohnung mit derselben Art von Freud und Leid. Niemand kennt mein Leben, doch es wird erwartet, daß es so normal ist wie das der anderen Beamten, die eine andere Zahlenkombination haben, daß ich zufrieden bin, wenn ich diese lobotomisierte Normalität erfülle, daß ich aufstehe, mich wasche, anziehe, kämme, und arbeiten gehe. Die Pflicht muß erfüllt werden.

Mama ist an einem Mittwoch gestorben; danach hat die Beamtin das Anrecht auf fünf Tage Weinen. Am Montag darauf kehrt sie zu ihren Aufgaben zurück. Mama ist beerdigt, Mama ist nicht mehr. Fünf Tage müssen reichen, um den Verlust eines ganzen Lebens zu beweinen. Die Schonzeit ist vorbei. Für Schmarotzer, sentimentale Faulpelze oder sensible, zarte Wesen, die das Fraglose hinterfragen, die zerbrechen und zusammenbrechen, ist hier kein Platz. Gefühle werden über Rechtsverordnungen, Verwaltungsvorschriften und Erlasse geregelt. Fristen werden eingehalten. Sie haben die Frist nicht eingehalten?! Strafe. Entschuldigungen gibt es nicht. Beamte funktionieren in dem strengen Rahmen, der ihnen gesetzt wird. Sie haben keine Vergangenheit, sondern eine Akte im Archiv. Sie haben einen biographischen Eintrag. Sie haben keine Zukunft, sie haben einen Aktivitätenkalender. Sie haben einen Stundenplan. Die Beamtin muß also aufstehen, sich waschen, sich anziehen, als wäre sie die Nummer 210865. Automatisch. Und falls sie nicht diese Nummer ist, dann folge sie deren Beispiel, ohne sich darum zu kümmern, wie hoch der Preis an Schmerz und Schlaflosigkeit ist; sie gehe also arbeiten und funktioniere. Der Schmerz hat keinen Platz in einem von Arbeitsrobotern gesteuerten Getriebe. Genausowenig wie die Schlaflosigkeit.

Um mich abzulenken und zu bilden, lese ich *Doktor Schi-*

wago von Boris Pasternak. Was für eine Schwarte! Sollte ich vorher gesagt haben, daß ich nie etwas gestohlen habe, dann möge man mir widersprechen. In der Privatwohnung des Herrn Direktors habe ich, angestiftet von Tony, die die ganze Welt beklaute, ein Bronzeglöckchen gestohlen. Ich habe es in meine Schürzentasche gesteckt. Dieses Vergehen schmerzt mich noch heute, aber das Glöckchen macht sich gut auf dem neuen Möbelstück in der Diele. Es ist eine wunderhübsche Tänzerin, die die Arme in die Luft streckt. Es gehört mir. Das bin ich. Seit ich die Diele verändert und Mamas mit Capulana-Stoff bezogene Sessel rausgeschmissen und alles durch einen einzigen Beistelltisch ersetzt habe, dient sie als Dekoration. Das Glöckchen und ein Aschenbecher, den Papa mal als Souvenir aus dem Hotel mitbrachte, in dem die Portugiesen in Johannesburg immer abstiegen. Beides war in einer der Truhen vergraben, die Mama für meine Aussteuer hergerichtet hatte.

Ich lese *Doktor Schiwago* nicht zufällig. Ich lese es, weil David es 2004 las, in dem Jahr, in dem wir uns wiedertrafen. Als er es in der Schulbibliothek zurückgab, hatte ich gerade Dienst. Ich fragte ihn, wie er darauf käme, Pasternak zu lesen, das sei doch gar nicht seine Literatur. Er antwortete nur knapp, erklärte mir, die Zeit der Russischen Revolution von 1917 interessiere ihn, es gebe dabei ein paar politische Nuancen, die er verstehen müsse.

Die Kommunisten. Immer dasselbe. Ich strich das Buch in der Liste aus und steckte es ein. Es gab zwei Exemplare in der Bibliothek, und eines davon klaute ich. Keine versteckten Sicherungen. Ganz einfach. Ich bereue es nicht.

Das ist alles, was mir von ihm geblieben ist. Ein *Doktor Schiwago,* geklaut aus der Schulbibliothek. Den seine Hände berührt haben, der seine Luft geatmet hat.

Leider kann ich mich nicht nur der Lektüre widmen. Seit ich nicht mehr genug Geld habe, um die Zugehfrau zu bezahlen, putze ich die Wohnung selbst. Die Hundehaare. Staubsaugen. Bügeln und Wäsche wegräumen. Fliesen, Fenster und Herd putzen. Alles verlorene Zeit, die dann bei den wichtigen Dingen des Lebens fehlt: Kunst, Kontemplation, Denken, Tiere und Natur.

Gerade habe ich die Küche gefegt und auf dem Boden neben dem Besen einen Löwenzahnsamen gefunden. Wie schön! Er hat tausend weiße Spinnenbeine und ein Strohherz. Ich stelle den Besen neben das Spülbecken und fange an, mit dem Löwenzahnsamen zu spielen. Ganz langsam fällt er herab, so sanft. Sieht aus wie eine elegante trockene Schneeflocke. Wenn ich meinen Arm nach rechts bewege, verändert er die Richtung. Er entwischt mir in die Diele. Ich bringe ihn zurück in die Küche. Wir tanzen ein paar Minuten, dann sehe ich wieder den an der Küchentheke lehnenden Besen; ich muß noch so viel putzen! Die Wohnung, die ich von den Eltern geerbt habe, ist zu groß für mich. Ich überlege, den Löwenzahnsamen aufzubewahren, damit ich später weiterspielen kann. Suche eine Schachtel, in der ich ihn aufheben kann, ohne daß er kaputtgeht. Ich packe ihn in eine leere Schachtel Schwarztee aus der Provinz Zambezia. Licungo-Tee, den ich für den täglichen Bedarf kaufe. Dann mache ich mit der Hausarbeit weiter, denke aber an den Löwenzahnsamen, der in der Schachtel

eingeschlossen ist. Ich bin nicht gern in Schachteln eingesperrt, und Mama hat mir beigebracht, anderen nicht das
anzutun, von dem wir selbst nicht wollen, daß es uns angetan wird. Ich bin mir sicher, wir wären alle viel glücklicher, wenn wir fliegen könnten oder vom Wind getragen
würden. Ich mache die Licungo-Tee-Schachtel wieder auf,
gehe damit ans Fenster und puste den Samen ins Unend-
liche, als würde ich ein weiteres meiner Kindervögelchen
freilassen. Ich stelle mir vor, wie ich selbst wie ein Löwenzahnsamen über die Häuser fliege. Wahrscheinlich kann
ich immer noch fliegen wie in meiner Kindheit, wie in Grândola. Dann hole ich mich in die Realität zurück. »Hallo, Luísa, hallo, hallo, eins, zwei, drei, Test. Fege endlich die Küche
zu Ende, damit du das machen kannst, was dich wirklich
interessiert!« Und ich ergebe mich dem Besen.

Die Zeit vergeht. Das Schuljahr läuft. Ich arbeite zuviel, immer mehr, als gut ist und man aushalten kann. Meistens für
nichts. Tests, Aufgabenblätter, Excel-Tabellen, Zielsetzun-
gen, Planungen, Papiere, Berichte, Projekte und Protokolle,
an denen man tagelang schreibt und die dann niemand
liest. Eine kafkaeske Arbeit. Eine Nicht-Arbeit. Studien-
reisen. Schulische Aktivitäten. Immer wieder diese langen Sitzungen zu allem möglichen, bei denen nichts rauskommt. Null Essenz.

In meiner knappen Freizeit endlich die Bücher, das Kino
und das Theater, auch mal eine Ausstellung. Strandspa-
ziergänge mit dem Hund, selbst bei Kälte, um bestimmte Momente zu zelebrieren und andere zu verarbeiten. Ich

setze mich in die Straßencafés des Viertels. Schreibe in meinen Heften und in meinem Blog über alles, was mich interessiert, empört oder verwirrt. Ich rede sehr wenig. Es gibt Tage, an denen spreche ich nicht mehr als ein halbes Dutzend Wörter.

»Einen dunklen Milchkaffee und einen Reiskuchen, bitte!«

»Wieviel macht das?«

»Hör auf zu bellen: Das ist nur der Aufzug!«

»Komm, wir gehen raus.«

»Hast du schon Hunger?«

»Meine Süße, du bist das süße Schätzchen von deinem Frauchen!«

Was ist wichtig im Leben außer der Kunst, den Rosen, dem Meer, dem streunenden Hund, den Igeln, die heimlich nachts gegenüber in der Brache auftauchen, den Tauben, die sich zu unseren Füßen niederlassen und um Brotkrumen betteln? Außer der Phantasie, die uns herausreißt aus der ewigen Dunkelheit unserer immer gleich verlaufenden Tage, was ist die Zeit wert, die wir geschenkt bekommen oder die wir suchen?

Gedankenverloren komme ich aus dem Café Colina, wo ich gelesen, meinen Gedanken nachgehangen und versucht habe, die angeregten Unterhaltungen der liebenswerten »Pasolinianer« um mich herum zu überhören. Schon fast zu Hause angekommen, sehe ich, wie der Briefträger die Post auf die Briefkästen unseres Gebäudes verteilt, er trägt eine graue Uniform wie üblich. Er schaut auf einen

Umschlag und steckt ihn in einen der Schlitze. Dann einen anderen in einen anderen Schlitz. In der linken Hand hält er den Briefstapel, und mit der rechten verteilt er die Briefe, schnell wie eine Maschine. Aber es scheint nicht Senhor Rogério von der CTT zu sein, der sonst hier im Viertel die Post austrägt. Ich betrachte sein Profil. Er sieht aus wie Jude Law. Ist es Jude Law?! Ich bleibe stehen und ergötze mich ungläubig an diesem Schauspiel. Jude Law! In meiner Straße! »Mein Gott!« rufe ich in Gedanken aus. Als er mit dem Verteilen fertig ist, dreht er sich zu mir um, wirft mir einen anzüglichen Blick zu, lächelt mit seinen schönen weißen Zähnen sein entzückendes Teufelslächeln und sagt: »Sie haben einen Brief von Ihrem Liebsten bekommen.« Dann geht er weiter, und ich schaue ihm nach, bis er um die Ecke verschwunden ist. Ich öffne den Briefkasten und hole tatsächlich einen Brief heraus. Ich lese den Absender. Er ist von David. Ich halte ihn in meinen Händen, und mein Herz schlägt schnell. Ich will nur noch nach oben, öffne ihn bereits im Aufzug und beginne zu lesen. Also hat er die Adresse doch aufbewahrt, die ich ihm 2004 um acht Uhr morgens an der Kaffeemaschine der Schule mit den Worten gegeben habe: »Verlier sie nicht. Das ist die Adresse der Wohnung meiner Mutter. Ich warte dort auf dich, solange ich lebe.« Er hat sie aufbewahrt. Für immer.

Seine Handschrift ist immer noch groß und schmal, nur ordentlicher. Er ist also nicht nur älter geworden seit dem Tag, an dem ich mich von ihm verabschiedet und ihn angelogen habe. Er ist auch reifer geworden.

»Ein Brief von meinem Liebsten!«

Ich betrete die Wohnung und lehne mich an die Tür. Er schreibt, einige Monate nach unserem Treffen in Arrentela an diesem Augustmorgen, als ich mich ihm nach Mamas Tod in den Weg stellte, habe er den Mut gefunden, sich scheiden zu lassen. Seine Frau sei eine gute Freundin gewesen, aber mehr auch nicht: eine sichere und verläßliche Freundin, mit der er sich über die Kinder und das gemeinsame Leben verbunden gefühlt habe. Er schreibt, er habe um seine Kündigung gebeten und das finanziell und inhaltlich sehr verlockende Angebot angenommen, in den USA zu unterrichten. Er sei nun Lektor in Massachusetts. Die Kinder seien groß und sehnten sich nach Freiheit, deshalb sei es nun an der Zeit, das Leben neu zu beginnen, und zwar an dem Punkt, an dem wir aufgehört hatten. Er lebe nun endlich das, wovon er immer geträumt hatte. Die Anstellung habe gerade erst begonnen, aber früher oder später werde er wiederkommen. Er sagt, ich sei noch immer in seinen Körper und seine Erinnerung eingebrannt wie ein tiefsitzender Stachel, den man unmöglich herausziehen kann. Er bittet mich, auf ihn zu warten, nichts zu verändern in der Wohnung, denn er wird an unser Fenster zurückkommen, auf unseren Stuhl. Wenn er wiederkommt, werden wir Hand in Hand durchs Gebirge streifen, als wären wir noch jung, nur eben erwachsen. Wir werden zusammen beim Frühstück die Tageszeitung lesen, inzwischen aber auf dem Tablet, denke ich. Er weiß nicht, daß meine Augen die Buchstaben von Papierzeitungen schon nicht mehr lesen können. Jetzt haben wir Autos, brauchen keine Monatskarten mehr. Und Smartphones. Und Skype,

WhatsApp und Instagram. Wir werden uns wieder voller Zärtlichkeit und Lust küssen, schreibt er. An dieser Stelle des Briefs verspüre ich Angst und Scham. Wie wird es sein, wieder den feuchten Mund des Mannes zu spüren, den ich geliebt habe und der jetzt erwachsen ist, seinen Geruch, der sich nie verändert hat, als hätten wir uns erst gestern getrennt?! Diese intensive Beschwörung der Lust haut mich um. Ich rutsche an der Tür hinab und lande auf dem Boden. Die Hündin kommt und leckt meine Beine und Hände, baut mich wieder auf, weckt mich. Jetzt fehlen mir doch Mamas Sessel mit dem Capulana-Stoff.

Die Leute werden sagen, es sei ein Jammer, daß ich mein Leben vergeudet habe, um auf einen Mann zu warten, der in meinen jungen Jahren nicht da war. Die Leute haben immer eine einfache Antwort parat, aber ich konnte ja nicht wissen, daß es keinen anderen Mann für mich geben würde! Ich sage nicht in meinem Leben, sondern für mich. Es war der oder keiner.

Ich stelle mir vor, wie wir uns wieder umarmen, wenn er zurückkommt. Meine üblichen Phantasien. Die Leute werden sagen: »Ach, was für eine pubertäre Verrücktheit!« Mag sein, aber sie können sich einfach nicht vorstellen, wie sehr dieser Brief und dieser Traum mich beleben, mir einen Sinn geben, mich zu dem machen, was ich werden sollte.

Ich antworte postwendend. Schreibe, daß ich sehnsüchtig auf seine Rückkehr warte. Daß ich mir denken kann, daß es nicht gerade morgen sein wird, aber er solle kommen, sobald er kann. Daß ich warte. Daß der Schlüssel unter dem Schuhabstreifer liegt. Daß er, falls ich nicht zu Hause bin, einfach reingehen und sich ins Wohnzimmer setzen und auf mich warten soll. Er kann den Fernseher anstellen und sich mit der *Nespresso*-Maschine einen Kaffee machen. Ich schreibe nicht, daß sie ein Geschenk meines letzten Freundes war, bei dem ich mir so viel Mühe gab, ihn zu lieben. Ich schreibe, ja, komm, komm zurück, komm, komm wieder. Ich wiederhole dieses Verb in fast allen Sätzen. Dann lege ich den Stift weg. Merke, daß ich mich wiederhole. Es reicht mit den Wörtern. Keines kann meiner Sehnsucht, ihn wiederzusehen und das zu vollenden, was wir vor vielen Jahren begonnen haben, gerecht werden! Nichts auf der Welt kann die unvollkommene Liebe unterdrücken, die amputiert wurde, weil uns im Leben eine Tür vor der Nase zugeschlagen wurde, ohne jedes Pardon.

Ich halte inne. Muß etwas tun. Bin endlich zu Hause, kann endlich wieder ich selbst sein. Bevor ich aufstehe und mich ins Leben stürze, denke ich noch: »Jude Law bei der Post?! Das ist wirklich ein guter Witz! Du bist nicht ganz bei Sinnen, Maria Luísa!« Und dann gehe ich zu den wichtigen Dingen über: Was koche ich mir zum Mittagessen? Ein Süppchen? Einen Salat? Irgendwas Billiges. Wenn ich erst ab dem 21. März mit der Jumbo-Karte einkaufe, wird das Geld erst am 5. Mai abgebucht. Dann kann ich vorher noch die Autoversicherung bezahlen. Immer diese Ideen.

»Die Werkstatt meint, sie kann mich übers Ohr hauen.«

»Wann habe ich endlich das Geld, um die Fenster im Wintergarten reparieren zu lassen?«

»Ich muß lesen, korrigieren und bei sämtlichen Klassen

die Testfragen 5 und 6.1 bis 6.3 bewerten. Noch ein Arbeitstag, und vielleicht kriege ich es ja heute noch fertig.«

Ich rede mit mir selbst.

»Willst du einen Tee, Maria Luísa?«

»Was für einen Tee?«

»Linden- oder Orangenblüten oder Zitronenmelisse.«

»Das ist doch kein Tee, das sind Hausmittelchen.«

»Dann nimm den, nach dem dir ist.«

»Earl Grey hätte ich gern, aber nur, wenn du ihn mir bringst.«

»Bin ich vielleicht deine Mutter?«

Den ganzen restlichen Tag über war ich nachdenklich, verspürte eine traurige Begeisterung wie an diesen Tagen, an denen uns plötzlich das passiert, was wir uns am meisten gewünscht haben – ein Kind, ein mit Auszeichnung abgeschlossenes Studium oder ein Text, der für eine Veröffentlichung akzeptiert wurde –, und wir niemanden haben, zu dem wir stolz sagen können: »Ist das nicht toll?!« Der Sieg der Einsamen kennt keine Zeugen und macht die Einsamkeit noch einsamer. Niemand ist stolz auf uns. Niemand lobt uns. In der Einsamkeit sind wir immer gleich, immer dieselben, und deswegen ignorieren wir unsere Erfolge und konzentrieren uns lieber auf die Fernsehnachrichten, als gäbe es in der Spüle kein Geschirr zum Abwaschen. Und dann waschen wir es doch ab. Morgens. Oder nachmittags. Später.

Doch was für ein Sieg? Dank der Fähigkeit zur Phantasie, die Gott mir geschenkt hat, damit ich das Leben ertrage, schwankte mein Leben stets hin und her zwischen

Momenten der pragmatischen, harten Realität und solchen der Flucht. Ein wahrer Segen! Damit ich in guten wie in schlechten Zeiten darauf zurückgreifen kann. Und der Rest: die Hunde, die Katzen, die Igel, die Pflanzen, das Meer, die Literatur, die Kunst, das Denken ... Er hätte mir auch noch die Gunst des Schlafes zugestehen können. Das wäre wahrhaft göttlich gewesen! Die Schlaflosigkeit verfolgt mich schon durch die vielen Leben, die ich in diesem einen gelebt habe. Es ist immer dasselbe Schauspiel, wenn es soweit ist. Lohnt es sich, mich mit Tabletten vollzupumpen? Wie viele Stunden kann ich schlafen? Wie spät ist es? Lege ich mich aufs Sofa und stelle den Fernseher an?

Die Wohnung lauscht. Sie atmet tief, schließt die Augen und läßt sich einlullen von der Melodie der Stimmen, die sich für immer in diesen Ort eingegraben haben und auch noch da sein werden, wenn das Ende der Welt gekommen ist.

Es ist tiefe Nacht. Ich bin allein. Niemand sonst atmet hier. Niemand sonst denkt oder spricht. Mein Herz pumpt das Blut in meine Adern, bumm bumm, bumm bumm. Nur ich höre es und die Wohnung mit ihren großen abstehenden Ohren. Ich berühre ihre Wände, lege mich mit der Hündin auf den Boden und nehme die Kühle des Bodens auf. Ich berühre meinen Körper, meine geliebten großen Brüste, die zur Seite fallen, wenn ich den BH ausziehe. Meinen immer noch großen Körper, den ich inzwischen so liebe, wie er ist. Wie schön ist doch mein Körper! Was für eine süße Dikke! Und was für eine Kraft! Warum habe ich das nicht früher begriffen, warum habe ich den Leuten nur all die Jahre zugehört?! Warum habe ich ihnen Gehör geschenkt, wohl wissend, daß ich recht hatte? Der Spott wäre immer auf den Spottenden zurückgefallen, wenn ich ihn nicht so angenommen hätte, wie ich es tat. Was für eine schöne Frau war ich doch immer! Ein so perfekter Körper, so imposant, wie konnte ich ihn nur so lange nicht lieben?!

Was für eine Stille! Was für eine Verlassenheit! Die Wohnung vergnügt sich damit, sich die Unterhaltungen und Gedanken anzuhören, die die verschiedenen Stimmen in der Atmosphäre des Schlafzimmers, des Wohnzimmers und der Küche hinterlassen haben, im Verputz und auch darunter, schon in den Ziegelsteinen, sie lassen sich nicht auslöschen.

»Gefalle ich dir?«

»Ich bin so gern mit dir zusammen.«

»Aber magst du mich immer noch?«

»Ja. Ein Leben ohne dich ist kein Leben.«

»Du wirst mich noch sehr vermissen.«

»Sag das nicht. Warum sagst du das?«

»Geh nicht weg.«

»Ich muß aber gehen.«

Und in den Ecken, in die ich mit dem Besen nicht hingekommen bin, liegen Haare. Ganz feine helle Haare. Staub, bestehend aus Haut, Nägeln und Flüssigkeiten, unter den Türen. Auf den Lichtschaltern und Steckdosen bleiben Fingerabdrücke zurück. Unter der Küchentheke sind Reiskörner, Bohnen, Trauben, Schrauben, Wollmäuse liegen geblieben. Sie sind getrocknet, verrostet, verwelkt. Die Wohnung atmet diese süßsaure intensive Verderbnis tief ein. Endlich riecht sie. Ja, da ist in der Küche dieser Geruch nach Zitrone und Kaffee. Der Geruch nach Erde aus den Blumentöpfen, die immer noch da sind. Und nach Schweiß. Nach Wärme und Kälte. Nach schwerem Schweiß, getränkt mit Trauer, Fröhlichkeit, Verlassenheit, Enttäuschung, Hoffnung. Der Geruch nach Mamas Seife ist sehr deutlich zu spüren. Die Wohnung ist nicht ganz verlassen, denke ich. Mama wohnt immer noch ein wenig hier. Es ist kein Verlassenwerden, nur eine Pause. Die Wohnung wird sich an eine neue Art des Redens, an andere Gedanken und Unterhaltungen gewöhnen. Eine Wohnung muß sich anpassen können, sonst überlebt sie nicht. Ich habe die Kleider der Dicken weggeworfen. Habe sie in einen Container für wiederverwertbare Textilien gesteckt. Die Vergangenheit ist passé. Tagsüber gibt es Licht, prall fällt es durch die Scheiben der großen Fenster, und draußen gurren die Tauben. Die Wohnung ist auf die Straße gerichtet, sie kontrolliert, wer kommt und wer geht.

Doch jetzt, in dieser so dunklen, tiefen Nacht, ist das Haus leer und einsam. So einsam. Nichts bewegt sich. Die Dunkelheit hat diese trägen Stunden geschluckt. Niemand atmet, niemand träumt im Kreuzgang ihres Gewölbes.

Die Vergangenheit ist passé.

Ich suche bei YouTube das *Air auf der G-Saite* für Geige und Klavier von Johann Sebastian Bach, ich höre es leise, im Hintergrund, und lege mich aufs Sofa. Ich schaue zur Decke und schließe die Augen. Flüchte mich in die Musik.

Ich denke an David. Doch dann kann ich es einfach nicht lassen und gehe in meiner Begeisterung zurück zu dem Brief, greife nach dem Stift und füge ein Postskriptum hinzu.

»Aber es dauert nicht mehr lange, bis du wiederkommst, oder?«

Und dann höre ich Mamas klare, deutliche Stimme in meinem Kopf: »Du bist so verquer, so dickköpfig, Kind. Wie willst du nur ohne mich leben?«

Alle in diesem Buch beschriebenen
Figuren, Orte und Situationen sind
reine Fiktion und pure Realität.

Isabela Figueiredo

Roter Staub

Mosambik am Ende der Kolonialzeit

Erinnerungen

Aus dem Portugiesischen von Markus Sahr
Nachwort von Sophie Sumburane
172 Seiten, fadengeheftete Broschur, 23 Euro
Weidle Verlag, 978-3-938803-94-3
2. Auflage

Die Publikation ihrer Erinnerungen im Jahr 2009 löste einen Skandal in Portugal aus, weil sie die Mär von der »sanften Herrschaft der Portugiesen in Übersee« radikal wegwischte. Isabela Figueiredo schreibt in einer Melange aus eigenem Erlebten, reflektierenden Passagen über die koloniale Wirklichkeit und – in teils drastischer Sprache – über den Alltag in Mosambiks Hauptstadt. Ein eindrückliches, sehr lesenswertes Dokument über ein lange verdrängtes Phänomen.

Heinz Gorr, Bayerischer Rundfunk

Indem Figueiredo ihren Vater als einen starken, vielseitigen, widersprüchlichen Charakter zeichnet, gewinnt er eine große Glaubwürdigkeit. So wird der alltägliche Rassismus in den portugiesischen Kolonien greifbar. Daß Figueiredos Buch dem deutschen Leser nun in einer gelungenen Übersetzung vorliegt, erweitert die Perspektive auf ein dunkles Kapitel der afrikanischen Geschichte.

Tilo Wagner, Deutschlandfunk

Die Originalausgabe *A Gorda* erschien 2016.
© 2016, Isabela Figueiredo e Editorial Caminho.

Die Übersetzung wurde gefördert von
Direção-Geral do Livro, dos Arquivos
e das Bibliotecas (DGLAB) / Portugal
und Camões, IP – Portugal

Die Übersetzerin dankt dem Deutschen Übersetzerfonds e.V.
für die Förderung durch ein Arbeitsstipendium

Dank an: Ana Patrícia Severino, Ana Castro, Assunção Mendonça

© 2021 Weidle Verlag
Beethovenplatz 4, 53115 Bonn
www.weidle-verlag.de
Lektorat: Stefan Weidle
Korrektur: Madeline Bause
Gestaltung und Satz: Friedrich Forssman
Schriften: Pueblito und Brother 1816
Druck: Ph. Reinheimer GmbH, Darmstadt
Bindung: Schaumann, Darmstadt

Die Deutsche Bibliothek – CIP-Einheitsaufnahme
Ein Titeldatensatz für diese Publikation ist bei
Der Deutschen Nationalbibliothek erhältlich.
Dieses Buch wurde klimaneutral gedruckt.
natureOffice.com | DE-077-134232
978-3-938803-98-1